Kunst aus der SAMMLUNG VERBUND, Wien

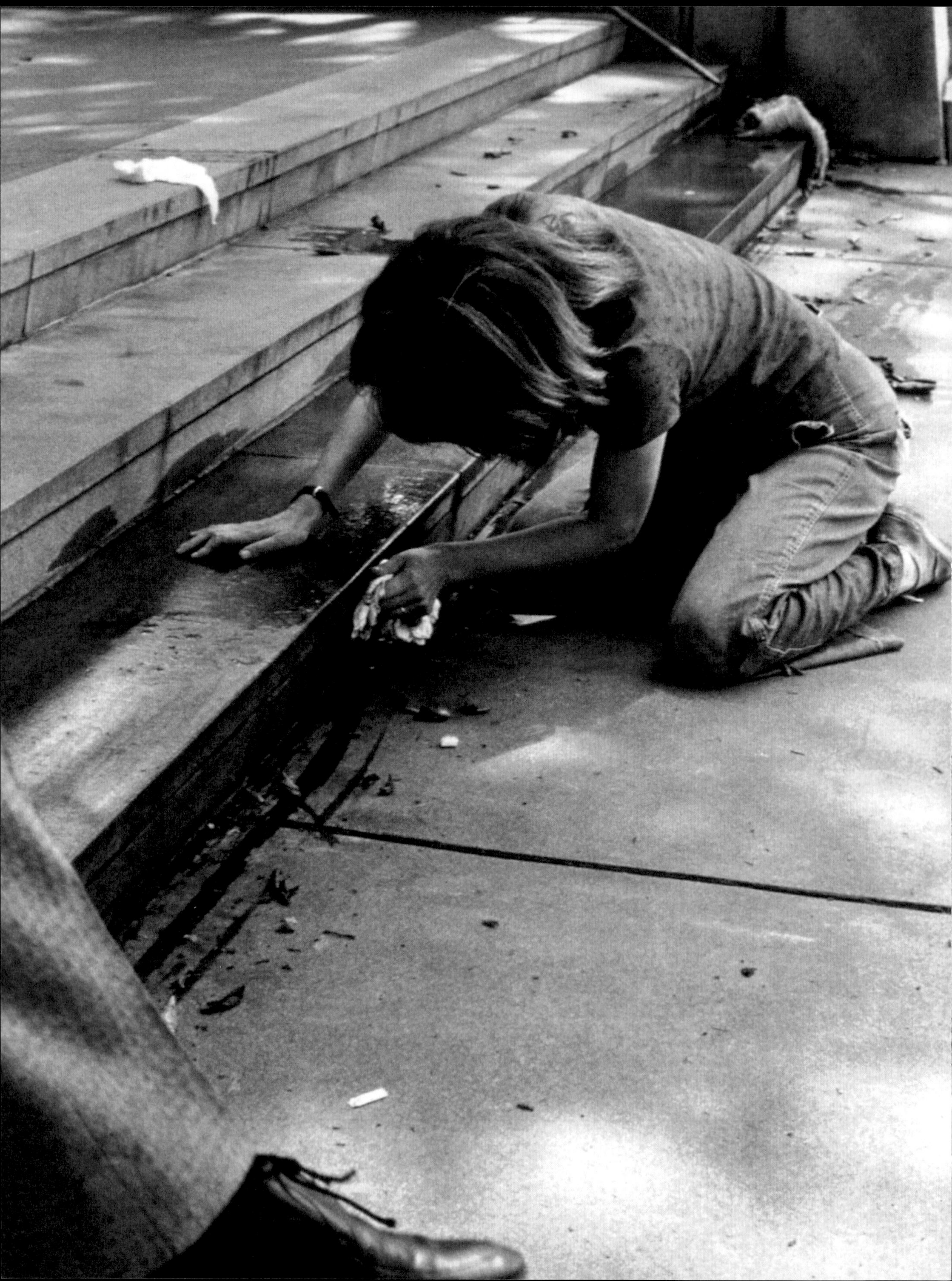

#pflege #gemeinsamstark #menschlichkeit

#diversityisstrength #carework #careworkers

#altenpflege #altenpflegemitherz #carematters

#gleichberechtigung #collectivecare #respect

#togetherwestrong #invisiblelabor #genderroles

#equalcare #mentalload #unsichtbarearbeit

#feminismus #elternschaft #partnerschaft

#caringculturelab #systemrelevant #hausarbeit

#invisiblecarework #fathersinart #mothersinart

CARE MATTERS

Kunst aus der SAMMLUNG VERBUND, Wien

Herausgegeben von Gabriele Schor

Mit einem literarischen Essay von Marlene Streeruwitz
und kunsthistorischen Texten von Sascia Bailer, Martina Genetti,
Vanessa Joan Müller, María Laura Rosa, Nina Schedlmayer,
Gabriele Schor und Jenni Tischer

Deutscher
Kunstverlag

Renate Bertlmann
Elizabeth Catlett
Hannah Cooke
Sandra Eleta
VALIE EXPORT
Sophie Gogl
Marlene Haring
Lena Henke
Natalia Iguiñiz Boggio
Birgit Jürgenssen
Kirsten Justesen
Anna Kutera
Mierle Laderman Ukeles
Christine Lederer
Karin Mack
Małgorzata Markiewicz
Kelly O'Brien
Frida Orupabo
Letícia Parente
Margot Pilz
Maria Pinińska-Bereś
Margaret Raspé
Laura Ribero
Martha Rosler
Hansel Sato
Anna Schölß
Mary Sibande
Lorna Simpson
Annegret Soltau
Rosemarie Trockel
Nicole Wermers
Akihito Yoshida

Inhalt

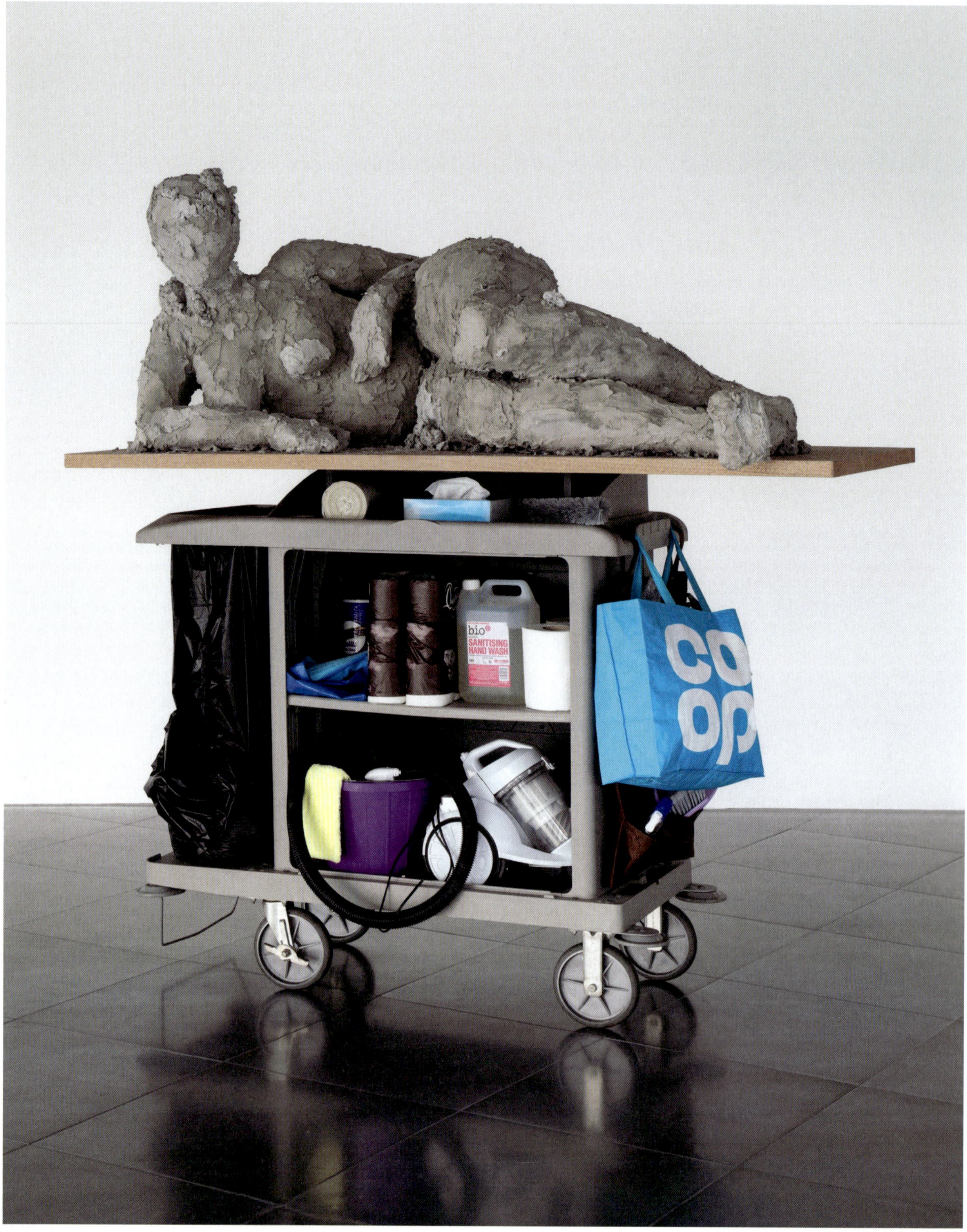

Nicole Wermers Reclining Female #6 [Liegender weiblicher Akt #6], 2024

Gabriele Schor

Von der Kunst zur Ökonomie

Welchen Wert hat Care- und Sorgearbeit?

»Sie nennen es Liebe.
Wir nennen es unbezahlte Arbeit«[1]
Silvia Federici (1974)

»Die besondere Brutalität
der heutigen Ideologie der Ungleichheit
liegt darin, wie die Gewinner gefeiert
und die Verlierer an den Pranger gestellt werden.«[2]
Thomas Piketty (2025)

Vertraut sind mir die großen Reinigungswägen mit ihren Putzmitteln, Wischtüchern und Müllsäcken. Über zwanzig Jahre sehe ich sie im Verbund-Gebäude auf den langen Gängen stehen, an denen sich zahlreiche Büroräume aneinanderreihen. Die Reinigungsdamen schieben die schweren Wägen mit vollen Wasserkübeln schon in aller Früh von einem zum anderen Zimmer. Diese Wägen wurden erschaffen, um die Arbeit effizienter zu machen. 2024 transferiert Nicole Wermers dieses nützliche Objekt auf Rädern mit ihrer Skulptur *Reclining Female #6* in die Kunstwelt. Auf ihrem Reinigungswagen platziert sie einen Frauenkörper. Die aus Gips geformte Frau liegt entspannt auf einem Brett, einen Arm legt sie lässig in ihre Hüfte. Ruht sie sich von ihrer Arbeit aus? Eine Entspannung, die Reinigungsfrauen aufgrund ihrer Doppel- und Mehrfachbelastung selten erfahren.

Wermers' Darstellung dieser Frau repräsentiert kunsthistorisch einen Wandel. Während Margot Pilz 1973 mit ihrer Fotografie *Der Hausmeister und sein Schatten* noch exemplarisch auf die Unsichtbarkeit der mehrheitlich von Frauen verrichteten Reinigungsarbeit verweist, macht Nicole Wermers im 21. Jahrhundert diese Frauen und ihre Arbeit sichtbar.

1 Silvia Federici: »Die Reproduktion der Arbeitskraft im globalen Kapitalismus und die unvollendete feministische Revolution«, in: dies.: *Aufstand aus der Küche*, Münster 2014, S. 42.

2 Thomas Piketty/Michael J. Sandel: *Die Kämpfe der Zukunft. Gleichheit und Gerechtigkeit im 21. Jahrhundert*, München 2025, S. 75.

Bei Pilz verschwindet die Frau mit Schürze unerkennbar als Schatten. Wermers' Reinigungsdame hingegen tritt aus dem Schatten heraus und begegnet dem Publikum auf Augenhöhe. Wir können sie nicht mehr übersehen. Obwohl sie ruht, wirkt sie präsent und selbstbewusst.

Als die SAMMLUNG VERBUND 2025 *Reclining Female #6* erworben hatte, kam mir die Idee, eine Ausstellung zur Care-Arbeit zu kuratieren, und so wurden weitere zeitgenössische Werke angekauft, die sich thematisch der Pflege-, Fürsorge- und Care-Arbeit latent und manifest widmen. Besonders der Dialog zwischen Kunstwerken der Feministischen Avantgarde der 1970er-Jahre und den aktuelleren Arbeiten erschien mir interessant. Gibt es nach einer fünfzigjährigen Zeitspanne thematische Gemeinsamkeiten oder Verschiebungen? Wie unterscheiden sich die Werke voneinander in Ausführung, Material und Intention? Diese Überlegungen sind anhand vielfältiger Kunstwerke und hervorragender Essays von namhaften Autorinnen in der vorliegenden Publikation präsent.

Die Werke der Feministischen Avantgarde in den 1970er-Jahren sind aus einer existenziellen Dringlichkeit und Notwendigkeit entstanden. Etwa wenn Birgit Jürgenssen einen Küchenherd (S. 62–63) über ihren Körper hängt und mit diesem hoffnungslos verschmilzt, wenn Martha Rosler Küchenutensilien zweckentfremdet vorführt und diese zusehends wütender benennt, um die häusliche Rolle zu sprengen (S. 71), oder wenn Karin Mack mit erheblicher Aggression das Trugbild der glücklichen Hausfrau (S. 187) zerstört. Die Verstrickung des weiblichen Körpers mit dem Häuslichen scheint ausweglos. Ehefrauen war es in Österreich bis Mitte der 1970er-Jahre verboten, ohne die Erlaubnis ihres Mannes die Sphäre des Häuslichen für eigene Erwerbsarbeit zu verlassen. Der weibliche Körper tritt als Objekt häuslicher Ordnung auf, gefangen in Machtverhältnissen und einem gesellschaftlichen Konstrukt, wie es bereits 1949 Simone de Beauvoir beschrieb: »Man ist nicht als Frau geboren, man wird es.«[3] Dieses Konstrukt sah eine strenge Trennung vor, wie die Schriftstellerin Marlene Streeruwitz in ihrem literarischen Essay hier im Ausstellungskatalog entfaltet, eine Trennung zwischen dem »Kosmos der Pflege« und dem »Kosmos des Öffentlichen«.

Die Werke der jüngeren Generation hingegen lösen sich von der Repräsentation des weiblichen Körpers, von einer Identitätspolitik im Kontext von Macht, Gender und Ökonomie. Nicole Wermers arrangiert 2013 Geschirr aus Glas, Keramik und Porzellan zu einem bunten Potpourri und nennt es *Abwaschskulptur #8* (S. 79). Sophie Gogl malt 2022 in Anlehnung an Rosemarie Trockel eine Herdplatte, auf der ein Messer hervorblitzt (S. 77).

3 Simone de Beauvoir: *Das andere Geschlecht. Sitte und Sexus der Frau*, Hamburg 1976.

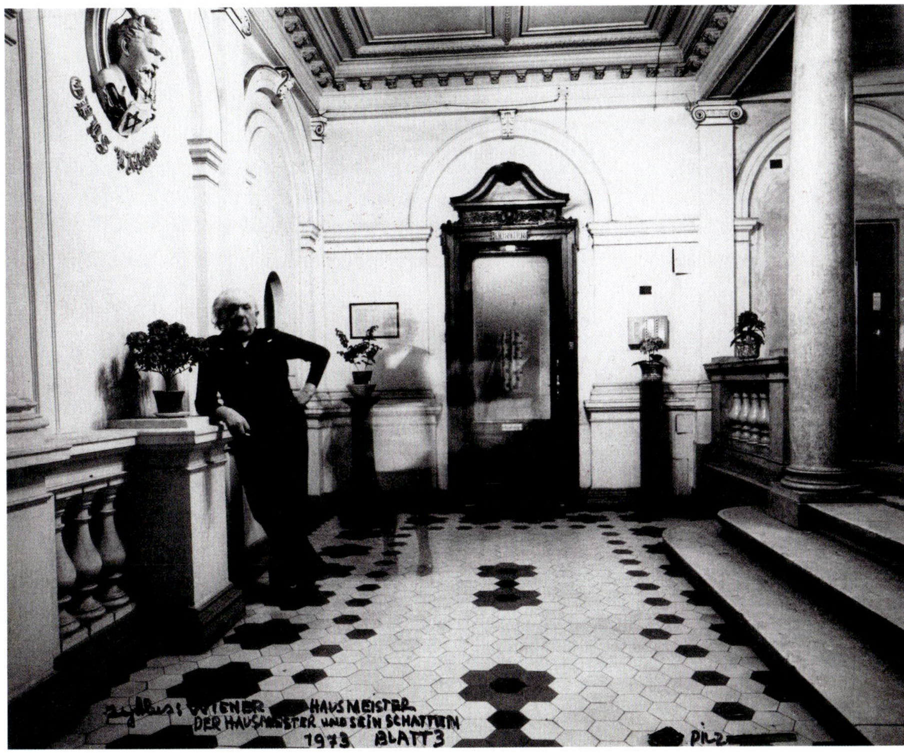

Margot Pilz Der Hausmeister und sein Schatten, 1973

Lena Henke vergrößert im selben Jahr Küchengeräte der Nachkriegszeit (S. 68–69) und isoliert sie zu skulpturalen Objekten, und Judith Fegerl schafft 2019 mit einem komplexen technischen Verfahren Küchenmodule aus Edelstahl, die sich wie leuchtende Kuben ausmachen (S. 10).[4] Küche, Herd und Geschirr bleiben anwesend. Aber was bedeutet es, wenn das Subjekt der Sorge- und Care-Arbeit körperlich nicht mehr anwesend ist? Es scheint, als konnte die zweite Frauenbewegung den Fluch der häuslichen Abhängigkeit vom Körper der westlichen *weißen* Mittelschicht-Frau abschütteln. Während die Künstlerinnen der Feministischen Avantgarde[5] diese existenzialistische Last in ihren Werken inszenierten, aufzeigten und anprangerten, vermögen Jahrzehnte später jüngere Künstler:innen aus einem Freiraum zu agieren und eine feministische Objektkultur zum Träger anderer sozialer Erfahrung zu machen. Die Küche wird nicht mehr als Ort weiblicher Unterdrückung gelesen, sondern als strukturelles Zeichen. Das Subjekt Hausfrau tritt zurück, die Objekte werden zu Metaphern für etwas. Der Fokus liegt auf Materialität. Doch die Objekte mit ihrer Zeichenfunktion

4 Kat. Ausst. *Judith Fegerl. calorie*, OK Offenes Kulturhaus Linz 2025/26, hrsg. v. Susanne Watzenboeck, Linz 2025, S. 8.
5 Diesen Begriff habe ich geprägt, um die Pionierleistung der Künstlerinnen der Feministischen Avantgarde im kunsthistorischen Kanon zu verankern.

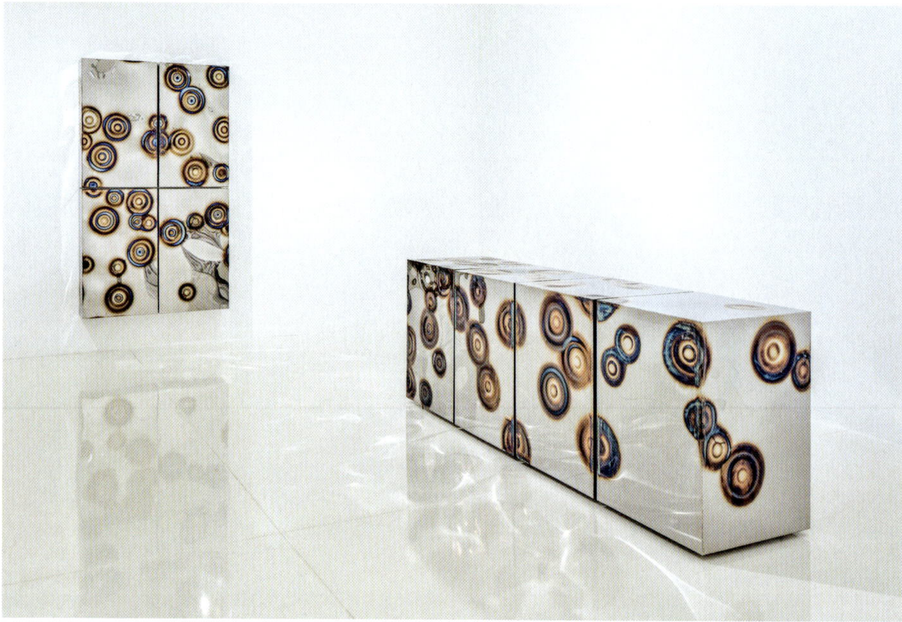

Judith Fegerl the kitchen was what she had given of herself to the world [die Küche war das, was sie der Welt von sich gegeben hatte], 2019/25
Ausstellungsansicht *calorie*, OK Linz, 2025

sind nicht neutral, sondern entfalten ein semiotisches Feld, welches einen Reflexionshorizont eröffnet. Warum lesen wir Küche als weiblich? Warum ist es ein Ort unbezahlter Arbeit? Und warum präsentieren sich die Objekte isoliert, nicht mehr im Verhältnis zur Identität der Hausfrau?

Der Gedanke kommt einem in den Sinn, dass hier die traditionelle Sorge- und Care-Arbeit wie Einkaufen, Kochen, Putzen, Kinderaufsicht und Altenpflege von der westlichen *weißen* Hausfrau ausgelagert wurde. Dies zeigt sich in Werken von Natalia Iguiñiz Boggio, 2001 deckt sie hierarchische Strukturen zwischen Hausherrin und Haushälterin im privaten Bereich auf (S. 145–147). Laura Ribero veranschaulicht 2003/04 kollektive Sehnsüchte des Dienstpersonals nach sozialer Gleichstellung in Abya Yala[6] (S. 154–157), und Mary Sibande zeigt sich 2008 als Dienstfrau, die ein Superman-Kostüm näht, und verweist damit auf White Supremacy (S. 143). Mit der Repräsentation der Frau in Care-Berufen machen Künstlerinnen erneut einen Identitätshorizont auf, der weibliche Körper bleibt mit Hausarbeit dem privaten Bereich verbunden. Auch die Filme *Nightcleaners* (S. 99) und *Die unsichtbaren Frauen des Erste Campus* verfolgen die Strategie, weibliche Care-Arbeit, auch wenn bezahlt, sichtbar zu machen. *Nightcleaners*, aufgenommen 1975 vom Berwick Street Film Collective[7], erzählt von Frauen, die nachts

6 Abya Yala bedeutet in der Sprache der Guna (Panama) »Land in voller Blüte« und ist ein vorkolonialer Name für den amerikanischen Kontinent.
7 Mitglieder des Berwick Street Film Collective sind Marc Karlin, Mary Kelly, James Scott und Humphry Trevelyan.

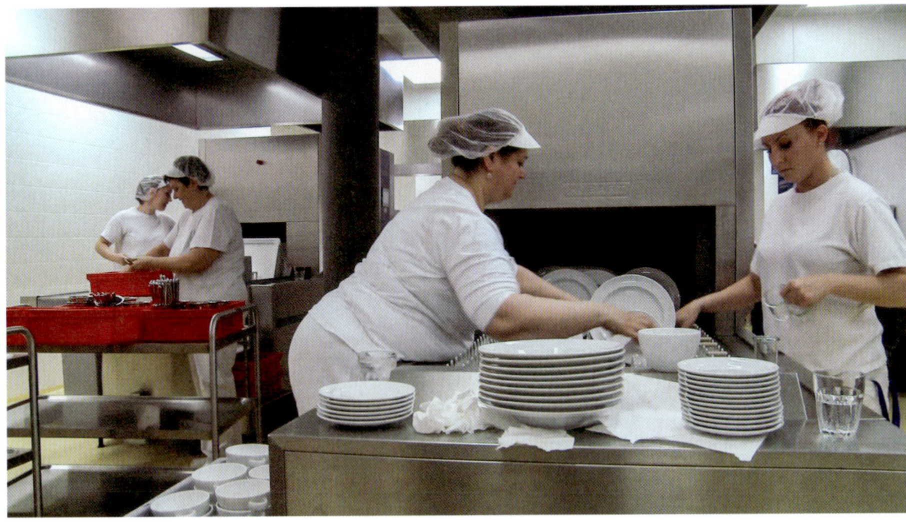

Sanja Iveković The Invisible Women of Erste Campus [Die unsichtbaren Frauen des Erste Campus], 2016, Video, Farbe, Ton, 33:05 min

ungesehen leere Büros unter prekären Bedingungen reinigen, damit sie tagsüber ihre Kinder versorgen können, und von der mühsamen Gewerkschaftsbildung dieser Frauen. Vierzig Jahre später berichtet Sanja Iveković wieder vom Saubermachen und Putzen, wieder unsichtbar von Frauen geleistet. In ihrer Dokumentation bringt die Künstlerin eine poetische Komponente ins Spiel. Die Reinigungsfrauen, überwiegend Migrantinnen aus Südost- und Osteuropa, sprechen ein selbst gewähltes Gedicht der kroatischen Schriftstellerin Aida Bagić frontal in die Kamera. »Die Texte handeln von Herkunft, Vertreibung, Frauenarbeit, Alltagsroutinen und Durchhaltevermögen«, erklärt die Kuratorin Kathrin Rhomberg.[8]

Über Jahrzehnte hinweg bringen Künstler:innen die Thematik der Care- und Sorgearbeit mit ihren Werken ins Museum. 2025 plädiert Marion Ackermann dafür, dass Putzen und Reinigen in Museen sichtbar einzuführen sei. Die Präsidentin der Stiftung Preußischer Kulturbesitz in Berlin, verantwortlich für 25 Instituten, Museen, Archiven und Bibliotheken, erklärt, dass nicht nur Forschung, Vermittlung und Ausstellen wichtig seien, sondern auch »Daycleaning«, also die Reinigung während des laufenden Betriebs eines Museums. »Das heißt, dass auch diese Arbeit und diejenigen, die sauber machen, sichtbar werden.«[9]

8 Gespräch mit Kathrin Rhomberg, Wien, Januar 2026.
9 »Marion Ackermann. Die neue Präsidentin der Preußenstiftung im Interview«, in: *Museumsjournal* 3, 2025, S. 25. Ich danke Nina Schedlmayer für diesen Hinweis.

Es war nicht einfach, einen geeigneten Titel für unsere Ausstellung zu finden. Welchen Begriff sollten wir aufgreifen: »Sorge«, »Fürsorge«, »Care« oder »Caring«? Der Titel *Prinzip Sorge* erschien uns zu akademisch, *Who cares?* wäre für Social Media geeignet und ist wegen seiner Doppeldeutigkeit verlockend. Schließlich entschieden wir uns für *CARE MATTERS*. Der Ausstellungstitel bezieht sich auf die seit 2013 bestehende, international bekannte Bewegung Black Lives Matter, die gegen Rassismus und Gewalt gegen Schwarze Menschen und People of Color auftritt. Unsere Ausstellung will zur Wertschätzung und Sichtbarkeit der mehrheitlich von Frauen – oft unsichtbar und unter prekären Arbeitsbedingungen – verrichteten Sorge- und Care-Arbeit beitragen, denn Fürsorge- und Care-Arbeit *matter* wirtschaftlich, sozial, gesellschaftspolitisch und planetarisch, nicht nur seit dem Aufbegehren der zweiten Frauenbewegung, sondern seit es Menschen auf der Erde gibt.

Sich sorgen *um* – Sorge *für*

Das Wort »sorgen« hat eine doppelte Bedeutung: sich sorgen *um* jemanden, *um* etwas und sorgen *für* jemanden, *für* etwas. Die erste Bedeutung spricht unsere Gefühle und Emotionen an: Wir sorgen uns gedanklich beispielsweise um die politische Lage, um Krieg, soziale Not, Klimaschutz oder um unseren Beruf und um unsere Familie. Meistens drücken wir es im Plural aus: »Ich mache mir Sorgen um …« Ist die Sorge nagend, stark beängstigend und längerfristig, vertieft sie sich zur seelischen Bedrückung.[10] Die zweite Bedeutung meint unser Handeln, sich *für* jemanden, *für* etwas einzusetzen, helfend einzuschreiten, *für* jemanden Sorge zu tragen, aber auch jemanden zu umsorgen. Diese Tätigkeit verhält sich ambivalent. Fürsorge zu praktizieren, kann einerseits erfreulich sein, Genugtuung verschaffen und sich positiv identitätsstiftend auf eine Person auswirken. Anderseits kann »Sorge tragen« sich anfühlen, als würde man einen schweren Rucksack schultern. Es ist durch Mühsal, Pflicht, Anstrengung, Abhängigkeit und zeitraubende Belastung gekennzeichnet. Die positive Bedeutung von Sorge und Care steht für Pflege, Fürsorge, Obhut und Betreuung. Sorge und Care meint auch Achtsamkeit, Zuwendung, Vorsicht und Taktgefühl, grundsätzlich den Umgang miteinander und Empathie gegenüber anderen Personen. Dabei ist nicht nur die Sorge um andere gemeint, sondern auch die Sorge um sich selbst.[11]

10 Siehe »Sorge«, in: *Wikipedia*, https://de.wikipedia.org/wiki/Sorge [abgerufen am 25.01.2026].
11 Ebd.

Kelly O'Brien Cleaner No.1 [Reinigungskraft Nr. 1], 2023

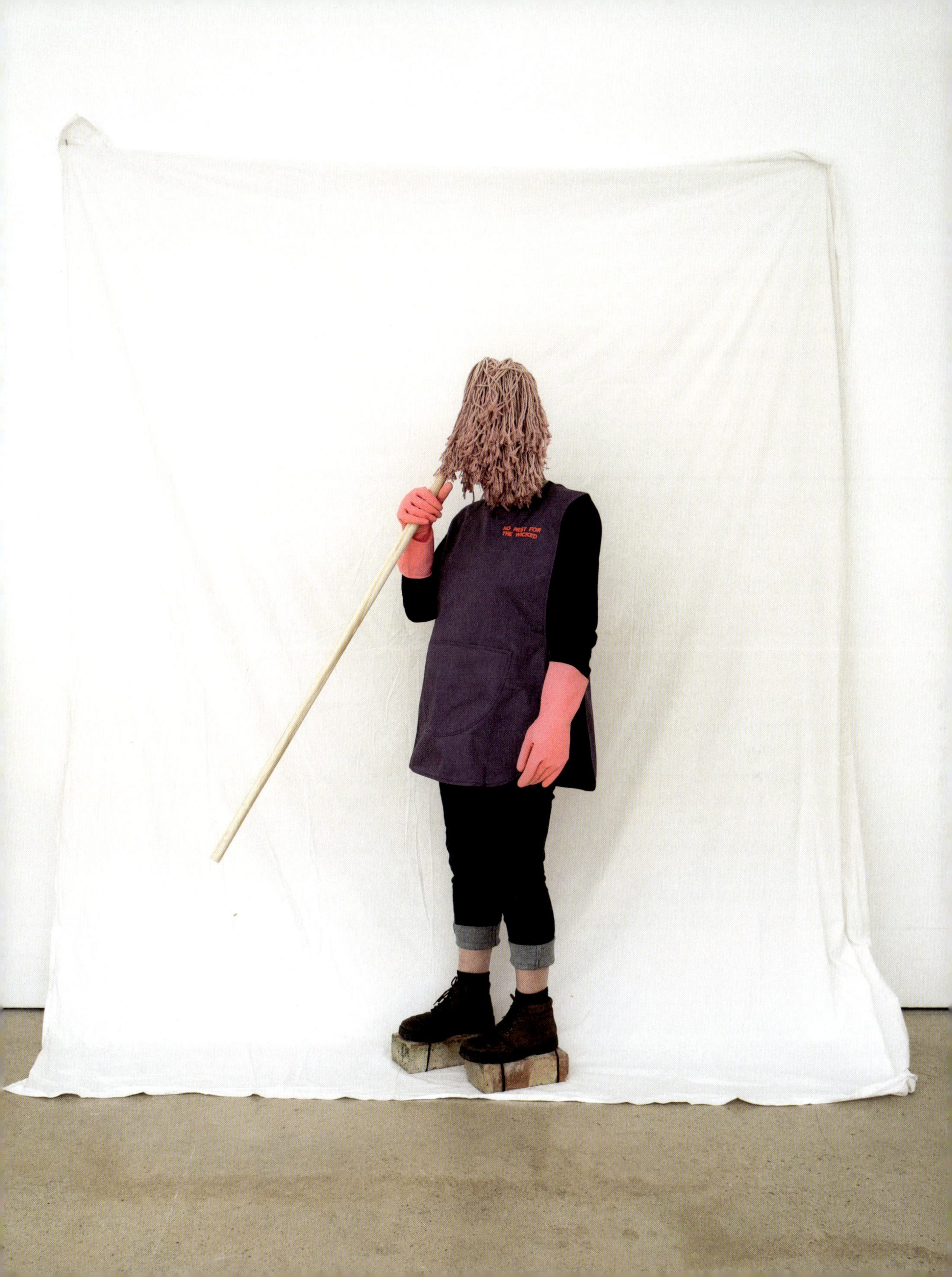
NO REST FOR
THE WICKED

In der Care-Ethik analysieren die Pflegewissenschaftlerinnen Helen Kohlen und Christel Kumbruck geschlechtsspezifische Aspekte. Sie differenzieren zwischen den Begriffen *Caring* und *Curing*, die historisch und inhaltlich eine Trennung erkennen lassen. *Cure*, also das Heilen, sei traditionell männlich konnotiert und mit Autonomie verbunden, während *Care*, das Pflegen, Umsorgen und Versorgen, eher weiblich verstanden werde. Diese Unterscheidung spiegle auch hierarchische Unterschiede wider. *Cure* sei mit Macht, Kontrolle, hohem gesellschaftlichem Status und einem klassisch männlich geprägten Aufgabenbereich verbunden. *Care* hingegen werde mit weiblichen Eigenschaften wie Abhängigkeit und Weisungsgebundenheit assoziiert.[12] Ein Blick in die Krankenhauspraxis erklärt, warum Care mit Pflege und nicht mit Medizin verbunden wird. »Es gibt eine *cure* ohne *care*«, erklärt der Gesundheitswissenschaftler und Krankenpfleger Patrick Schuchter.[13] Das hänge mit der »zeitlichen Struktur der Pflege« zusammen, Krankenpfleger:innen seien wie keine andere Berufsgruppe rund um die Uhr jeden Tag für die Patient:innen anwesend.[14]

Ethik der Sorge

Oft wird angenommen, die Sorge sei nur für Kinder, Kranke, ältere Personen und Menschen mit Behinderung relevant. Dabei vergessen wir, dass die Sorge eine grundsätzliche Voraussetzung, eine Conditio sine qua non für jedes menschliche Zusammenleben ist. Jedes soziale Miteinander, jede Interaktion mit Familie, Nachbarschaft, Paarbeziehung, Freund:innen setzt die Sorge voraus. In seiner Schrift *Sein und Zeit* (1927) konstatiert Martin Heidegger »Sorge« als etwas Grundlegendes für das menschliche Leben. Damit meint deutsche Philosoph, wie wir überhaupt in der Welt sind und mit ihr umgehen. Die Philosophin Regina Schidel fasst zusammen, Sorge zeige sich bei Heidegger auf drei Arten: Zunächst kümmern wir uns im Alltag um Dinge und Aufgaben, das nennt Heidegger »Besorgen«. Zweitens haben wir Sorge für andere Menschen, also Fürsorge. Und drittens gibt es die Sorge um uns selbst.[15] Auch bei Michel Foucault, erklärt Schidel, stehe zuerst die Sorge um sich selbst im Mittelpunkt, als eine bewusste Art, das

12 Helen Kohlen/Christel Kumbruck: »Care-(Ethik) und das Ethos fürsorglicher Praxis (Literaturstudie)«, in: *artec-paper* 151, 2008, Universität Bremen, S. 3.

13 Patrick Schuchter: *Sich einen Begriff vom Leiden Anderer machen. Eine Praktische Philosophie der Sorge*, Bielefeld 2016, S. 20.

14 Ebd., S. 21.

15 Regina Schidel: »Von einer Ethik zu einer Politik der Sorge«, https://www.theorieblog.de/index.php/2021/11/von-einer-ethik-zu-einer-politik-der-sorge/ [abgerufen am 25.01.2026].

Kelly O'Brien Cleaner No.2 [Reinigungskraft Nr. 2], 2023

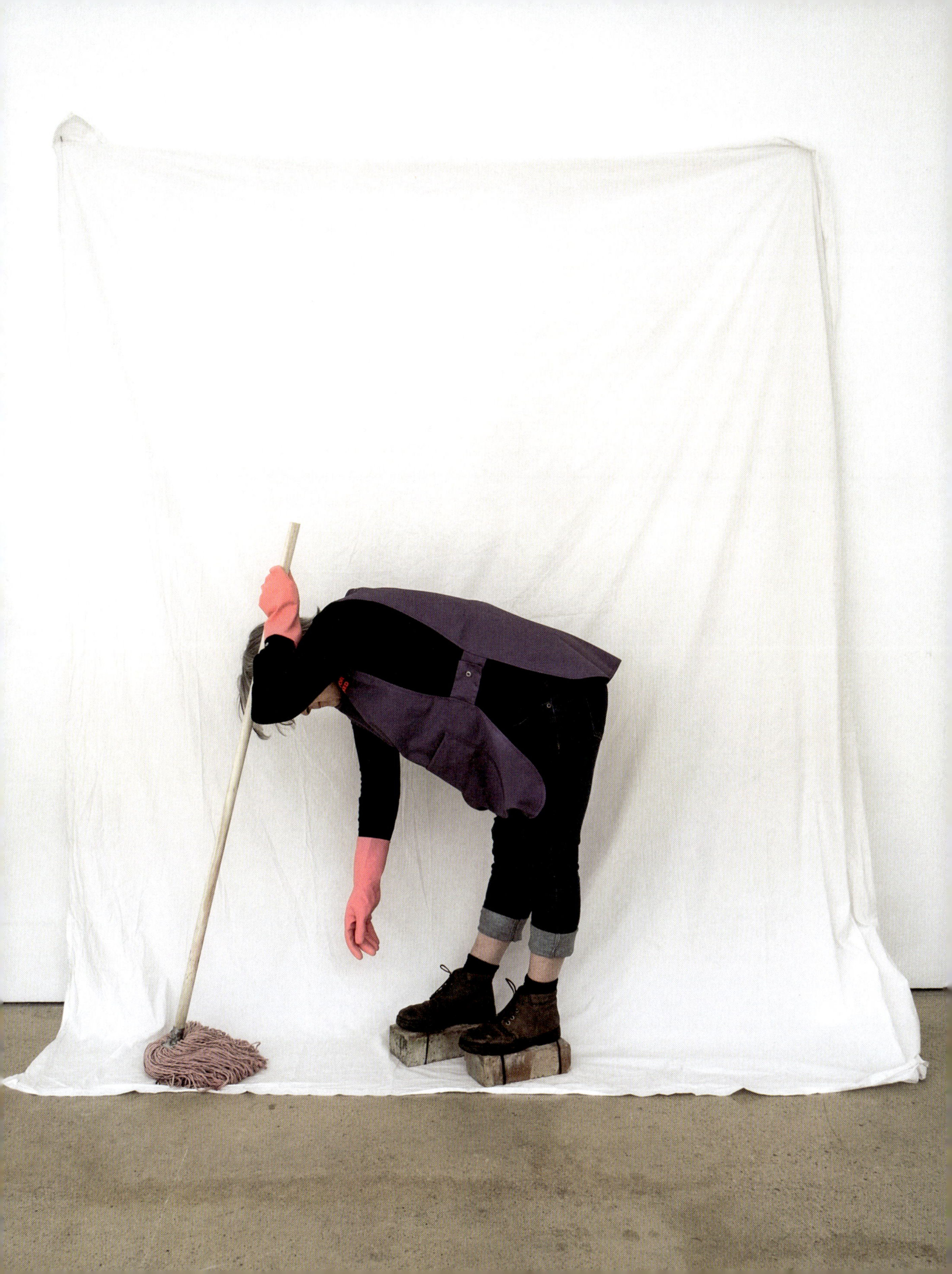

eigene Leben zu gestalten – als eine Art Lebenskunst, eine »Ästhetik der Existenz«.[16] Bei Heidegger könne Fürsorge auch so aussehen, dass man für jemand anderen sorge und dabei kontrolliere oder beherrsche, womit eine Abhängigkeit entstehe. Fürsorge könne aber auch eine befreiende Form haben: Sie helfe zur Selbstständigkeit, um mit eigenen Sorgen besser umzugehen. Für Foucault gebe es auch zwei Formen von Sorge: eine, die normiere und unterwerfe, also Menschen in feste Rollen zwinge, während die andere Seite eine widerständige und befreiende Form der Sorge um sich selbst zeige, die festgelegte Identitäten aufbrechen könne.[17] Trotz Würdigung der Sorge-Ethik beider Denker kritisiert Schidel die zu starke Konzentration auf das einzelne, autonome Individuum. Dabei werde übersehen, dass Menschen nicht einfach von sich aus selbstständig und handlungsfähig seien. Selbstbestimmung entstehe vielmehr immer in Beziehungen – durch Fürsorge, gegenseitige Abhängigkeit und dadurch, dass andere für uns einstehen.[18]

Ökonomie der Care-Arbeit

Die zweite Frauenbewegung untersuchte, welchen Stellenwert Haus- und Sorgearbeit innerhalb eines kapitalistischen Systems hat. In der Analyse industrieller Fabrikarbeit im 19. Jahrhundert verstand die Marxistische Theorie unter Arbeit bezahlte »Lohnarbeit«. Die Fabrikarbeiter:innen erschaffen mit ihrer Produktion der Güter mehr Wert, als sie Lohn erhalten. Bezahlte »produktive Arbeit« erschafft also Mehrwert. Im kapitalistischen Kalkül wird Arbeit nur dann wertgeschätzt und bezahlt, wenn sie der Mehrwertproduktion dient. Die Theoretikerinnen Silvia Federici und Mariarosa Dalla Costa erklären in zahlreichen Schriften und Aktionen, dass reproduktive Arbeit, die Wiederherstellung der Arbeitskraft, eine immense Quelle für ökonomische Akkumulation sei.[19] Dass häusliche Tätigkeit vom ökonomischen Standpunkt aus unsichtbar war, führte historisch zu einer Abwertung und Geringschätzung der häuslichen reproduktiven Arbeit sowie zu einem Abhängigkeitsverhältnis und einer ungleichen Verteilung von Macht zwischen den Geschlechtern.[20] Federici, selbst Mitbegründerin der Kampagne »Lohn für Hausarbeit«, änderte 1975 in New York, wo sie ihre Streitschrift *Wages Against Housework* verfasste, die Präposition *für* zu *gegen*, weil es ihr nicht wortwörtlich um die gerechte Entlohnung der Hausfrau ging, sondern um die Emanzipation der

16 Ebd.
17 Ebd.
18 Ebd., siehe auch: Judith Butler: *Kritik der ethischen Gewalt*, Frankfurt am Main, 2003.
19 Silvia Federici im Gespräch mit Tim Stüttgen: »Die Hexenjagd ist zurückgekehrt«, in: *taz*, 10.10.2012, https://taz.de/Die-Hexenjagd-ist-zurueckgekehrt/!552063/ [abgerufen am 25.01.2026], siehe auch: Care Revolution Aktionskonferenz mit dem Motto: »Soziale Reproduktion betrifft uns alle«, Berlin, März 2024.
20 Federici 2014, S. 42.

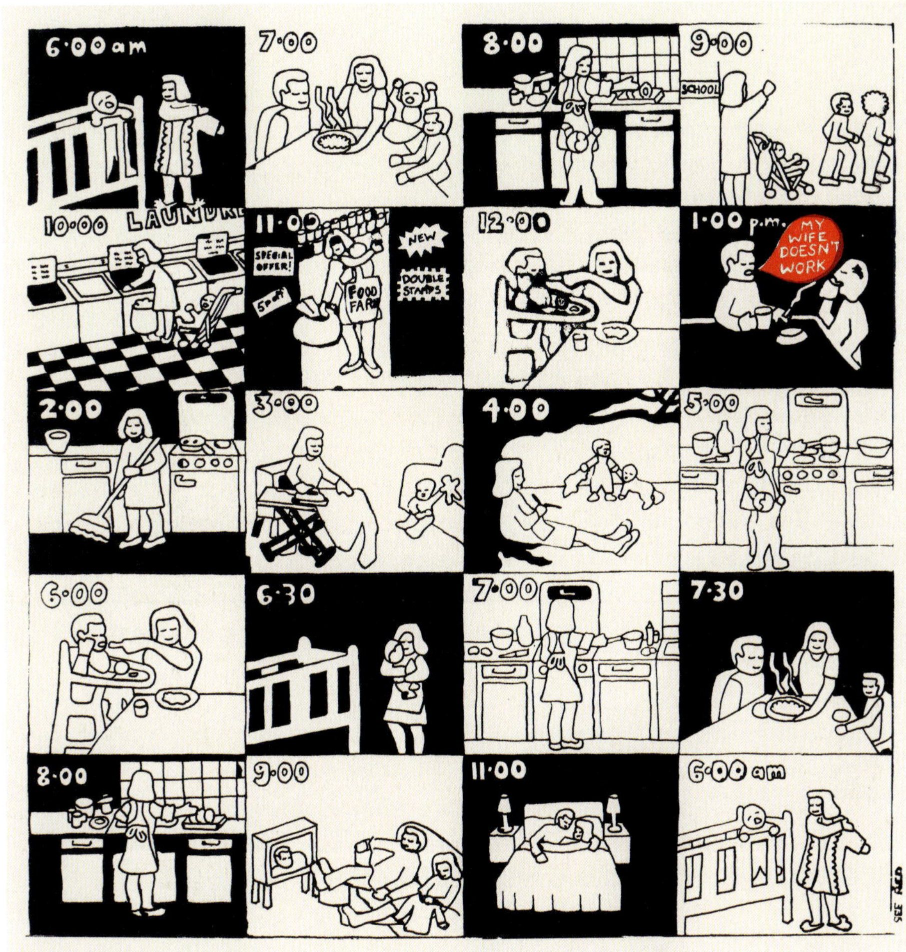

See Red Women's Workshop My Wife Doesn't Work
[Meine Ehefrau arbeitet nicht], 1976

Frau von der Hausfrau: »Wenn wir für Löhne kämpfen, kämpfen wir eindeutig und direkt gegen unsere soziale Rolle.«[21] Die Emanzipation der Frau bedeutet, als Frau nicht mehr länger auf die privaten Rollen Hausfrau, Ehefrau und Mutter reduziert zu werden.

Mental Load und Equal Care

In den folgenden Jahrzehnten stieg daher die Anzahl erwerbstätiger Frauen in den westlichen Industrieländern enorm, und damit erhöhte sich ihre Doppel- und Mehrfachbelastung zusehends. Im Zuge dessen wurde seit den 1990er-Jahren für reproduktive Arbeit der Begriff Care-Arbeit eingeführt und meist gleichbedeutend zu Sorgearbeit verwendet. In Deutschland

21 Silvia Federici, zit. nach: Xenia Müller: »Federici: Die Entdeckung unsichtbarer Arbeit«, in: *Surplus. Das Wirtschaftsmagazin* 3, 2025, https://www.surplusmagazin.de/surplus-3-wir-kuemmern-uns/ [abgerufen am 17.01.2026].

beispielsweise »herrscht bei 71 Prozent der Paarbeziehungen in Sachen Berufstätigkeit Gleichstellung – bis das erste Kind geboren wird. Danach gilt das nur noch für 15 Prozent der Beziehungen.«[22] Mütter wenden also in heterosexuellen Beziehungen täglich bis zu einer Stunde mehr Zeit für unbezahlte Sorgearbeit auf als ihre Partner. Die Folgen sind: Mütter übernehmen bei Weitem öfter einen Halbtagsjob als Väter, erleiden einen Karriereknick, verfügen demnach über geringeres Einkommen, weniger ökonomische Sicherheit und erfahren vermehrt Altersarmut aufgrund niedrigerer Pension. Die »Spannung zwischen der Rolle der Frau als Produzentin und Reproduzentin«[23] zu meistern, verursacht täglich erhöhten Stress. Schon in den 1970er-Jahren wurde Mental Load[24] als psychische und mentale Belastung diskutiert. In letzter Zeit geht der Begriff auf den feministischen Webcomic »You should've asked«[25] [Du hättest doch nur fragen müssen] von 2017 der französischen Zeichnerin Emma zurück.[26] Die täglich zu meisternden familiären Aufgaben werden in den seltensten Fällen von beiden Partnern übernommen, womit erhebliche Einbußen von Freizeit und Erholung für Frauen entstehen. Die Autorin und *Spiegel*-Kolumnistin Alexandra Zykunov erklärt: »Auf Frauen und Mütter übertragen, sind mit Mental Load die winzigen kleinen Aufgaben aus Mitdenken, Erinnern, Planen, Organisieren und Synchronisieren des kompletten Alltags-, Freizeit- und Pflichtterminkalenders einer gesamten Familie gemeint, die sich gleichzeitig und in Dauerschleife in ihren Köpfen abspielen.«[27]

Das Gefühl vieler Mütter während der Covid-19-Pandemie, in traditionelle Muster zurückzufallen, rief Aktivistinnen und Ratgeberinnen auf den Plan. So formierte sich in Kärnten die feministische Aktionsgruppe Guerilla GRRLZ Carinthia, die im September 2025 ein Video online stellte, in dem sie eine Equal-Care-Aktion durchführte, zu sehen auf Instagram, Facebook und TikTok.[28] Nach einer Phase des Nachdenkens und Umdenkens gelingt es in dieser Aktion dem Ehemann, Care-Arbeit für Haushalt und Kinder zu übernehmen. Für Väter ist das Übernehmen dieser Verantwortung ein wichtiger Schritt zur Überwindung patriarchaler Strukturen sowie eine positive Chance, ihre Fürsorgekompetenz zu erweitern, im kognitiven, emotionalen und

22 Emma Holten: *Unter Wert*, München 2025, S. 135.
23 Sarah Smith: »The imbalance sheet. From the Enlightenment to today's ›tradwives‹«, in: *Financial Times*, November 2025, New York, S. 9.
24 Gijsbertus Mulder: »Mental Load and the Measurement of Heart Rate Variability«, in: *Ergonomics* 16, 1, 1973, S. 69–83, siehe auch: »Mental Load«, in: *Wikipedia*, https://de.wikipedia.org/wiki/Mental_Load [abgerufen am 04.02.2026].
25 Emma: »You should've asked«, https://english.emmaclit.com/2017/05/20/you-shouldve-asked/ [abgerufen am 04.02.2026].
26 »Mental Load«, in: *Wikipedia*.
27 Alexandra Zykunov: *Wir sind doch alle längst gleichberechtigt*, Berlin 2022, S. 24, zit. nach Wikipedia, ebd.
28 Die vier Guerilla GRRLZ Carinthia nennen sich: Bloody Marry, Lala Visibilitá, Miss Care-Less und Senza Violenza. Seit September 2025 zu finden: Instagram und TikTok *guerilla_grrlz_carinthia*, Facebook *Feminst activism carinthia*.

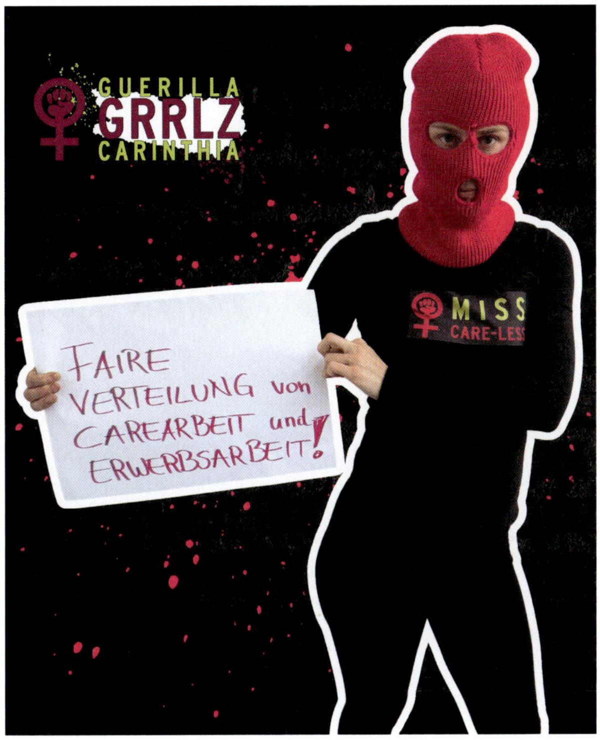

Guerilla GRRLZ Carinthia
Miss Care-Less fordert faire Verteilung von Care- und Erwerbsarbeit

praktischen Sinne. Der Künstler Akihito Yoshida zeigt diese Kompetenzen anhand berührender Fotografien zur Altenpflege (S. 161–165), und Hansel Sato geht davon aus, dass Väter für Care- und Sorgearbeit ähnliche Kompetenzen benötigen wie in der Wirtschaft, wo Fachwissen, Soft Skills, Leistung, Engagement und Führungskompetenz erwünscht sind (S. 129–131). Grundsätzlich ist es an der Zeit, die Biografien von berühmten Männern danach zu durchforsten, ob sie nicht doch mehr Sorge- und Fürsorgearbeit geleistet haben, als ihnen zugestanden wurde. James Joyce beispielsweise hatte eine intensive Vater-Tochter-Beziehung, die nicht in das Klischee eines Genies passte, weshalb dies mehrheitlich verschwiegen wurde. Joyce-Kennerin Carol Leob Shloss schrieb ein Buch über Joyce' Tochter Lucia Joyce. In ihrer Schrift wird der unnahbare Schriftsteller als ein verzweifelter, liebevolle Vater sichtbar, der sich sein Leben lang intensiv um seine Tochter kümmerte, sich um sie sorgte und auch für sie sorgte, als man Lucia für unheilbar krank hielt.[29] Aber kommen wir zum Mental Load zurück. Um ein gendergerechtes Engagement für Care-Arbeit zu erreichen, bietet die Autorin Jo Lücke mit dem zu hoffnungsvollen Buchtitel *Für Sorge: Wie Equal Care euer Familienleben rettet* (2024) Kniffe für gleichberechtigtes Elternsein und glückliche Partnerschaft.[30] Ein Equal-Care-Test soll Abhilfe leisten,

29 Carol Loeb Shloss: *Lucia Joyce. Die Biographie der Tochter*, München 2007.
30 Jo Lücke: *Für Sorge: Wie Equal Care euer Familienleben rettet. Der Ratgeber zu den Streitthemen Vereinbarkeit, Care-Arbeit und Mental Load*, München 2024.

um die Schieflage in der Familie wieder gerade zu bekommen und Mental Load partnerschaftlich aufzuteilen. Als »Expertin für Sorgearbeit« gesteht die Autorin den Eltern allerdings ein: »Es ist nicht eure Schuld und nicht die eures Partners oder eurer Partnerin, wenn diese Lebensphase unglaublich zehrend und erschöpfend ist.«[31] Aber wessen »Schuld« ist es dann?

Feministische Ökonomie

Feministische Ökonomie bietet keine Ratschläge und Tipps, verwendet keine moralischen Kategorien wie »Schuld«, sondern analysiert, wie wirtschaftspolitische Entscheidungen unser Berufs- und Familienleben bestimmen. Wie konnte es historisch dazu kommen, dass Care- und Sorgearbeit ökonomisch als wertlos angesehen wird und dermaßen unterbezahlt ist? Ja, sogar volkswirtschaftlich fälschlich als »Verlust« betrachtet wird, weil Frauen wegen Care-Arbeit in die Halbtagsarbeit gedrängt werden und so weniger Steuern zahlen würden. Seit der Aufklärung wird Care-Arbeit systematisch abgewertet und ignoriert, da sie nicht in das auf »Profitmaximierung ausgerichtete Modell einer Fabrikgesellschaft«[32] passt. Die dänische Politikberaterin und Autorin Emma Holten hat in ihrem viel beachteten Buch *Unter Wert* analysiert, welches Menschenbild einer Volkswirtschaft zugrunde liegt, die auf maximalen Profit ausgerichtet ist. »Es geht um den *Homo oeconomicus*, der rational, egoistisch und nur auf seinen eigenen Vorteil bedacht handelt. Diese Vorstellung von einem erfolgreichen Menschen prägt bis heute viele wirtschaftliche Entscheidungen.«[33] Holten nimmt sich drei bekannte Ökonomen vor, die zeitlich vor Karl Marx (1818–1883) mit ihren Theorien diesen *Homo oeconomicus* als Ideal einführen. Thomas Hobbes (1588–1679) verstand den aufgeklärten Menschen als jemanden, der mathematisch zu denken vermag und völlig unabhängig agiert. Man solle die Menschen »betrachten [...], als sie gerade der Erde entsprungen wären und plötzlich, wie Pilze, zu voller Reife kommen, ohne einander begegnet zu sein«.[34] Nach Hobbes ist das Individuum losgelöst von jeder Abhängigkeit, Fürsorgebeziehung und Freundschaft. Sein Hauptwerk *Leviathan* (1651) wird bis heute in den Wirtschaftswissenschaften und der Philosophie studiert. Der englische Staatstheoretiker John Locke (1632–1704) gilt als Vater des Liberalismus. Er vertrat die Meinung, Frauen können denken und hätten Anrecht auf Bildung.[35] Immerhin. Aber, bemerkt Holten, die häusliche Sphäre und die dort verrichtete Arbeit sei seiner Ansicht nach »gottgegeben«. Bei Locke

31 Ebd.
32 Holten 2025, S. 15.
33 Ebd., S. 35 f.
34 Thomas Hobbes, zit. nach ebd., S. 49.
35 Holten 2025, S. 51.

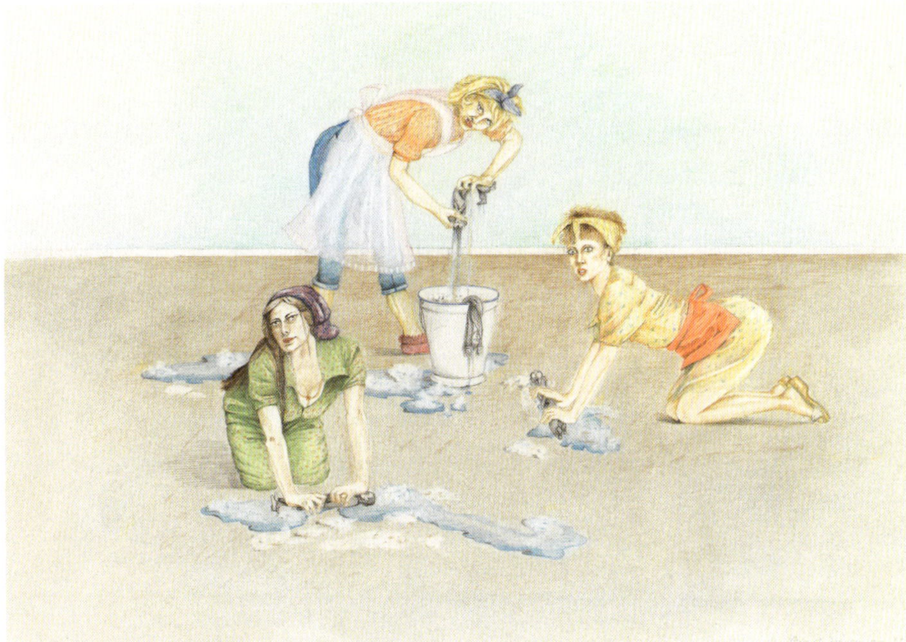

Birgit Jürgenssen Bodenschrubben, 1975

werde das Heim »zu einer spirituellen, christlichen Angelegenheit, die nichts mit staatlichen, politischen und wirtschaftlichen Dingen zu tun hatte«.[36] Er zeichne »ein Bild von einem freien, unabhängigen, isolierten Menschen«. Gemeinsam mit Hobbes schaffe Locke eine Definition von Freiheit, die nur für die gelte, die auf Kosten anderer leben. »Freiheit wird definiert als ein Leben ohne Fürsorgeverantwortung und -bedarf.«[37] Nicht anders verhalte es sich beim dritten Ökonomen, dem Schotten Adam Smith (1723–1790). Nach Smith sei der Mensch von Natur aus von »Eigeninteresse« getrieben: »Nicht vom Wohlwollen des Metzgers, Brauers und Bäckers erwarten wir das, was wir zum Essen brauchen, sondern davon, dass sie ihre eigenen Interessen wahrnehmen.«[38] Unerwähnt lasse Smith aber »die unbezahlte Arbeit seiner Mutter und später seiner Cousine, die sein Abendessen zubereitete«.[39] Smith lebte also sehr gut vom Wohlwollen seiner Mitmenschen. Seine Schrift *Der Wohlstand der Nationen* (1776) mit den Prämissen weniger Handelsbarrieren, weniger Regulierung und niedrigen Steuern sollte die moderne Wirtschaftswissenschaft prägen. Das seit der Aufklärung entstandene Wertesystem, das von dem Ideal des unabhängigen und isolierten Individuums ausgehe und dabei »Frauenarbeit« und Pflegeaufgaben übersehe und vernachlässige, sei hartnäckig. Holten plädiert daher für eine

36 Ebd., S. 25.
37 Ebd., S. 52.
38 Ebd., S. 69.
39 Ebd., siehe auch: Katrine Marçal: *Machonomics: Die Ökonomie und die Frauen*, München 2016.

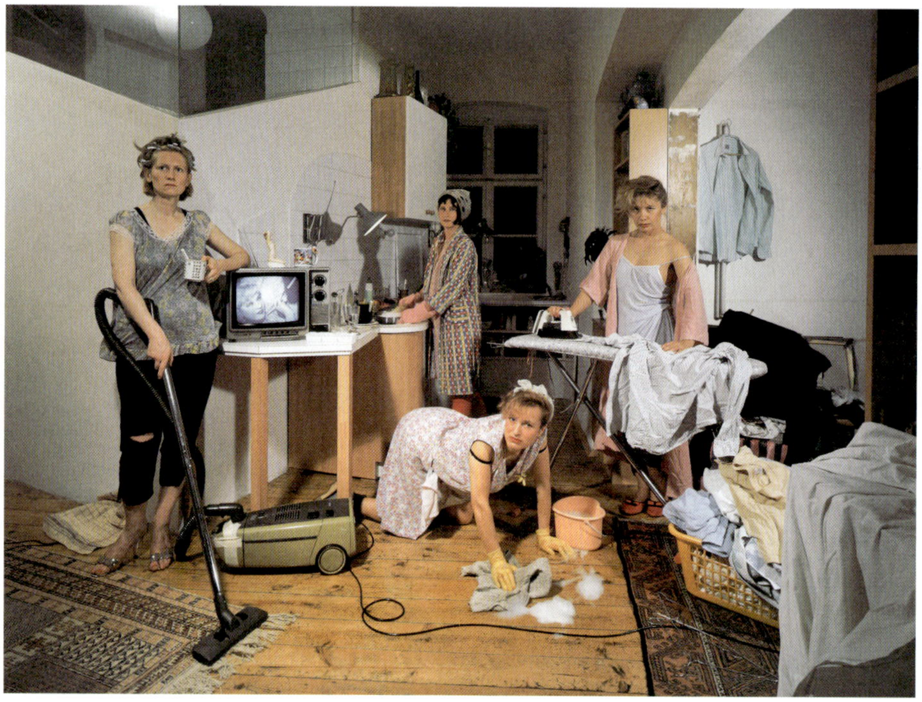

DIE DAMEN Kalenderblatt Dezember 1991, 1990, Offsetdruck

feministische Ökonomie, die menschliche Bedürfnisse und Beziehungsarbeit wertschätzt und in sie investiert. Es gelte, strukturelle Veränderungen herbeizuführen. Kinderbetreuung, Pflege und soziale Berufe sollten wie Infrastruktur gesehen werden – nicht als belastender Haushaltsposten. Denn Fürsorge- und Care-Arbeit erreiche Wohlbefinden, Gesundheit und gesellschaftliche Stabilität.[40]

Globale Sorgearbeit

Im Jahr 2020, während der Covid-19-Pandemie, veröffentlichte ein Kollektiv das *Care Manifesto*, das verdeutlichte, dass die weltweite Care-Krise eine Entwicklung des sich seit den 1980er-Jahren verschärfenden neoliberalen Wirtschaftssystems sei, das staatliche Verantwortung für soziale Dienste wie Bildung, Wohnen und Gesundheitswesen reduzierte.[41] Diese antisoziale Politik habe Care- und familiäre Arbeit ideologisch als Eigenverantwortung

40 Ebd., S. 18 f.
41 The Care Collective – Andreas Chatzidakis, Jamie Hakim, Jo Littler, Catherine Rottenberg und Lynne Segal (Hrsg): *The Care Manifesto. The Politics of Interdependence*, London und New York 2020, S. 22.

in den privaten Bereich zurückgedrängt. Die Pflege politisch als ökonomische Last zu sehen und sich ihrer zu entledigen, habe die Situation der Care- und Sorgearbeit massiv verschlechtert. Die 2009 veranstaltete Konferenz *WE CARE! Feminist responses to the care crises* machte deutlich, dass die Care-Krise kein isoliertes Phänomen darstellte, sondern mit der globalen Wirtschafts- und Finanzkrise verbunden war.[42]

Wie gesellschaftspolitisch Care-Arbeit organisiert sei, reproduziere sie Machtungleichheiten, denn die am wenigsten Privilegierten leisten den Großteil der Sorgearbeit. *The Care Manifesto*[43] verweist darauf, dass »eine der größten Ironien rund um Sorgearbeit darin liegt, dass eigentlich die Reichen am abhängigsten von jenen sind, die sie bezahlen, damit sie ihnen auf unzählige verschiedene Arten persönlich zu Diensten sind. Tatsächlich definieren sich ihr Status und ihr Wohlstand zum Teil über die Anzahl an Personen, von denen sie abhängig sind, um permanente Unterstützung und Aufmerksamkeit zu erhalten, von Kindermädchen, Hausmädchen, Köchen und Butlern bis hin zu Gärtnern und dem gesamten Spektrum an Arbeiter:innen außerhalb ihres Haushalts, die jedes ihrer Bedürfnisse und jeden ihrer Wünsche erfüllen. Dennoch bleibt diese tief verwurzelte Abhängigkeit solange verborgen und wird bestritten, wie die Superreichen über ihre vollständige Handlungsmacht und die Fähigkeit verfügen, jene, die sich um sie kümmern, zu beherrschen oder sie zu entlassen und zu ersetzen.«[44] Damit schließt sich der Kreis über Jahrhunderte, und man sieht sich zu Hobbes, Locke und Smith zurückversetzt, zum egoistischen Menschen, der im Eigennutzen, ohne Empathie und nur auf seinen eigenen Vorteil bedacht, wirtschaftlich erfolgreich handelt. Seine eigene Abhängigkeit von Care- und Sorgearbeit kann er nicht erkennen.

Das Kollektiv des *Care Manifesto* will Sorgearbeit um den Aspekt des »caring *with*« [*mit* jemandem zusammen sorgen] erweitern, »was beschreibt, wie wir politisch Kräfte aufbieten, um unsere Welt zu verändern«.[45] In Zeiten der weltweiten Klimakrise, Kriege, illiberalen Demokratien und enormen globalen Ungleichheit zwischen Arm und Reich ist ein Miteinander für ein gemeinsames politisches Engagement unerlässlich. Auch ein feministisches Networking von gleichgesinnten Institutionen und Gruppierungen, um gegen Geschlechterungleichheit politisch vorzugehen, ist notwendig. Noch immer fehlt ein gendergerechter Zugang zu denselben Berufen und Arbeitszeiten.

42 Die WIDE (Women in Development Europe) Annual Conference fand vom 18. bis 20. Juni 2009 in Basel statt, *WE CARE! Feminist responses to the care crises*, https://wideplus.org/wp-content/uploads/2012/10/worskhopreportsac20098.pdf [abgerufen am 08.02.2026].

43 The Care Collective 2020, S. 22.

44 Ebd., S. 40.

45 The Care Collective 2020, S. 21.

Laut »World Inequality Report« von 2022 zeigt sich, dass Frauen überproportional oft in den Berufen der Pflege, Reinigung und im Einzelhandel tätig sind.[46] Der bekannte Wirtschaftswissenschaftler Thomas Piketty erklärt, dies würde »wegen Vorurteilen und Diskriminierung geschehen, aber auch wegen der geringeren Anstrengungen der öffentlichen Hand, die Berufsfelder zu strukturieren«.[47] Es besteht noch gemeinsamer Handlungsbedarf.

DANK

An der Ausstellung *CARE MATTERS* der SAMMLUNG VERBUND in der Albertina und der gleichnamigen vorliegenden Publikation haben viele Personen mitgewirkt. Mein ausdrücklicher Dank gilt allen Künstlerinnen und Künstlern für ihre inspirierenden Werke sowie den Autorinnen Sascia Bailer, Martina Genetti, Vanessa Joan Müller, María Laura Rosa, Nina Schedlmayer und Jenni Tischer, die mit ihrer Expertise diese Kunstwerke einem breiten Publikum auf einfühlsame Weise näherbringen. Etwas ganz Besonderes ist es, die sehr geschätzte Schriftstellerin Marlene Streeruwitz für einen Text für unseren Ausstellungskatalog gewonnen zu haben. In ihrem erhellenden literarischen Essay schreibt sie kritisch über die Auswirkungen einer gesellschaftlichen Trennung des »Kosmos der Pflege« und des »Kosmos des Öffentlichen«. Meinem großartigen Team Eva Haberfellner und Sophie Rueger danke ich herzlich für außerordentliches Engagement und ihren leidenschaftlichen Enthusiasmus bei der Erarbeitung unserer Projekte. Sehr erfreulich ist auch unsere erste Zusammenarbeit mit dem Deutschen Kunstverlag, einem Verlag der Walter de Gruyter GmbH, insbesondere mit Martina Kupiak, Projektkoordinatorin, und Kathleen Herfurth, Acquisitions Editor, sowie allen Lektor:innen und Übersetzer:innen. Lieben Dank an die Grafikerin Maria Anna Friedl für ihr sorgfältiges und gelungenes Layout sowie Hannes Fauland für seine umsichtige Sorge beim Drucken unserer Bücher und Gottfried Ecker für viele Gespräche. Mein Dank gilt auch meinem Sohn Adrian für seine Geduld.

Mein besonderer Dank für die schöne Zusammenarbeit geht an alle in der Albertina, an Ralph Gleis, Generaldirektor; Renate Landstetter, Wirtschaftliche Geschäftsführerin; Angela Stief, Direktorin der Albertina Modern; Mara Grünberg, Leitung Sponsoring und Fundraising; Hedi Breit, Leitung Events; Mario Kiesenhofer, Leitung Grafik- und Ausstellungsdesign;

46 Thomas Piketty: »Die neuen globalen Ungleichheiten«, in: ders.: *Für einen ökologischen Sozialismus. Interventionen*, München 2025, S. 101.

47 Ebd.

Elisabeth Wolfik, Ausstellungsmanagement; Veronika Werkner, Pressesprecherin; Ulla Bartel-Norman, Leitung Social Media & Online Marketing; Ines Groß-Weikhart, Leitung Kunstvermittlung; Daniel Antalfi, Leitung Fotostudio; Robert Brunner, ARTformers GmbH, und an alle anderen Mitarbeiter:innen, die unsere Ausstellung ermöglicht haben.

In einer Publikation zu Care- und Sorgearbeit darf das Reinigungspersonal nicht fehlen, und mein Team und ich freuen uns auch sehr, dass die Damen zur Eröffnung kommen. Mein herzlicher Dank geht daher an die Reinigungsdamen im VERBUND, die schon früh am Morgen Gänge, Küchen, Büros und vieles mehr säubern. Es ist immer eine Freude, sie zu sehen und mit ihnen ein paar Worte zu wechseln: Zorica Sabo, Silvia Ivanova, Ramiza Šišić, Julia Livančić, Gordana Velichovich-Seferagich, Beata Izabella Boualamat, Ljiljana Mijalković, Vesna Tomašković, Verica Stokić. Im Vorfeld dieser Publikation und Ausstellung konnte ich mich mit jeder der Reinigungsdamen länger unterhalten und erfuhr interessante Einsichten in ihre Arbeit und ihr Leben. Weiter danke ich Mališa Stević und Natascha Hari-Gruber, die mir halfen, diese Gespräche terminlich zu koordinieren. Ebenso danken mein Team und ich Violeta Donnert und Simon Luksch sowie allen Kolleg:innen in der Küche, die uns zu Mittag mit Köstlichkeiten versorgen.

Für die jahrelange sehr erfreuliche Zusammenarbeit im VERBUND danke ich herzlich Monika Riedel, Leiterin der Holding Kommunikation; Konzernsprecherin Ingun Metelko; Leopold Rohrer, Bereichsleiter Controlling; Birgit Fanovits, Controlling; Sonja Bruckner, Rechtsabteilung; Karl Stadler, Leitung Compliance, und Vorstandsassistentin Kristina Radan sowie den zuvorkommenden Frauen des Vorstandssekretariats Edith Zenz, Hermine Pachovsky-Hartl, Evelyn Leeb, Anna Schütz und Katharina Lemmel.

Schließlich geht mein besonderer Dank an Michael Strugl, Vorstandsvorsitzender der VERBUND AG, wie auch an seine Vorstandskolleg:innen CFO Peter F. Kollmann, CRO Susanna Zapreva und COO Achim Kaspar. Sie unterstützen die SAMMLUNG VERBUND stets mit Offenheit und Verständnis und verfolgen unsere Ausstellungen, Projekte und Publikationen mit großem Interesse.

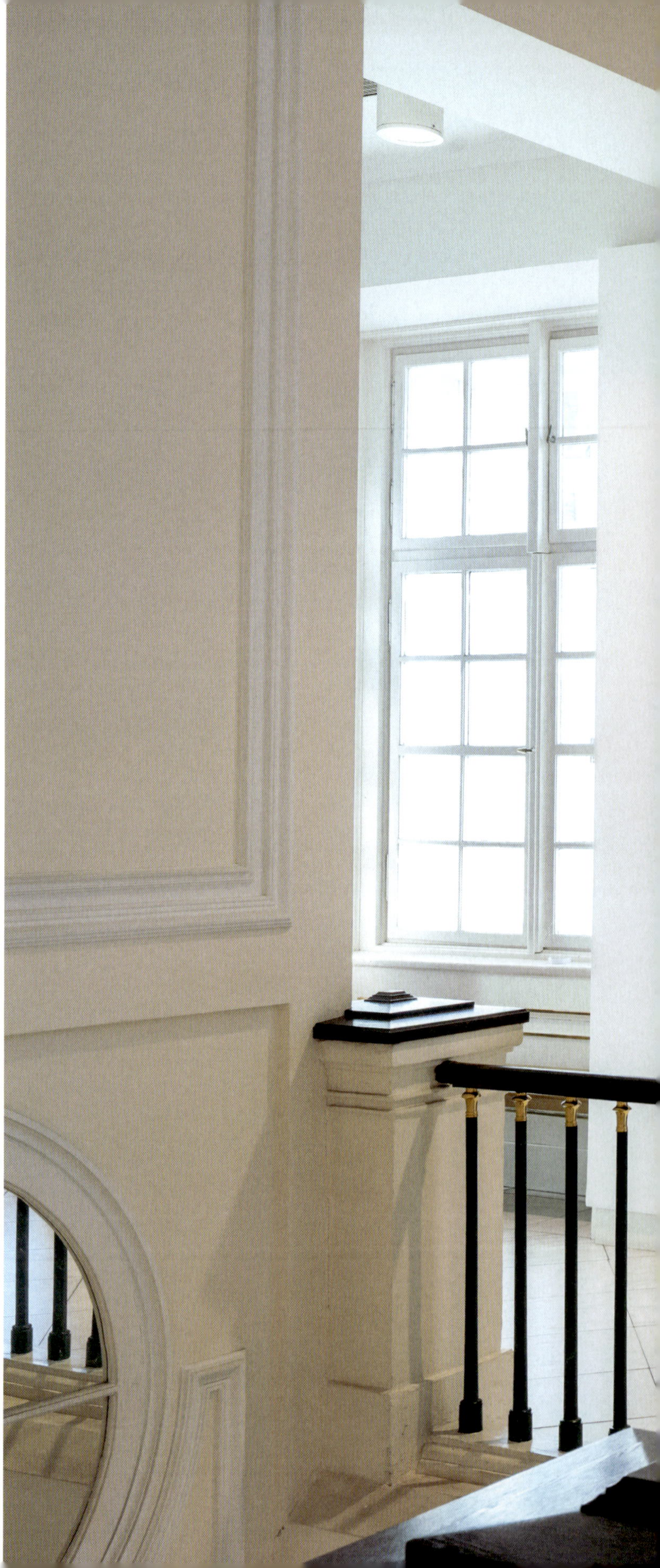

Seite 26–33

Ausstellungsansichten
CARE MATTERS. Eine Ausstellung der SAMMLUNG VERBUND, Wien
Albertina, Wien

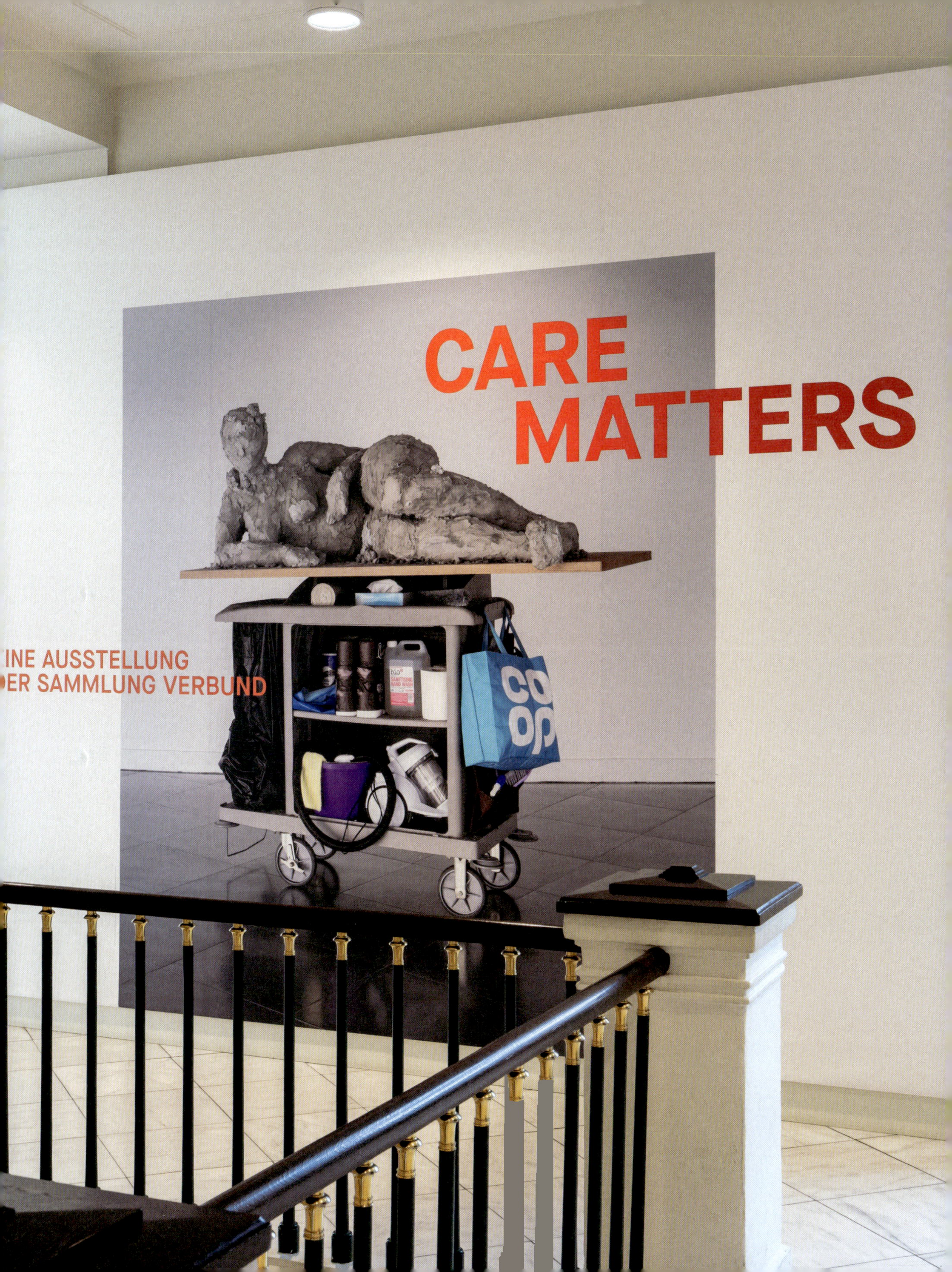
CARE
MATTERS
INE AUSSTELLUNG
ER SAMMLUNG VERBUND

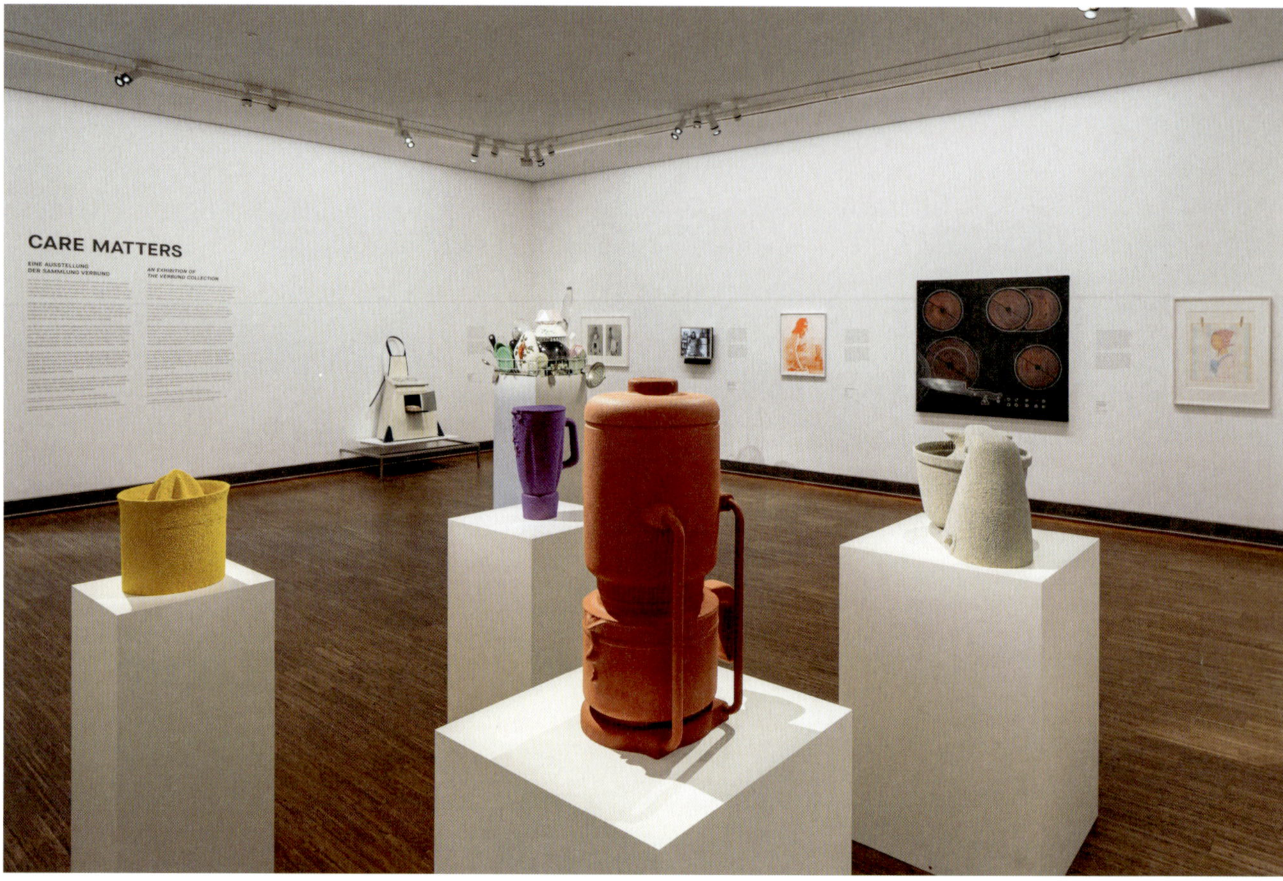
CARE MATTERS
EINE AUSSTELLUNG DER SAMMLUNG VERBUND
AN EXHIBITION OF THE VERBUND COLLECTION

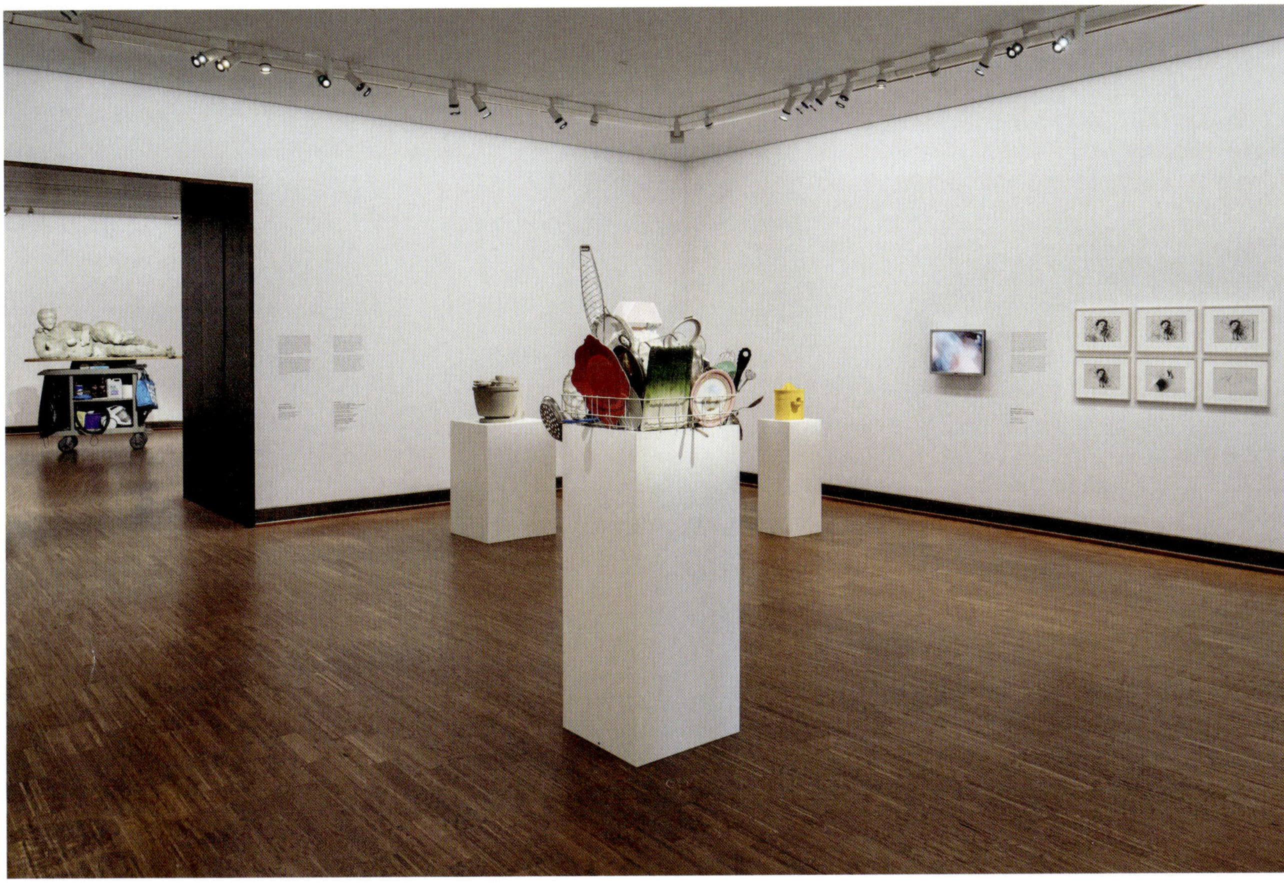

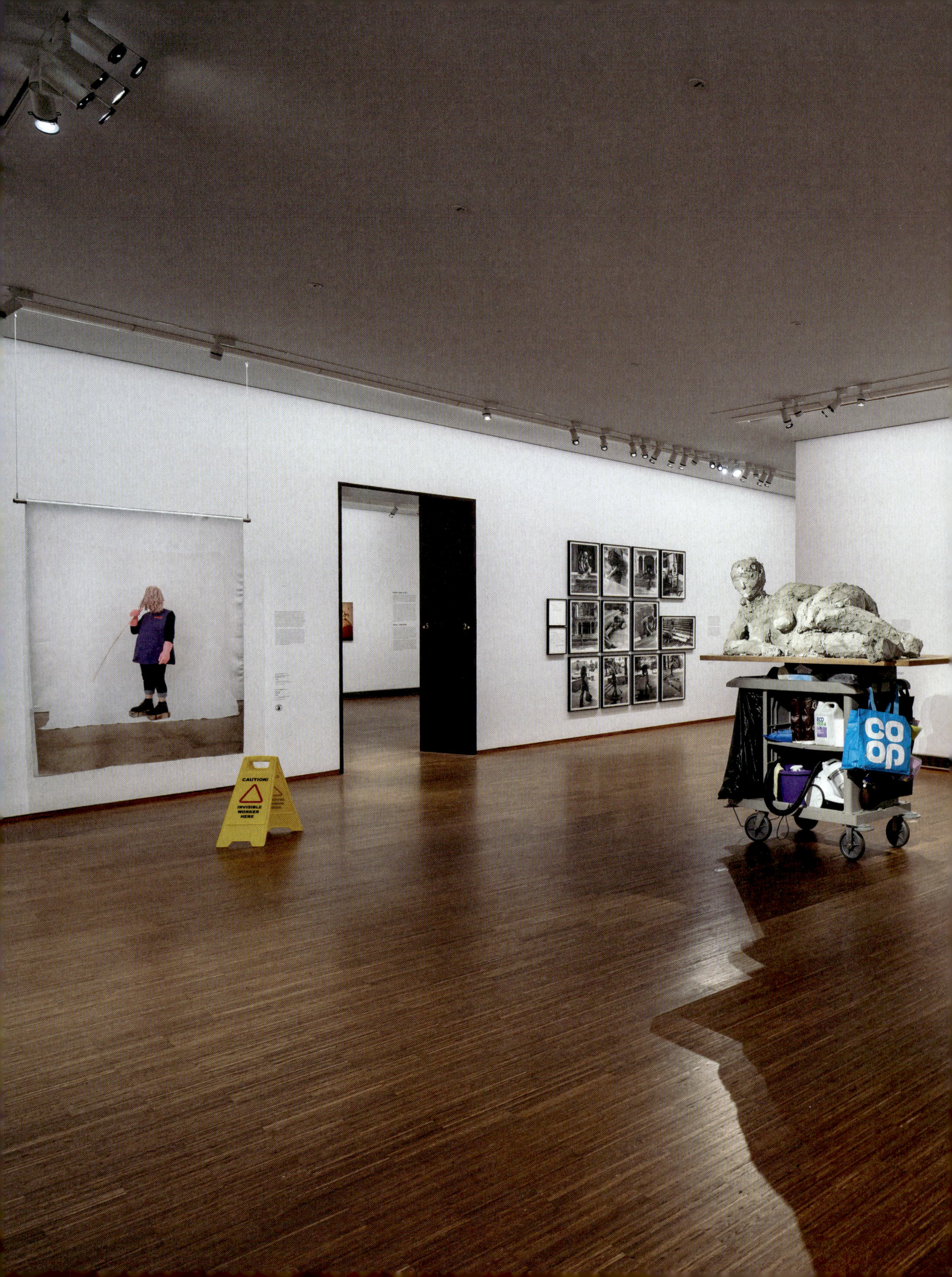
CAUTION!
INVISIBLE
WORKER
HERE
co
op

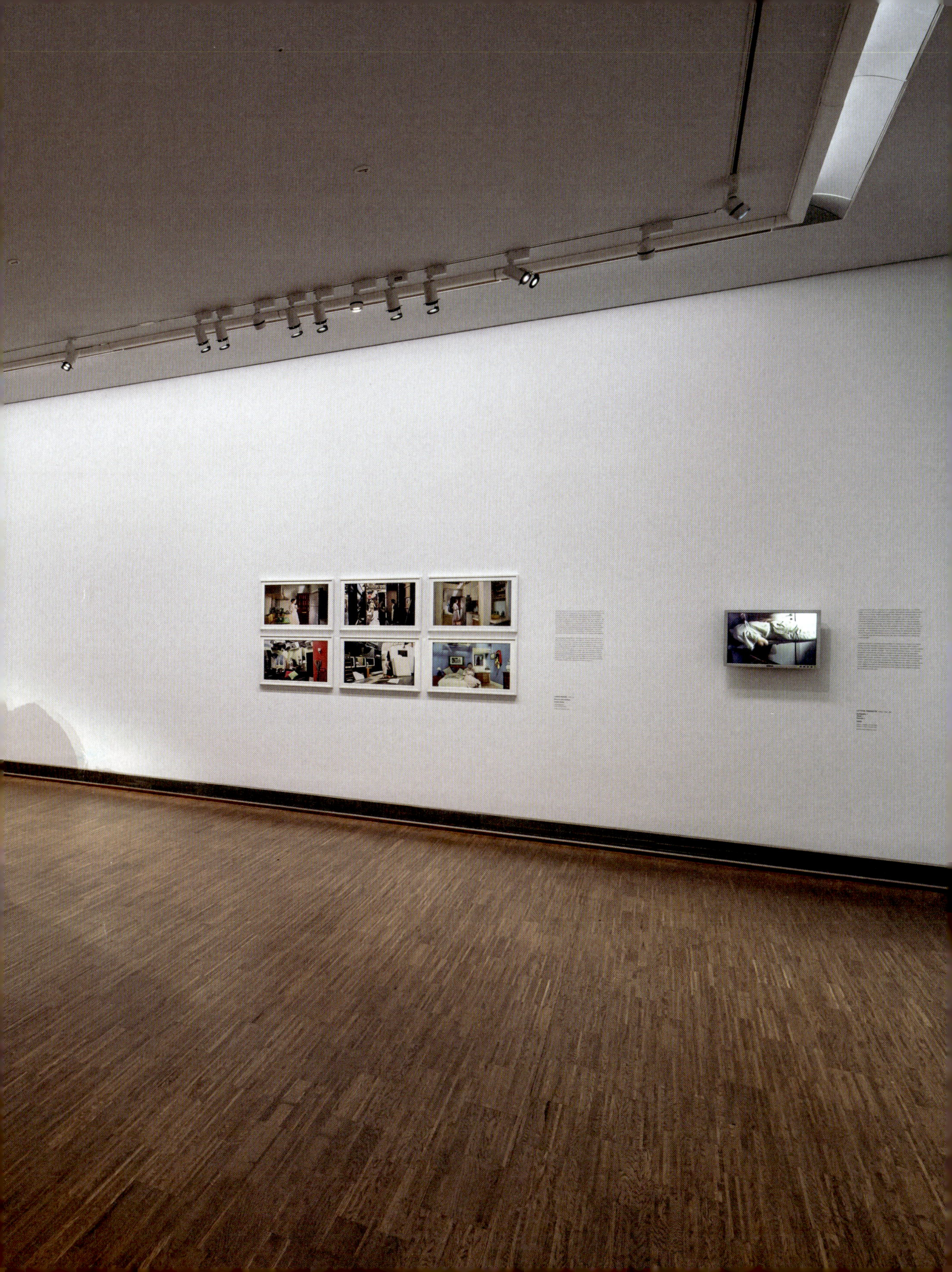

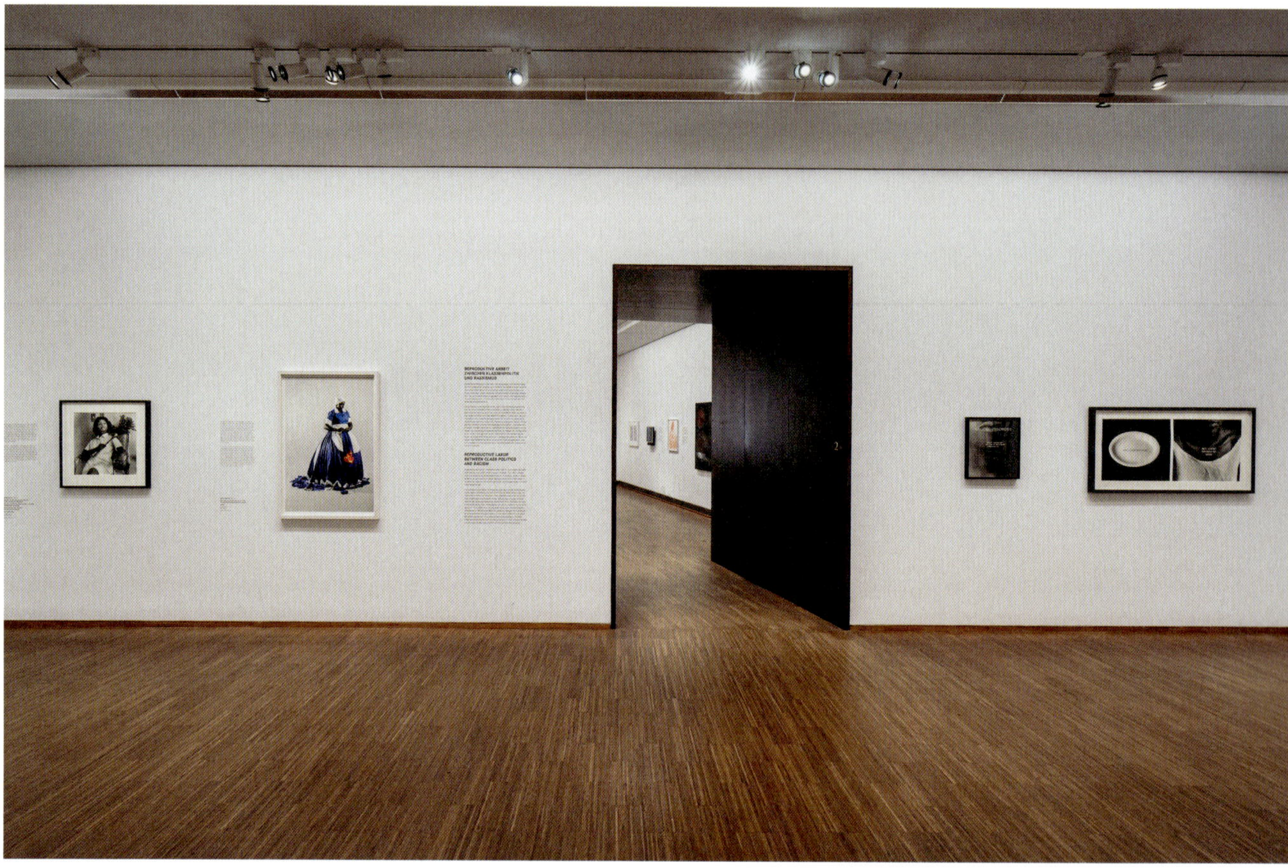
REPRODUKTIVE ARBEIT
ZWISCHEN KLASSENPOLITIK
UND RASSISMUS
REPRODUCTIVE LABOR
BETWEEN CLASS POLITICS
AND RACISM

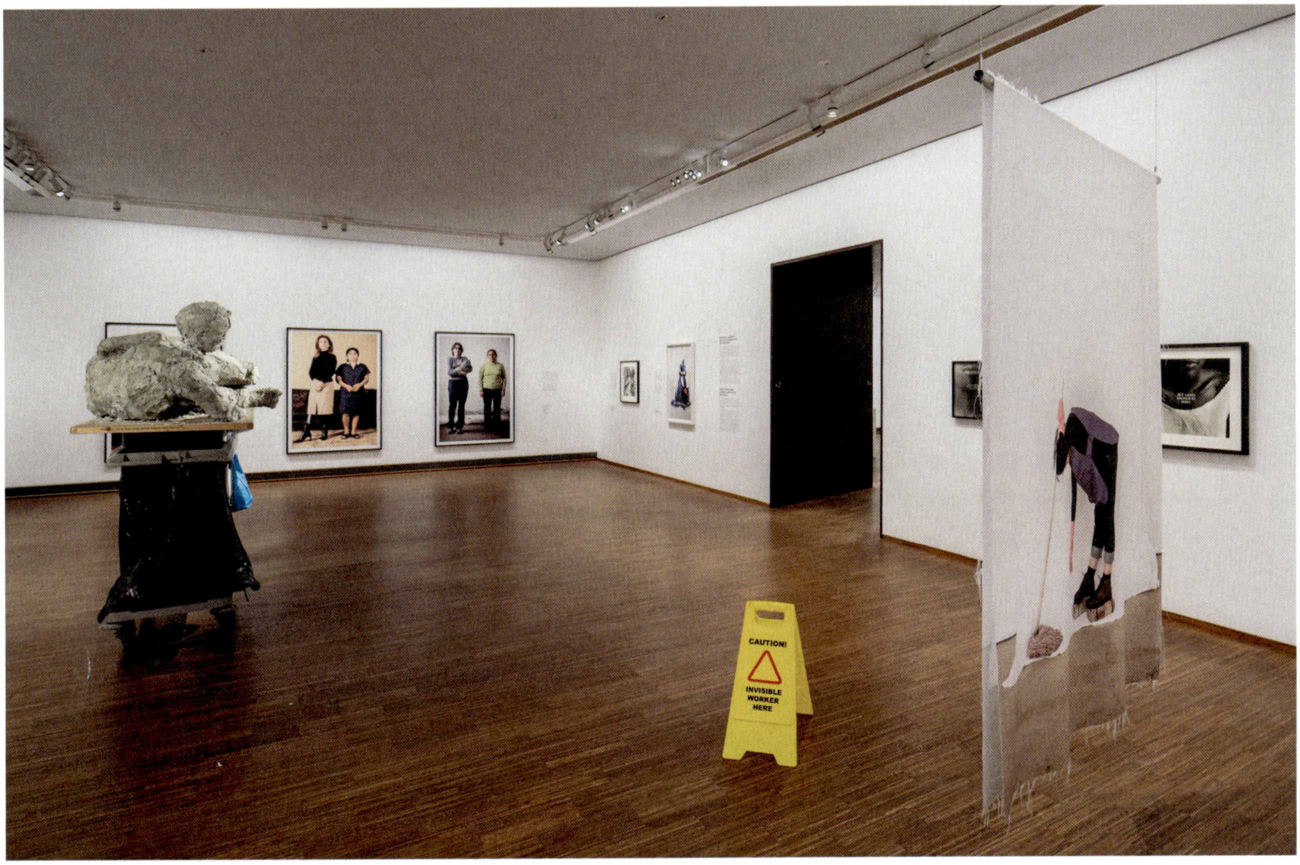
CAUTION!
INVISIBLE
WORKER
HERE

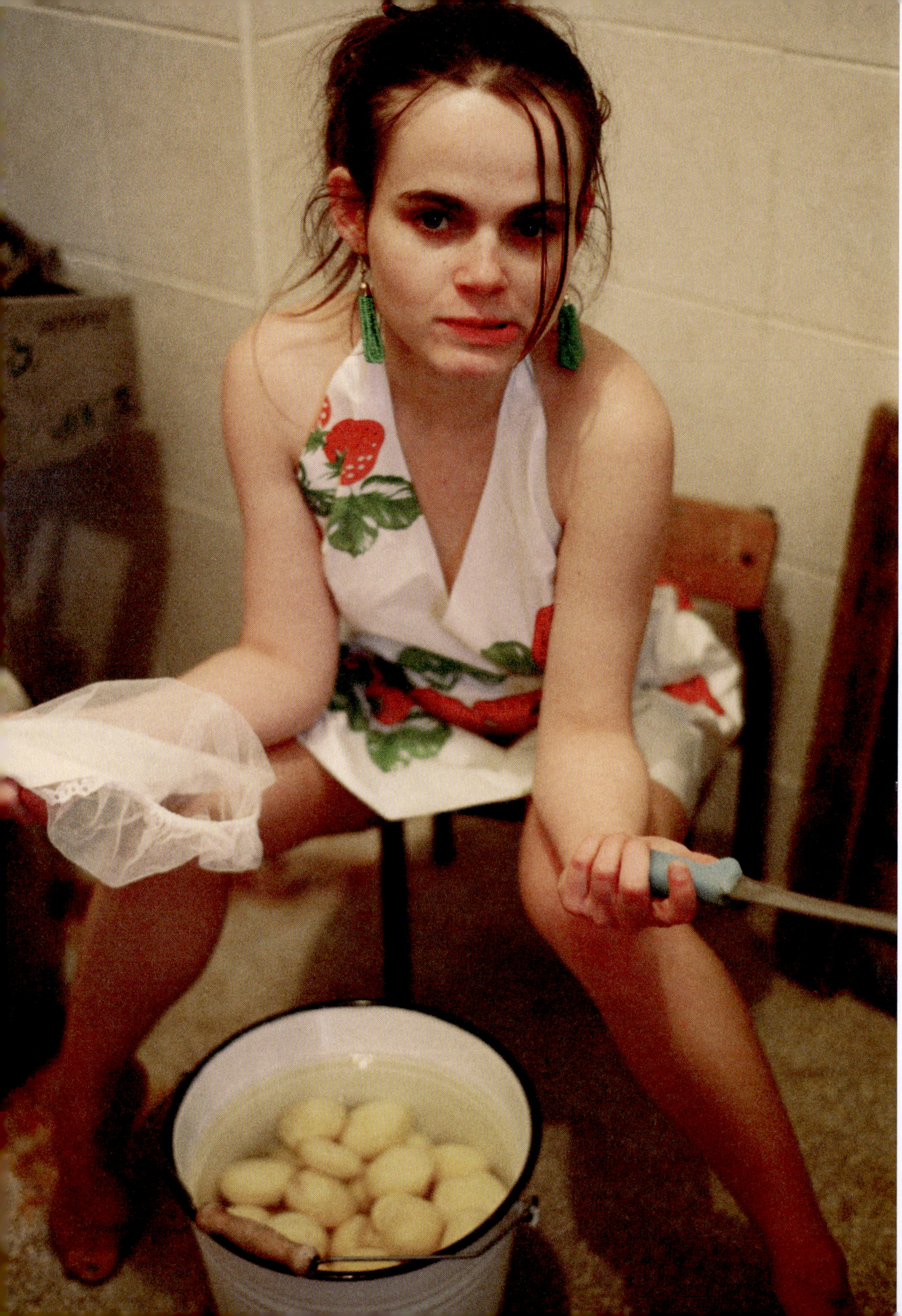

Marlene Streeruwitz

Besitz. Verhältnisse.

Um sich über die neuen, alten Ehefrauen lustig machen zu können, muss Tyler Bender im Abendkleid in der Küche auftreten. Der Ehemann ist wieder König im Haus und die Frau sein Hofstaat. Jasmine Dinis nimmt es aber ernst und zieht das glitzernde Cocktailkleidchen erst an, wenn ihr Mann ihr textet, dass er auf dem Weg nach Hause ist. Rachel Joy wiederum hat das Ballkleid schon fürs Frühstückmachen an. Und. Fröhlich sprudeln die Tradwives auf YouTube und TikTok ihre Botschaft von der glücklichen Hausfrau und Mutter, die ihren Mann als ihren Boss anerkennt. Lange und innige Küsse führen die sinnlichen Freuden vor, die so eine Anordnung versprechen soll. Von Erfüllung der natürlichen Aufgabe der Frau ist die sonnige Rede auf Facebook, wenn das gut sortierte Gemüsebeet gezeigt wird. Herrin im Haus sei sie, sagt Alena Kate Pettitt und begrüßt uns zu ihrer »Darling Academy«. Traditionell wären sie, flöten diese Frauen. Unterwerfung dürfe das nicht genannt werden. Es sei natürliche Arbeitsteilung, wenn der Mann das Geld nach Hause brächte und die Frau das Haus und die Kinder besorge. Der Mann müsse eben seinen Mann im Kosmos des Öffentlichen stellen und das Geld nach Hause bringen. Es wäre nur die Anerkennung dieser Rolle und damit Huldigung und nicht Unterordnung. Der Mann wird also höher gedacht als die Frau, damit die Frau nicht tiefer gesehen werden muss. Aber. Die Huldigung beschreibt eine natürlich gedachte Überlegenheit des Manns. Dafür bliebe ihnen ihre Weiblichkeit, seufzen die Tradwives mit aufgespritzten Lippen in ihre Handykameras.

Frauen wollen Frauen verführen und verdienen daran nun wieder ihr eigenes Geld in dieser glamourösen Rückkehr zu Küche, Kirche, Kindern. Denn. Diese Beschränkung ins Häusliche. Das sei Gottes Wille. Der evangelikale Gott wird da angerufen. Es kann aber auch presbyterianisch oder katholisch zugehen. Christlich muss es sein. Wie sonst könnten die Abendkleider ins Spiel kommen als Erinnerung an christliche Hofgesellschaften. Es ist funkelnd glitzernd aufgemotzte Weiblichkeit westlicher Konsumträume, die da performiert wird. Jede Frau tritt als selbst ernannte Prinzessin auf. Jeder Mann ist als Kleinkönig gedacht. Ein König im Privaten ist er, der die Prinzessin erwählt und zu seiner Königin macht. Nie aber regiert die Königin mit. Sie ist fröhlich luxuriös, diese Wiederkehr des Hausvaters des Code civil.

Małgorzata Markiewicz
Pinafores [Schürzenkleider], 2002/17

Der Ehemann bekommt die Herrschaft im Haus, damit er im Staat Ruhe gibt. Wie gehabt.

Die Herrschaft über die Frauen und die Kinder in der Kleinfamilie war das Beruhigungsmittel der revolutionären Männer schon in Frankreich nach der Französischen Revolution. In Österreich wurde dieses Bürgerliche Gesetzbuch 1811 eingeführt und stellte die Mitbestimmungsbegehren der Männer im Staat bis 1975 still. Und die Männer. Sie ließen sich stillstellen und benutzten die Frauen als Landschaft, in der sie ihre politische Frustration austobten. Die Männer ließen sich von den reaktionären feudalen Mächten des ausgehenden 18. Jahrhunderts bis heute in diese Herrschaft im Privaten politisch fesseln. In Österreich. Nie wurde der Mann jene emanzipierte Person, die voll über sich selbst verfügt. Auch im Geschlechtlichen und als Geschlecht. Oder vor allem im Geschlecht und im Geschlechtlichen. Bis heute blieb es bei einer Männlichkeit feudaler Bestimmtheit. Nie reichte die Empörung über eine solch missbräuchliche, aber rechtliche Gängelung zu einer Durchsetzung des Demokratischen. Und. Die Veränderung der Frau zum Gegenstand persönlicher Herrschaft blieb kulturelle Grundlage des Gesellschaftlichen.

In Österreich, wie in der gesamten christlich-westlichen Welt, ist das so. Damit aber bleibt jede Forderung eines Demokratischen eine Lüge. Eine Lüge ist das, die sich gerade in den Tendenzen rechten Politisierens offenlegt. Der rechte Mann gibt ja seinen Wunsch auf die Herrschaft im Haus zu. Der rechte Mann bindet sich so in die Machtkaskade des Feudalen zurück. Er selbst ist im Kosmos des Öffentlichen unvollständig abhängig von den Mächten, die ihm die Herrschaft im Haus zuweisen. Der Hausvater ist ein Eingeordneter. Ein Untertan. Die Geschichte des 20. Jahrhunderts ist die Geschichte solcher Einordnung. Die Hauptsache war jeweils die Erhaltung der Macht im Haus. Nationalismen. Nationalsozialismus. Es konnte auf diesem kleinbürgerlichen Wunsch nach Dominanz im Haus aufgebaut werden. Ungewusste Komplizenschaft in diesem Herrschen war Grundlage des Einordnens. Ein Einordnen war das, das dem Mann die Fantasie einer Eigenrechtlichkeit überließ. Deshalb funktionierte der Kapitalismus nach dem Zweiten Weltkrieg so gut. So viel besser. Denn. Die sozialistischen Regimes funktionierten nicht, weil sie auf diese geheime Komplizenschaft nicht zurückgriffen und die Menschen nach ihrer Arbeitskraft einsetzten und nicht nach der Kaufkraft fragten. Und die Kaufkraft. Die bestimmt die Position des jeweiligen Manns in der Hierarchie. Die Kaufkraft gibt Auskunft über die Potenz. Oder? So wird angenommen. Damit wird die Prinzessin eingekauft.

Das macht natürlich mehr Spaß, als mit der Frau die Konkurrenz in der Arbeitskraft auszutragen. Unbewusst wird selig aufgeseufzt werden, wenn so eine Tradwife ihre Botschaft herunterplappert. Und täuschen wir uns nicht. Es werden Männer wie Frauen so unbewusst aufseufzend bestätigt werden. Auch wenn sie dann durchaus gegen die Tendenz der Tradwives protestieren mögen. Die Verankerung des Patriarchats. Und diese Konstruktion der hausväterlichen Männlichkeit. Die ist das Patriarchale. Die ist die Beschreibung der Beherrschung des Manns mittels der Herrschaft über die Frau. Das Weibliche als Medium der Macht. Diese Konstruktion garantiert weiterhin reaktionären Frieden im Staat. Und. Hinter dieser Konstruktion versammeln sich alle politischen Parteien. Die stammen aus dem 19. Jahrhundert und sind die Grundlage aller politischer Vorstellungen geblieben. Deshalb geht westliche Demokratie gerade nur so weit, wie der Mann sich nicht aus dieser feudalen Rückbindung befreit und damit die Frau nicht in Gleichheit beschrieben werden kann. Diese Konstruktion hausväterlicher Herrschaft begrenzt das Demokratische. Aber. Diese Konstruktion ermöglicht alle Rückführung politischer Herrschaft ins Feudale. Das nennen wir heute Faschismus. Aber das bedeutet nur, dass es sich nicht um ererbte Macht handelt, wenn die Macht im Staat sich die Deutung des Rechts und die Wirtschaft übernimmt. Früher einmal. Da waren das Könige und Kaiser. Manchmal waren das Königinnen oder Kaiserinnen. Aber da macht das Patriarchale sich keine Sorgen. Das Patriarchale ist so festgezurrt. Da kann auch einmal eine Frau auftreten. Die muss dann ohnehin beweisen, dass sie männlicher ist als jeder andere. Das kennen wir auch aus unserem Berufsleben. Eine Frau bleiben zu wollen, weil das die Wahrheit wäre. Eine Frau bleiben zu müssen, weil das die Wahrheit der Alleinerzieherin ist. Das führt uns heute wie schon immer ins Abseits. Heute ist das Armut und Nichtanerkennung. Das war einmal Gefängnis und Psychiatrie. So viel ist erreicht. Wir werden nicht eingeliefert, wenn wir auf gleicher Deutung unseres Sprechens bestehen.

Die Tradwives. Das Patriarchale versucht es also wieder einmal. Diesmal kommt die Versuchung von Agentinnen dieses Patriarchalen. Denn. Die Tradwives erzählen in ihren Verkleidungen und Seufzern und ihrem Kichern nichts anderes, als was schon die christlichen Priester von den Kanzeln riefen. Eine folgsame Frau zu sein. Das führt in den Himmel.

So metaphysisch geht es nun nicht mehr zu. Was einmal der Himmel und eine ewige Seligkeit war, das ist heute ein zufriedenes Lächeln des Ehemanns und vielleicht eine lustige Nacht. Die ewige Seligkeit ist auf die Potenz dieses einen Manns reduziert. Das verschmitzte Lächeln vor oder nach dem langen Kuss. Und es lächelt die Frau dann so wissend. Das ist die unterliegende Versprechung des Tradwife-Geschäfts. Sei gehorsam, sagt das. Dann wirst du ordentlich versorgt und ordentlich gefickt. Und dieses Versprechen beruht sicherlich auf einem Wissen über das Funktionieren so einer Männlichkeit. Darüber mussten wir in Literatur und Kunst über all die Jahrhunderte alles lernen. Und da unterschied sich die normierte sakrale Kunst in keiner Weise von den Ergebnissen personalen Ausdrucks in Kunstwerken und Texten. Frauen dürfen nicht lästig sein, dann werden sie ihr Glück bekommen. O. Das war aufs Kostbarste verschleiert. Und die Autoren des bürgerlichen Romans verstanden ihre Heldinnen, die aber dann nicht anders handeln konnten und sich um ihr Glück bringen mussten. Wie traurig. Und wir haben mitgeweint.

Lästige Frauen, so lernten wir. Lästige Frauen schaden sich selbst. Die bekommen keinen Mann. Die werden nicht gefickt. »Zier dich nicht«, sagten die so befreiten und linken Männer der sexuellen Revolution der 60er- und 70er-Jahre des 20. Jahrhunderts. Und wie hätten die Frauen sich zieren sollen? Den Frauen. Uns. Es war uns ein eigenes sexuelles Begehren aberkannt gewesen. Und aberkannt ist das richtige Wort. Eine Frau wusste. Und das zu jeder Zeit. Die Frau wusste, dass sie begehrte. Es wurde ihr nur vorgesagt, dass sie das nicht wissen könne. Der Mann wisse das, hieß es. Wenn der Mann die Macht hatte, über die Frau derart zu bestimmen, dass ihr eigenes Begehren keine Rolle spielte. Es wurde die Frau besprochen. Die Frau lernte und lernt weiterhin über sich zu sprechen, aber nicht zu sprechen. Die Frauenzeitschriften sind ein Ergebnis davon. Zum Beispiel. Die Frage, wie eine aussieht, geht auf diese Anordnung zurück. Nun aber. Es sind die Männer auch nicht in der Lage zu sprechen. Sie aber können auf den offiziellen Kanon zurückgreifen, in dem sie schematisch als Deutende aufgehoben sind, wären die Frau die Gedeutete ist und damit stumm. Immer noch und weiterhin.

»Die ist doch gestört«, sagt der so nette und einfühlsame Moderator bei einer Lesung über Nina Wagner, die die literarische Figur meines Romans *Auflösungen* ist. »Die ist doch gestört.« Damit beschreibt mir dieses Mitglied der kulturellen Elite. Er ist Leiter eines Feuilletons einer Tageszeitung in Berlin. Damit beschreibt mir dieser Mann, wie das Selbstsprechen einer Frau nicht gelesen werden kann. Und. Das gilt in doppelter Weise. Er nimmt meinen Text nicht zur Kenntnis und zur gleichen Zeit die da auftretende Frauenfigur nicht. Im Grunde stellt er meine Möglichkeit infrage, dieser Frauenfigur zur Erscheinung zu verhelfen.

»Die ist doch gestört.« Das »doch« verweist auf eine Routine in der Erfassung von Frauenfiguren. Und »gestört«? Imgrund ist es »Zier dich nicht.« und nur anders gesagt. Nina Wagner ziert sich, sich fraglos in die Welt einzuordnen.

Oder mein Text ist nur als Störung deutbar. Oder beides? Aber. Was löst das aus? Angst. Diese Feststellung löst Angst aus. Denn. Es ist klar. Diese Person bekommt keine Hilfe, wenn sie die bräuchte. Diese Person vereinzelt sich. Sie ist nicht verständlich. Am Ende wäre es ja doch eine Institution, die sich ihrer annehmen müsste. Rettung. Spital. Polizei. Wir, so sagt dieser so nebenbei hingeworfene Satz. Wir können mit dieser Person nichts anfangen. Die Welt kann sie nicht verstehen. Und. Die Institution für DIE. Das kann mittlerweile auch nur eine kleine Therapie sein. Das könnte genügen. Aber. Ihre gelebte Erfahrung müsste ins Therapeutische übersetzt werden. Da kann sie dann gedeutet werden. Und was bedeutet das nun? Heißt das, dass Frauen sich im Therapiesprechen verständlich machen? Machen könnten? Machen sollten? Hat die Frauenbewegung deshalb zu so vielen Einrichtungen geführt, die mit therapeutischem Sprechen Hilfe anbieten? Ist dieses Therapiesprechen die Frauensprache? Und ist es deshalb so politisch konsequent reaktionär, diese Institutionen durch Einsparungen aufzulösen? Die Frauen also sprachlos zu machen. Wieder. Das bisschen Erreichte zerstören?

Oder. Hieße das, dass das therapeutische Sprechen die allgemeine Sprache werden sollte? Sollte das hegemoniale Sprechen durch therapeutisches Sprechen überlagert zum Verschwinden gebracht werden? Da aber. Wir haben seit ungefähr dem Jahr 2000 therapeutisches Sprechen ins politische Sprechen eingetragen. Das aber. Es hat zu diesem Gleiten nach rechts geführt. Also in die Muster des 19. Jahrhunderts zurück. Ist also das therapeutische Sprechen ein Mittel nun der Beruhigung der Frauen? Befriedet dieses Sprechen alle Begehren auf Selbstbestimmtheit und zerstört die Möglichkeit, sich für Demokratie überhaupt entscheiden zu können?

»Die ist doch gestört.« Diese Person hat nicht das Geschlecht, das dieser Moderator so im Kopf hat. Gestört. Die ist nicht die Frau, wie sie die allgemeine Veranbarung sich so vorstellt. Diese Figur wird hinausgestellt aus all diesen normierten Vorstellungen, die sich auslösen, wenn das Wort Frau fällt. Im übertragenen Sinn wird diese literarische Figur zwar nicht mehr eingeliefert und damit ausgelöscht. Sie wird hinausgestellt. Sie ziert sich ja. Das hat sie nun davon. Der Leser muss sie so nicht ernst nehmen. Sie ist gelöscht. Und. Ab einer gewissen Intensität. Es ist jede einzelne Frau lästig. Jedenfalls der Beschäftigung nicht wert. Sekundär.

Und. In dem Satz »Die ist doch gestört.« Es ist dann das große Unverständnis gegenüber einem Handlungssprechen enthalten. Ein Handlungssprechen ist das, in das die privat gedachten Machtverhältnisse der Hausvaternschaft die Frau gedrängt haben. Im Kosmos der Pflege. Und.

Dieser Kosmos umfängt alles, was das Leben betrifft. Das ist die Wohnung, in der das Leben stattfindet. Das sind alle Beziehungen, die dieses Leben bedingen. Das Leben selbst läuft da ab. Essen. Schlafen. Lachen. Weinen. Lieben. Trauern. Da beginnt das Leben. Von da wird in den Kosmos des Öffentlichen aufgebrochen. Alles, was die Lebendigkeit betrifft. Das macht den Kosmos der Pflege aus.

Es ist eine scharfe Trennung, die die Hausvaternschaft zwischen dem Leben außerhalb des Hauses und innerhalb des Hauses herstellte. Eine Trennung, die die Machtbereiche beschreibt. Das Staatliche außerhalb. Das Private innerhalb. Besitzdenken ist die Grundlage solcher Trennung. Es handelt sich um eine grundlegend bürgerliche Konstruktion. Der Bürger wurde in den Besitz seines Privaten versetzt. Das ist Besitz an Gütern und Personen. Ganz selbstverständlich. Die Ausbeutung von Personen wird da Voraussetzung. Der Kapitalismus fügt sich ins patriarchal Feudale und macht sich so ohne Übergang möglich. Deshalb die Angst vor der Revolution. Oder vor Revolutionärem. Es würden Besitzansprüche infrage gestellt. Damals wie heute. Das Bürgerliche müsste verlassen werden, den Selbstvertretungsanspruch wirklich stellen zu können. Dafür müsste das Hausvaterprivileg aufgegeben werden. Dieses Privileg existiert heute nur noch kulturell. Da aber ist es durchaus allwirksam. Dieses Festhalten in diesem einen Privileg des Männlichen findet auch bei linker Politik statt. Rechte Politik hat dieses Privileg offen im Programm. Und. Es finden sich Frauen, die die Verführung der Frauen in ihre Unterprivilegierung übernehmen. Damit ist der ohnehin privilegierte Mann auch noch von dieser Beziehungsarbeit befreit. Das Privileg muss also einem Mann gar nicht mehr zu Bewusstsein kommen. Das Patriarchat arbeitet noch diskreter für ihn. Wie gemütlich.

Nun. Die scharfe Trennung dieser beiden Welten. In den Kosmos der Pflege für das Leben. In den Kosmos des Öffentlichen für die Herrschaft über den Kosmos der Pflege und damit über das Leben. Diese Trennung, die gemeinhin mit öffentlich und privat benannt wird. Diese Trennung kommt daher, dass der Mann die Herrschaft über die Frau und die Kinder gesetzlich im Code civil übertragen bekam. Diesem Gesetz folgend, trennt sich dieser Herrschaftsbereich von allen anderen Lebensbereichen und geht in den Besitz des Manns über. Das Eigentum daran verbleibt beim Staat, der früher einmal die Habsburgermonarchie war.

Anders als im Feudalen bildet dieses Bürgerliche die Kleinfamilie. Zwei Generationen leben unter der Herrschaft des Hausvaters. Bei uns regeln Erbgesetze da die Vermögensweitergabe, während in feudalen Familien weiterhin Hausrechte gelten, die die Nachfolge des jeweiligen Fürsten bestimmen. Auch darin ist der bürgerliche Hausvater beschränkt oder lässt sich beschränken. Wie der postbürgerliche Mann insgesamt in seinen Wirkungsmöglichkeiten eingeschränkt wurde. So kann der österreichische Mann nicht mehr die österreichische Staatsbürgerschaft durch Heirat verleihen. Das Patriarchale meint es auch mit dem gemeinen Mann nicht gut. Aber. Da muss nur dem Christlichen gefolgt werden. Da muss nur das Beispiel dieses sadistischen Gottvaters verfolgt werden, der dem Sohn den äußersten Masochismus abverlangt. Das Patriarchale versetzt sich an die Stelle dieses Gottvaters und regiert mittels der Geschwisterrivalität.

Die Angst vor der Revolution ließ die Habsburgermonarchie den Hausvater gesetzlich festlegen, um die Söhne im Staat mit der Macht über die Frau und die Kinder zu betäuben. Dann aber. 1868. Es wurde die Rechnung präsentiert. Die allgemeine Wehrpflicht forderte die masochistische Einordnung dieses Manns in die kaiserliche Armee, die dem Kaiser diente und nicht dem Staat. Patriarchaler geht es nicht, wenn für Gott, Kaiser und dann erst fürs Vaterland gestorben werden muss. Die Söhne sollen sich opfern wollen. Ganz in der christlichen Nachfolge der kirchlich bestätigten Königsherrschaft, wenn das Vaterland wiederum nur den Kaiser meint. Und. Vergessen wir nicht, dass so eine katholische Person diese Geschichte der Selbstopferung zumindest einmal in der Woche in der Heiligen Messe vorzelebriert bekam. Unterworfensein wird da zum hehren Ziel und zur Beruhigung der Jenseitsängste.

Alles. Auch die eigene Existenz wiederum diesem Ziel zu unterwerfen und zu glauben. Ja. Da kann es schon sein, dass eine Person sich selbst aus den Augen verliert und nicht begreifen kann, was mit ihr geschieht. Es kommt dann auch aus dem ausgeklügelt sadistischen Vorgehen der patriarchalen Machthaber, wenn im Krieg die Folgsamsten zuerst sich töten lassen müssen. Wenn die, die ihre patriarchalerweise aufgetragene Pflicht ernst nehmen, die Ersten sind, die in der Schlacht fallen, wie dieses Morden genannt wird. Und dann. Es ist ja auch zu überlegen, was es bedeutet, wenn nach einem Krieg und der Schlachtung ganzer Generationen für die Männer, die durchgekommen sind, nun alle Frauen zur Verfügung stehen. Wenn also der Wert so eines Durchgekommenen deutlich angestiegen ist, weil die Konkurrenz auf dem Schlachtfeld geblieben ist.

Denn. Kriegsgegenstand ist immer der Kosmos der Pflege. So ein Soldat. Der verteidigt alle Kosmen der Pflege seiner Kriegspartei. Den Kosmos der Pflege der Gegner schändet der Soldat im staatlichen Auftrag und so den gegnerischen Staat. So ein Staat setzt sich ja aus diesen vielen einem

Hausvater unterstellten Kosmen der Pflege zusammen. So ein Krieg. Da geht es um die Zerstörung all dieser Kosmen. Haus für Haus. Bombe für Bombe. Frau für Frau. Ein Soldat musste also für die Hausväter in den Krieg ziehen. Soldaten sind jung und gerade noch Söhne. Sie kämpfen für die Fantasie, selbst Hausvater zu werden. Selbst einen Kosmos der Pflege zur Regierung zu bekommen und von diesem Kosmos aus in den Kosmos des Öffentlichen in den Staat aufzubrechen. Im Kosmos des Öffentlichen arbeitet dieser Hausvater dann an der Herstellung des Volksvermögens mit. Wie dieses Vermögen verteilt wird, daran kann der Hausvater dann nicht mitwirken. Da wird ersichtlich, dass er die Staatsmacht wie schon immer in der Wirtschaft erleiden muss. Und. Weil die Aufteilung des Vermögens immer mehr der Spitze zustrebt und alle anderen immer ärmer werden. Deshalb gibt es dann zum Beispiel die Tradwives, die Strategien entwickeln, wie sie an diese Spitze herankommen können. Wenn so eine Spitzenschicht sich immer weiter verkleinert, dann wird die Konkurrenz um die Teilhabe immer größer. Die Tradwives sind also ein Symptom der fehlenden Umverteilung, als dass sie einen Überdruss an der Emanzipation ausdrücken. Im Marxismus wurde die Frauenfrage sehr bedacht zum Nebenwiderspruch erhoben, um die Kleinkönigsmacht des Manns im Haus erhalten zu können. Und damit. Die Ungerechtigkeit wurde weitergeschrieben. Und. An dieser Weiterschreibung scheiterte dann alles. Der Kapitalismus ist die Wahrheit solcher Besitzverhältnisse.

In solchen Verhältnissen. Die Frage da ist dann vor allem, wie die Scheidungsgesetze in den jeweiligen Staaten eingerichtet sind. Darüber sprechen die Tradwives wieder nicht. Es wird ganz im christlichen Sinn eine ewige Verbindung mit diesem einen Mann fantasiert. Dahinter verbleibt aber die rechtliche Realität, die über die Versorgung der Ehefrau entscheidet. Für eine österreichische Frau können wir die Verwandlung in eine Tradwife nicht anraten. In Kalifornien wiederum bekommt die Frau das halbe Vermögen bei der Scheidung zugesprochen. Da lässt sich ein solches Experiment schon eher versuchen. Anders gesehen. In Kalifornien ist der Kosmos der Pflege gleichberechtigt mit dem Kosmos des Öffentlichen angesehen, wenn die das Haus besorgende Ehefrau gleich am Vermögen beteiligt werden kann.

Da führen sich mit der Gütertrennung in Österreich die hausväterlichen Machtverhältnisse einfach weiter. Denn. Wenn die Möglichkeiten im Kosmos des Öffentlichen so nett diskret das Männliche privilegieren. Wenn die Hausarbeit so nett diskret den Frauen voll zufällt. Wenn die Kindererziehung so rührend traditionell den Müttern anvertraut wird. Und ja. Es hat sich geändert, und die Väter sind beteiligter. Aber dann wieder. Ein Drittel der Kinder in Österreich wird unehelich geboren. 251.000 alleinerziehende Frauen müssen sich laut der Statistik für 2024 an der Armutsgrenze durchschlagen. Und so. Der Kosmos der Pflege ist zum Ort der abhängigen Pflichterfüllung der Frau gemacht worden. Durch all die Zeiten und bis heute. Hausarbeit ist Fron. Eine Fron ist das, die nur durch die Liebe zu einem Handlungssprechen der Zuneigung transzendiert werden kann. Aus Liebe wird dann der Tee gekocht, solange die Liebe dauert. Oder. Die Liebe vergeht am Teekochen.

Imgrund. Es geht doch um Versorgung. Notwendige Versorgung. Wir überleben halt nun einmal mit Teekochen und Butterbrotstreichen. Es sollte doch ein selbstverständlicher Vorgang sein, sich zu ernähren. Die Teller sauber zu halten. Das Badezimmer zu putzen. Die Wäsche keimfrei zu halten. Gesunde Lebensmittel zu besorgen. Ein Essen kochen. Das alles für die Kinder zu machen und so das Leben erhalten. Es sind notwendige Handlungen. Denn. Es ist ein lebenserhaltendes Handlungssprechen, das da im Kosmos der Pflege gesprochen wird. Nur. Die Zuwendung wird wieder so selbstverständlich »natürlich« miterzählt und deshalb nicht gesagt. Es erzählt sich die Liebe in der Versorgungsmühe und wird zu unserer eigenen Erzählung darin, wie wir unsere allererste Zeit auf der Welt erlebten. Im Kosmos der Pflege werden wir gemacht. Die Bedingungen unserer allerersten Zeit im Kosmos der Pflege werden zu den Bedingungen, wie wir unsere Leben leben können. Wie wir lieben können. Was wir tun können und was sich uns verbietet. Der Kosmos der Pflege bedingt uns. Das Liebeshandeln der uns Versorgenden bestimmt unsere Möglichkeiten. Unsere Intelligenz. Unsere Auffassungsgabe. Und. Ob wir lieben werden können und geliebt sein. Unsere Person wird im Kosmos der Pflege hergestellt.

Diese so ungeheure Wichtigkeit des Kosmos der Pflege. Sie sollte dazu führen, die Aufgaben darin wichtig nehmen zu können. Oder? Aber. Was wir lernen müssen, ist die Hierarchie der Geschlechter. Gleich und zuallererst lernen wir die Verhältnisse im Besitz und wie unser Geschlecht was bedingt. Sohn oder Tochter. Das erste Geschlecht einer Person.
Der Grundentwurf der Person.

Wann aber hat das denn begonnen? Eigentlich? Das mit der Last der Hausarbeit. Wann wurde die Hausarbeit zur Mühe? Wann wurde die Hausarbeit zum Streitfall zwischen den Geschwistern?

Nun. In meiner Kindheit. Gleich nach dem Zweiten Weltkrieg. In der zerstörten Welt der Bombenruinen. Ich wuchs in Baden auf. Das war das Hauptquartier der russischen Besatzungstruppen. Die Versorgung mit Nahrung war gestört. Es gab kein Geld, aber auch nichts zu kaufen.

Es musste alles zu Hause gemacht werden. Der Kosmos der Pflege verwandelte sich für eine Zeit in den Kosmos der Grundversorgung. Dazu trug vor allem meine Großmutter bei. Sie kam von einem Bauernhof in der Steiermark und war mit ihrem Mann, einem Eisenbahner, nach Baden gezogen. Die beiden hatten sich ein Siedlungshäuschen gebaut, bei dem im Schuppen eine Ziege gehalten wurde. Hühner und Hasen. Die Großmutter hatte einen Gemüsegarten. Obstbäume. Einen Acker, auf dem sie Erdäpfel zog. Während die Versorgung der Bevölkerung nur sehr langsam in Gang kam. Diese Großmutter versorgte uns und fütterte uns durch. Sie kam mit ihrer großen Ledertasche voll mit Gemüse und Obst. Sie kam fast jeden Tag und half meiner Mutter. Sie stellte ihre Tasche ab und begann zu kochen. Jahrelang war das so. Aber. Niemand bedankte sich bei ihr.

Heute erst sehe ich, dass sie sich ihr Großmuttersein mit ihrem Beitrag verdiente. Sie musste sich nützlich machen, um eine Rolle in dieser Familie zu bekommen. Dass sie uns so gut versorgte? Wir bekamen eine vitaminreiche, gesunde Kost, die auch noch gut schmeckte. Es gab keinen Mangel. Aber alle rundherum nahmen es selbstverständlich, dass diese Frau so viel arbeitete. Sie war ja schon auf dem Acker gewesen und hatte geerntet, bevor sie den weiten Weg zu uns gemacht hatte. Sie hatte ihre Tiere versorgt. Sie ging dann nach dem Mittagessen wieder in ihr Haus und kümmerte sich um das Gemüse und das Obst und kochte ein und weckte ein und legte ein. Ihr Tag muss vom Aufstehen bis zum Schlafengehen mit Arbeit für unsere Versorgung gefüllt gewesen sein. Die Kirchgänge waren dann Gelegenheiten, sich auszuruhen. In der Kirche zu sitzen und die Gebete murmelnd in sich zu versinken. Nur dasitzen.

Aber. Sie selbst hätte es sich nicht anders denken können. Als sie dann krank wurde und nicht mehr so gut funktionieren konnte. Sie starb dann sehr bald. Sie war mit leicht gebeugtem Kopf gegangen und hatte die Aufgaben erfüllt, die zu erfüllen waren, weil das von ihr erwartet war. Und. Sie erwartete keinen Dank. Sie wäre erstaunt gewesen, wenn ihr der zuteilgeworden wäre. Sie war selbstverständlich in dieses Arbeiten gebunden gewesen. Sie funktionierte derart selbstverständlich in diesem Machtgefüge der Hausvaterfamilie aus dem 19. Jahrhundert. Sie fügte sich in das Erwartete. Ihr Mann war längst an den Folgen einer Verschüttung im Ersten Weltkrieg an der italienischen Front gestorben. Sie aber. Sie folgte dem Imperativ dieser patriarchalen Familienkonstruktion des Bürgerlichen Gesetzbuchs immer weiter und arbeitete und starb, sobald ihr das nicht mehr möglich war.

Dieses Arbeiten ergab nichts mehr als die Erlaubnis zu existieren. Ohne Dank und ohne Lohn war das. Sie hatte eine kleine Rente von ihrem Mann. Der Staat bezahlte sie an seiner statt. Der Staat. Der postmonarchistische Staat sieht sich ja gern als der Supervater über alle. Dieses Geld aber hätte nicht gereicht, hätte sie nicht das Häuschen gehabt. Ohne Mann droht einer Frau eben Armut in unserer Gesellschaft. In unserer Kultur. Das wiederum erinnert uns an die Tradwives und die Frage der Versorgung im Fall des Verlassenwerdens, und wir hoffen, dass das christliche Gebot, nur diese eine Ehefrau zu haben, für die Tradwives zur Wirkung kommt. Aber. Meine Großmutter erfüllte ihre Pflicht in Selbstausbeutung aus überkommener Abhängigkeit. Eine Abhängigkeit war das, die ihr, über die katholische Religion ins Metaphysische gesteigert, unausweichliche Lebensgrundlage als Untertanin war. Und ein Trost. So hoffe ich. Denn. Die Umgebung damals. Diese alte Frau wurde von allen um sie genauso gesehen, wie sie sich selbst sah. Eine freiwillige Magd, die sich mit all diesem Arbeiten ihr ewiges Leben verdiente. Ihre staatserhaltende Funktion als Versorgerin einer großen Familie wurde all den Selbstverständlichkeiten unterschoben, auf die das Patriarchale sich so stützt. All diese Arbeit wird unsichtbar gemacht, indem so gesprochen wird, als ginge es nur um Natur. Da gibt es diese Worte wie Mutter. Wie Ehefrau. Hausfrau. Kind. Kinder. Geschwister. Vater. Da gibt es diese Ausrufe. »Wir groß die Kinder wieder geworden sind.« Es wird nie gesagt, dass das ein Ergebnis ist. Dass Kinder nicht von alleine wachsen. Dass die Tees sich nicht von alleine kochen. Dass die Äpfel nicht von alleine zu Kompott werden. Dass die Kinder nicht von alleine sprechen lernen. Dass es Liebe braucht. Sehr viel davon. Diese Großmutter las uns die Märchen vor und war da, wenn die Eltern ausgingen. Auch darin kein Mangel und eine sorglose Kindheit als Voraussetzung für ein geglücktes Leben.

Aber wenn diese Großmutter nun einmal nicht da war. Und wenn dann meine Mutter krank war. Und. Mein Vater konnte im Haushalt nicht viel tun. Ihm war im Zweiten Weltkrieg der rechte Arm abgeschossen worden. Dann wurde ich eingesetzt. Mein Vater ließ mich von der Schule zu Hause bleiben und für die Familie kochen. Er sagte mir an, was ich zu tun hatte, und ich tat. Ich war sein rechter Arm geworden. Da war ich sechs Jahre alt und war besorgt, ob die sehr böse Lehrerin die Entschuldigung von meinem Vater annehmen würde. Während ich das schreibe, sehe ich, in was für einem Meer von Ängsten eine damals zurechtkommen musste. Die Lehrerin hatte all die Jahre davor unterrichtet und änderte ihre Unterrichtsmethoden nicht. Aber dennoch. Ich war wichtig. Als die Tochter. Das Kochen machte mich zur erwachsenen Person. Dass es meinen älteren Brüdern erspart wurde. Das konnte ich damals nicht sehen. Die auch nicht, und es kam zu

Eifersüchteleien. »Du glaubst, dass du etwas Besonderes bist«, hieß es dann. Die Zuwendung des Vaters. Die durch seine Versehrtheit erzwungene Zuwendung. Sie machte mir das Kochen zur Freude und das Abwaschen zur Selbstverständlichkeit. Aber dann. Es kam eine Haushaltshilfe. Ich wurde nicht mehr gebraucht. Es gab keine Bevorzugung mehr. Im Gegenteil. Meine Brüder waren zu Agenten des Patriarchalen herangewachsen und unterrichteten mich in meiner Unzulänglichkeit. Damals. Die Hausväter waren aus dem Krieg zurückgekehrt und wollten sich diese Rolle zurückerobern. Die Frauen mussten in den Haushalt zurück. Ein Arbeitsplatz war wieder ein männliches Attribut. Ich versuchte, mir die Liebe meiner Familie mit Kuchenbacken zu verdienen. Jeden Samstagnachmittag buk ich Kuchen. Torten. Brandteigkrapferln. Kekse. Strudel. Dann wurde gesagt, dass ich das könne. Das Kuchenbacken. Was ich las. Was ich dachte. Was ich mir vorstellte. Das interessierte niemanden. Am Samstagnachmittag gehörte die Küche mir. Sonst war ich aus der Küche ausgeschlossen. Meine Mutter hatte alles so organisiert, dass ich sicher nicht mehr meinem Vater beistehen hätte können. Der. Der war aber auch im Kosmos des Öffentlichen verschwunden und kam nur noch auf Besuch zu uns nach Hause. Der war angestrengt und wollte Ruhe. Der verschwand in seinem Arbeitszimmer. Der wusste nichts mehr über uns. Die Hausarbeit wurde von der Mutter aufgetragen und fehlender Einsatz an den Vater berichtet und vom Vater bestraft.
Wir waren ein kleiner Staat geworden, in dem die Aufgaben auf Personen verteilt worden waren. Die Erledigungen in unserem Kosmos waren Aufträge geworden, deren Erfüllung über Strafen erzwungen wurde. Es wurde genau nachgerechnet, wer wie viele Teller abgetrocknet hatte und wie viele noch übrig blieben. Die Regierung hatte versagt. Der Regent war nicht mehr anwesend. Die Geschwisterrivalität war zu sinnloser Streiterei geworden. Das Oberhaupt, vor dem diese Rivalität hätte ausgetragen werden müssen. Dieses Oberhaupt war nicht mehr vorhanden. Die Mutter hatte die Macht übernommen. Die Brüder richteten es sich mit Charme. Ich blieb in meinem Zimmer und las und war widerwillig. Die Hausarbeit war zu einer Metapher der Unterdrückung geworden. Das Mädchen sollte das alles erledigen. Fraglos und ohne Widerrede.

Aber wozu? Die Erledigung war und wäre zur Bestätigung der Unterdrückung geworden. Es hätte sich mir meine Unterdrückung an der Erledigung dargestellt und deshalb aller Widerstand. Ich hätte so unauffällig wie meine Großmutter alles machen müssen. Und ebenso unbedankt. Dann. Mir wäre angerechnet worden, zumindest keine Störung zu sein. Meine Fragen, warum ich das nun machen solle. Diese Fragen stellten die Störung dar. Es ging nicht darum, ob die Schuhe geputzt sein sollten oder nicht.
Es ging darum, diese Aufgabe still und unsichtbar zu erledigen.

Nun. Meine Sehnsucht nach Demokratie ist eine Sehnsucht nach Gerechtigkeit. Es wäre nur darum gegangen, verstehen zu können, warum eine Aufgabe erledigt werden sollte. Solche Erklärungen? Das gab es nicht. Noch verließ die Macht sich auf die gegebenen Normen in ebendieser ungewussten Selbstverständlichkeit. Aber. Schon hatten die Frauen diese Normen infrage gestellt. Meine Mutter löste das Problem des zurückgekehrten, aber im Kosmos des Öffentlichen verschwundenen Hausvaterehemanns, indem sie die Badner Volkshochschule übernahm und ausbaute. Zu Hause half das allerdings nichts. Der Regent war abwesend. Der abwesende Ehemann und Vater. Das war ein wichtiges Motiv der Unterhaltungsindustrie in den 50er- und 60er-Jahren. Von heute aus sieht das ziemlich ironisch aus, wenn doch im Krieg davor und in der Schoah so viele Personen zum Verschwinden gebracht worden waren. Aber. Der Wiederaufbau kostete dann den Hausvater endgültig die Macht. Nur. Demokratisiert wurde die Familie dann 1975 doch nicht. Die Macht kann sich weiterhin auf die kulturelle Vermittlung der überkommenen Normen verlassen. Wenn nun einer die Frage stellt, warum er das Geschirr in den Geschirrspüler einräumen soll, wenn es doch ihr Wunsch gewesen war, dieses Abendessen zu kochen. Dann. Es steht die gesamte Konstruktion dieser Verbindung infrage, wenn es keine Vereinbarung über die Alltagskultur gibt.

Das bringt mir in Erinnerung, wie ein Mann mir Ende der 70er-Jahre sehr stolz erklärte, dass er sich geweigert habe, die Pille seiner Freundin mitzubezahlen. Es sei doch ihre Entscheidung gewesen, stellte er fest und lächelte mich stolz an. Er sah sich als Frauenbefreier mit dieser Vorgangsweise. Er hatte alle Entscheidung der Frau zugeschoben. Er hatte sie also emanzipiert. Jedenfalls sah er das so. Was geschehen würde, bezahlte sie sich die Pille nicht. Darüber wurde nicht gesprochen. Eine Alleinerzieherin mehr, hätte ich vermutet.

Und sicherlich. Der Mann, der den Geschirrspüler nicht einräumt, weil er das Essen nicht verlangt hatte. Der ist nicht in der Beziehung. Der hat das schön gekochte Abendessen genossen. Aber er hätte sich auch mit einer Debrecziner begnügt, sagt er dann und sieht deshalb keine Verpflichtung. Wir könnten das als Lieblosigkeit abtun. Als Gefühlslosigkeit. Unverständnis. Aber. Es liegt ein grundlegendes Unverständnis vor. Es sollte vorher abgesprochen werden, ob er sich bekochen lassen will. Ob sie diese Mühe unternehmen sollte, wenn die Debrecziner reicht. Klare Verhältnisse wären das. Schöne Verhältnisse nicht. Läsen wir diese Episode in einem Roman. Oder sähen sie in einem Film. Oder in einer TV-Serie. Wir ahnten das nahende Ende der Beziehung. Die Frau macht ein Geschenk. Der Mann nimmt es nicht an. Der Mann hat kein Interesse an ihrer Alltagskultur.

Sie hat kein Verständnis für seine Genügsamkeit. Oder Gleichgültigkeit. Wie gestaltet sich unter solchen Vorzeichen ein Alltagsleben? Wie wird da gereist? Was für eine erotische Kultur kann sich da entwickeln? Und wie ist das dann mit Kindern?

In den Beispielen in der wirklichen Welt. Es dauert lange, bis wir uns aus den Fängen der uns verführenden Fantasien von der Liebe befreit haben und die Wirklichkeit solcher Unverhältnisse erkennen können. Und ja. Es wäre richtig, auf eine solche Episode sofort mit Trennung zu reagieren. Es wäre klug. Es würde Zeit ersparen. Und Kraft. Aber. Wir sind ja selbst Gemachte. Unsere Prägungen kommen aus ganz anderen Zeiten als denen, die als erwachsene Person gelebt werden müssen. Wir können unglaublich fortschrittliche Vorstellungen entwickelt haben und müssen aber dennoch mit diesen so zurückliegenden Prägungen leben. Diesen Widerspruch. Den könnte eine sich durch Einordnung ersparen. Zumindest sieht das so aus, wenn die Tradwives so glücklich vor sich hin flöten.

Es ist die reine Erpressung durch Lebensnot, wenn wir in unseren Beziehungen so nachsichtig sind. So nachsichtig sein müssen, weil wir sonst mit dem totalen Ausschluss leben müssten. Lästige Frauen verkommen in Vernachlässigung. Lebten wir im Demokratischen. Es gäbe keine lästigen Frauen. Es wären alle Fragen selbstverständlich und nicht deren Leugnung. Eine demokratische Person würde sich der Diskussion stellen, was es bedeutet, dass die eine Person ein aufwendiges Abendessen kochen möchte und die andere Person das nicht zu schätzen weiß. In einer demokratischeren Welt entstünde Verständnis zwischen den Personen. Ein Zwischen könnte das sein, auf das sich zu beziehen Sicherheit gibt. Eine andere Form von Besitzen müsste so entstehen. Verständnis haben. Das bedeutete, Zuneigung zu haben und zu bekommen. Das wäre dann Glück.

Das wiederum hieße, den Kosmos der Pflege zum Mittelpunkt des Lebens zu nehmen und den Kosmos des Öffentlichen zur Sicherung dieses Mittelpunkts zu benutzen. Dafür müsste das Glück aller das Ziel sein. Nicht weniger als das Glück aller müsste unser jeweiliges Glück garantieren. Und Glück. Das gibt es nur demokratischerweise. Das Geschenk von oben ist Herablassung und das Geschenk von unten Huldigung. Also kein Geschenk. Geschenke können nur von Gleichen Geschenke sein.

In welcher Entbehrung wir leben müssen. Leben sollen.

Aneta Grzeszykowska Untitled Film Stills
[Filmstills ohne Titel], 2006

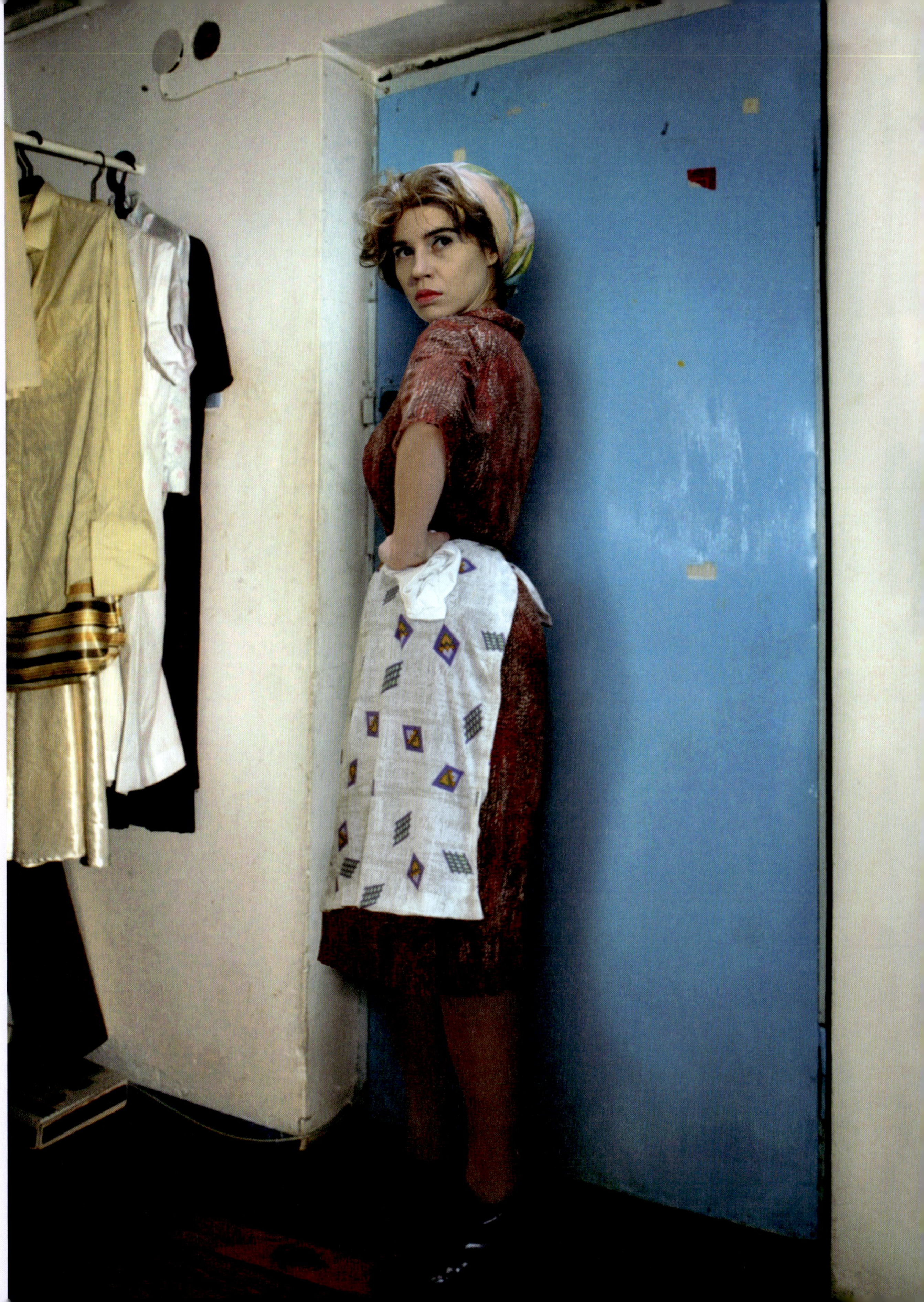

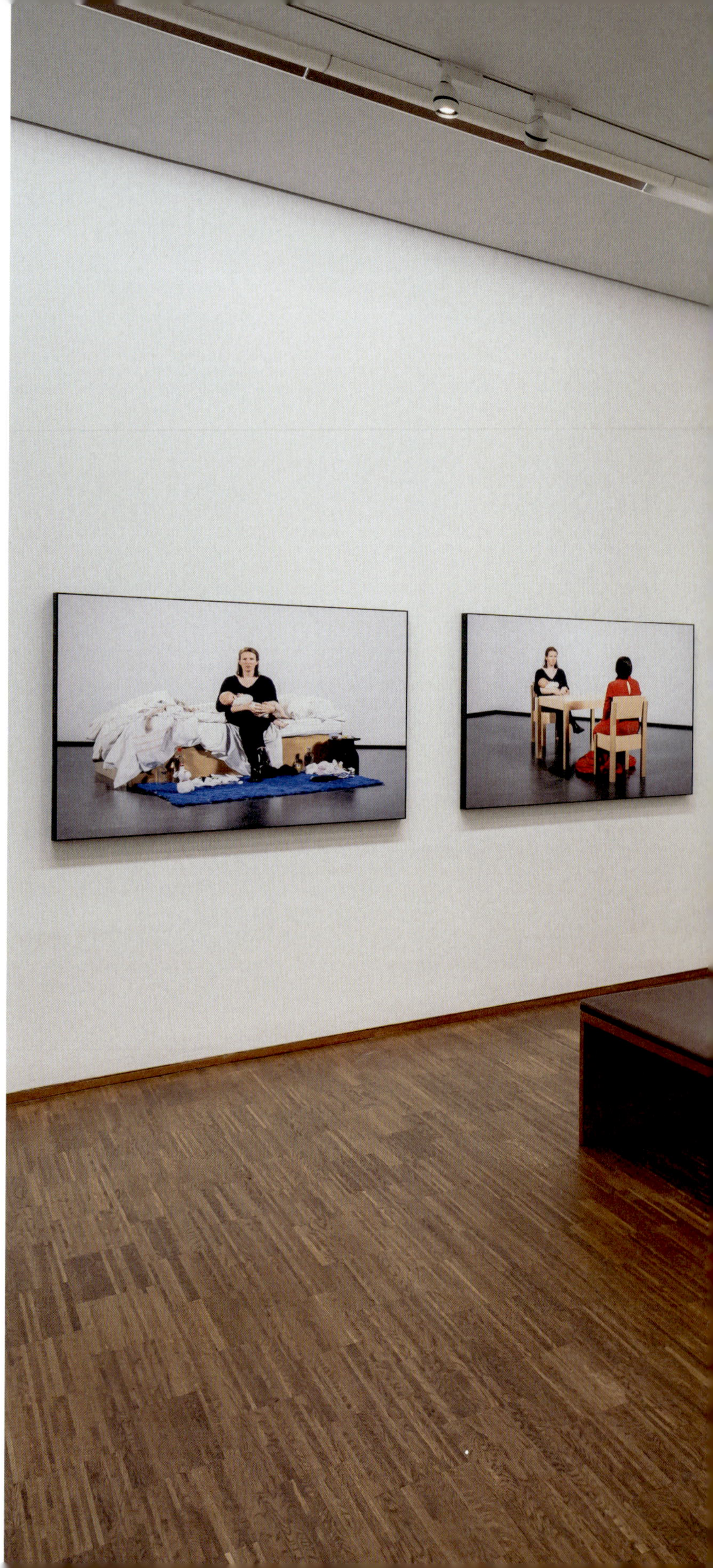

Seite 50–57

Ausstellungsansichten
CARE MATTERS.
Eine Ausstellung der
SAMMLUNG VERBUND, Wien
Albertina, Wien

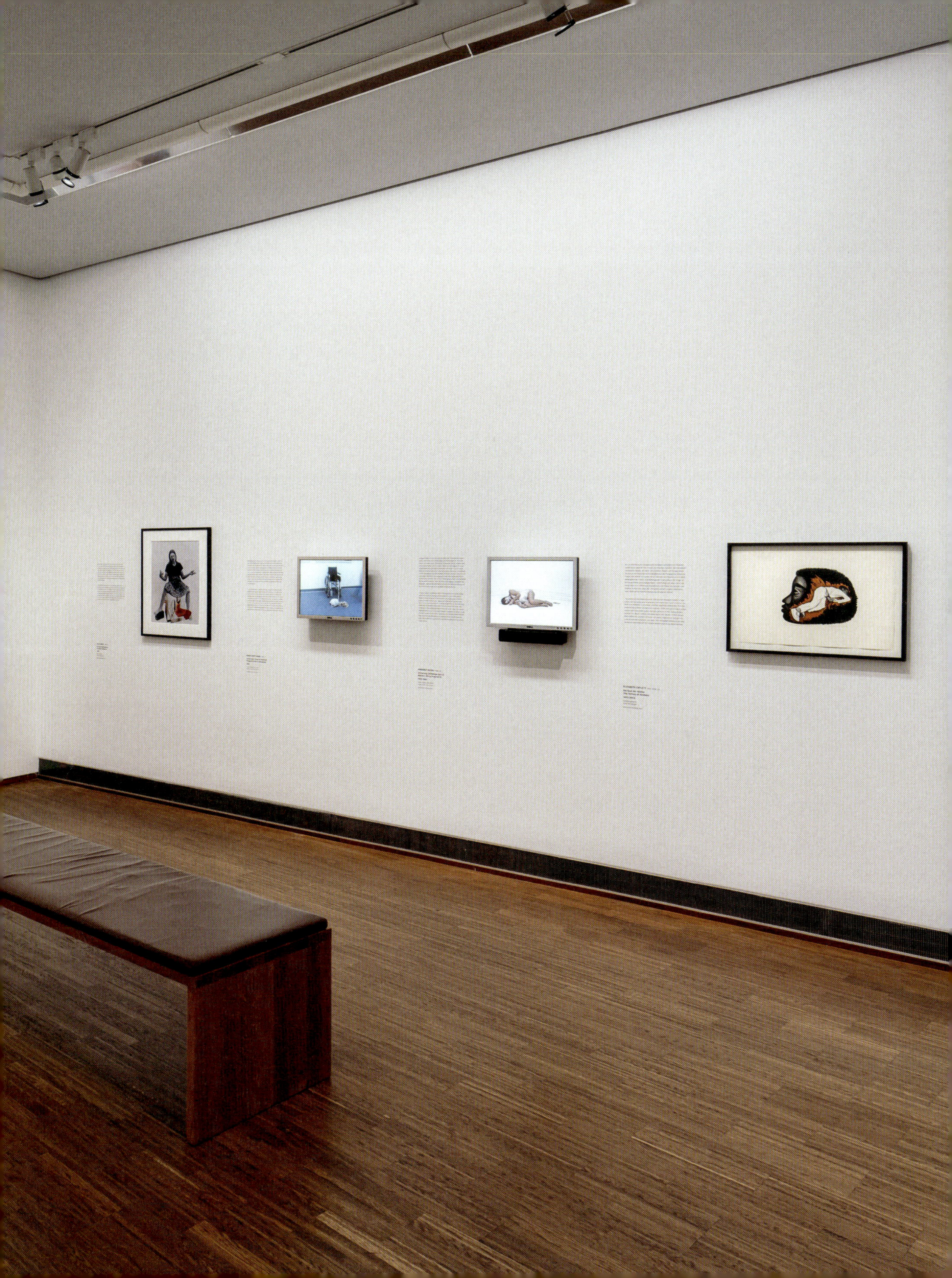

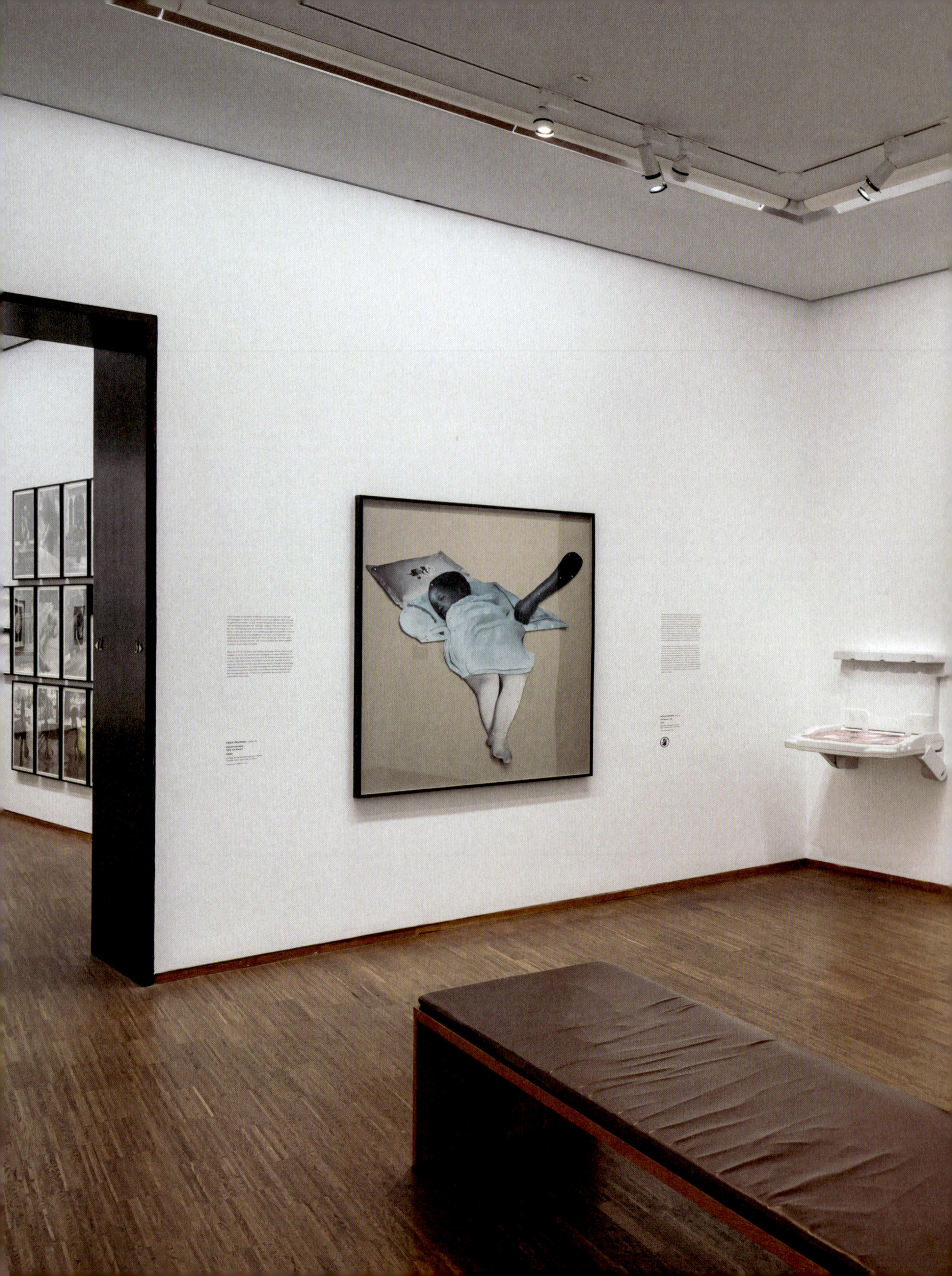

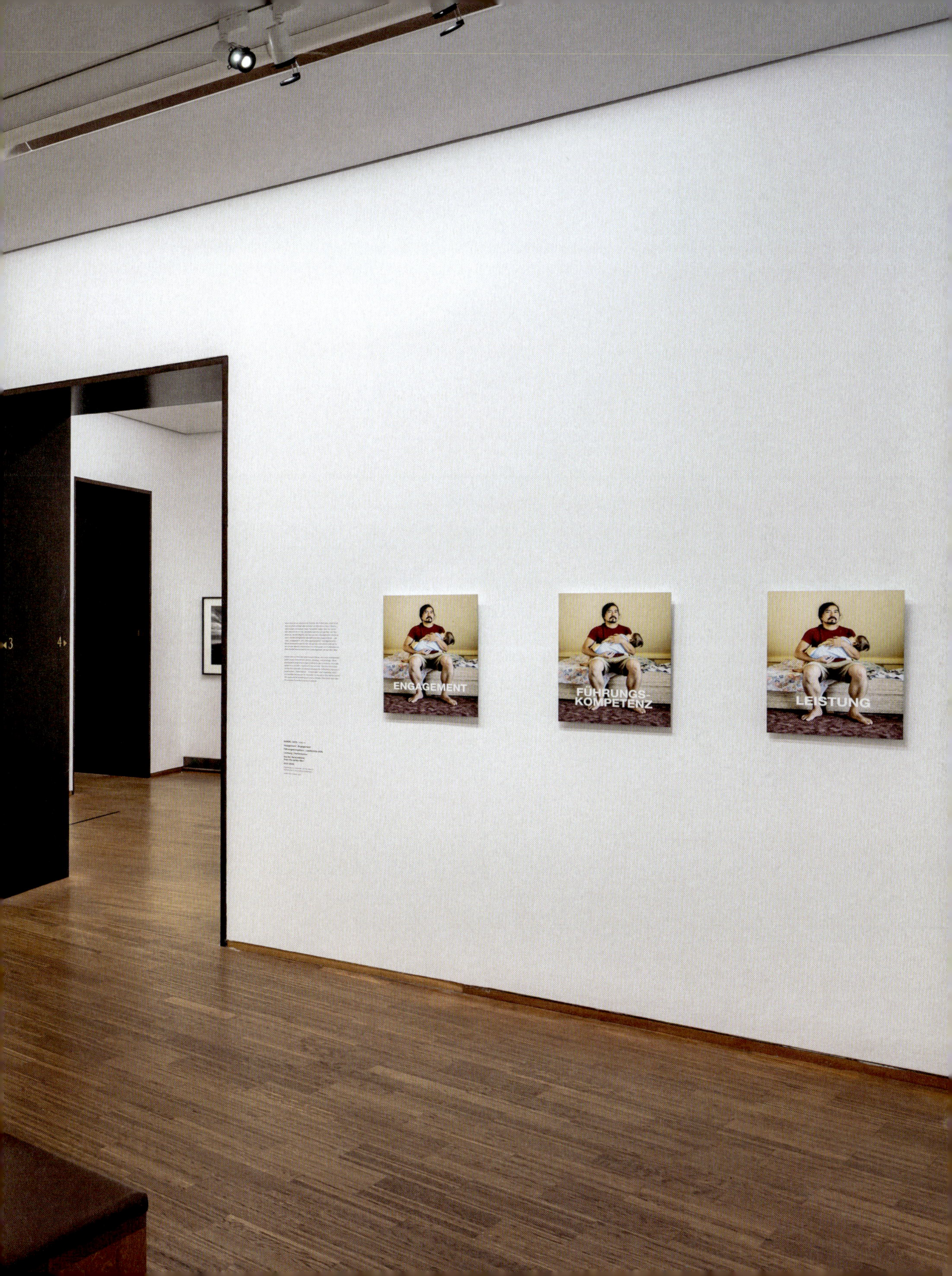
ENGAGEMENT
FÜHRUNGS-
KOMPETENZ
LEISTUNG

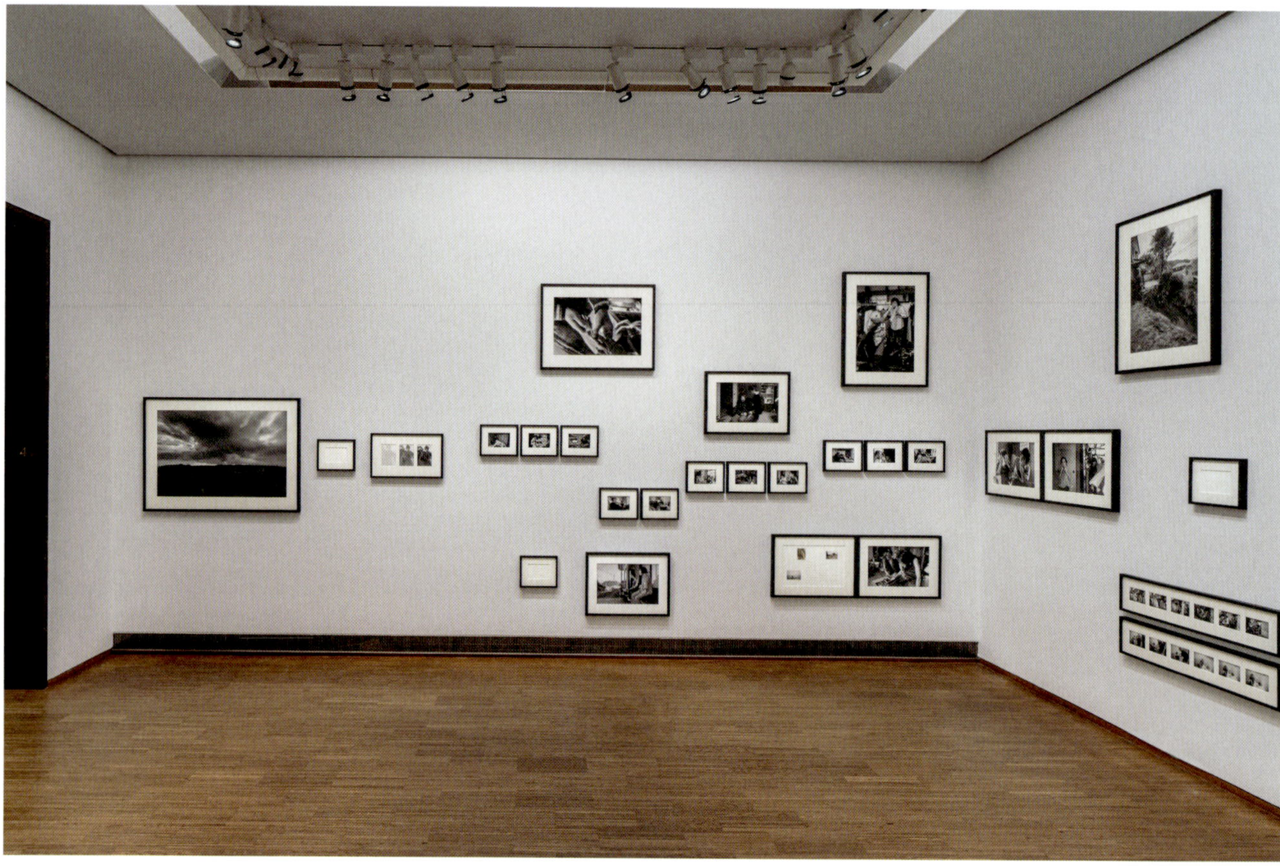

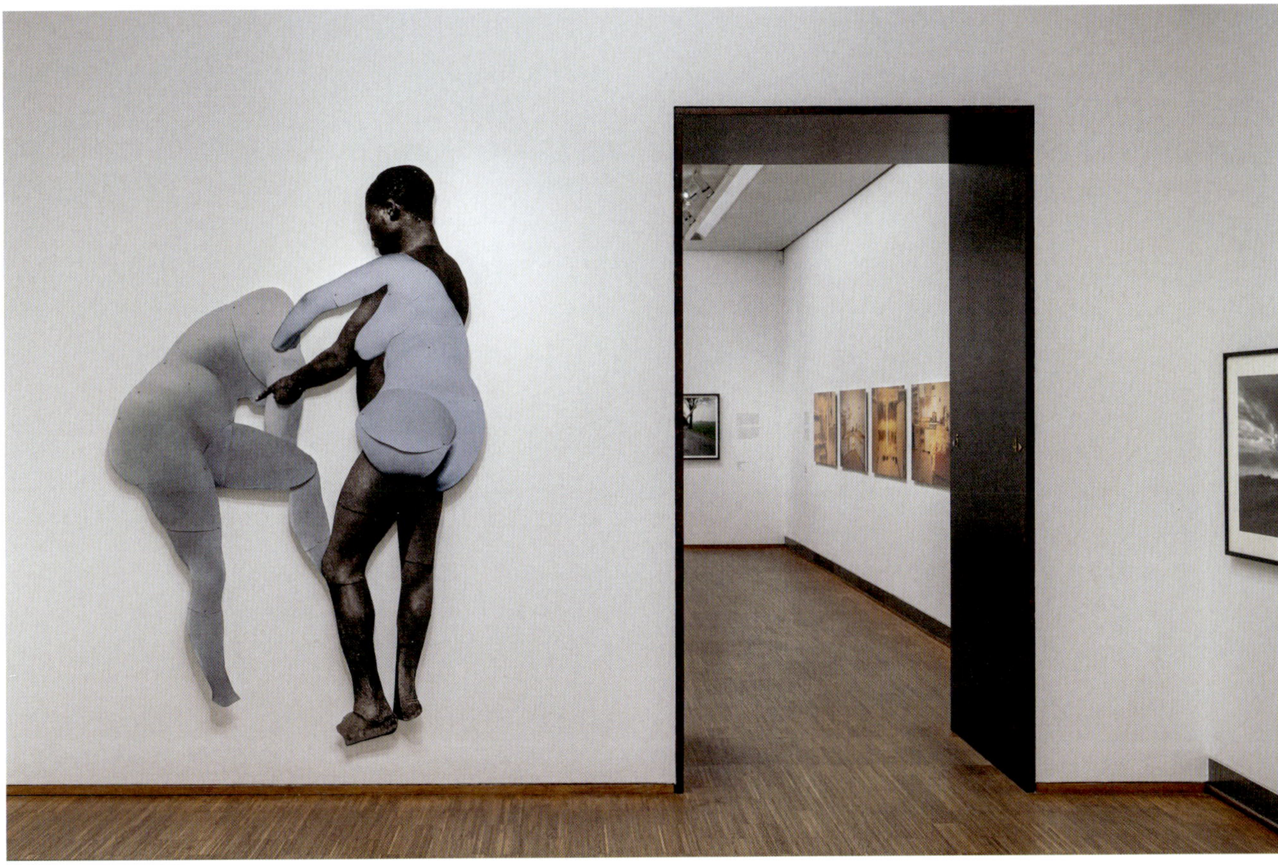

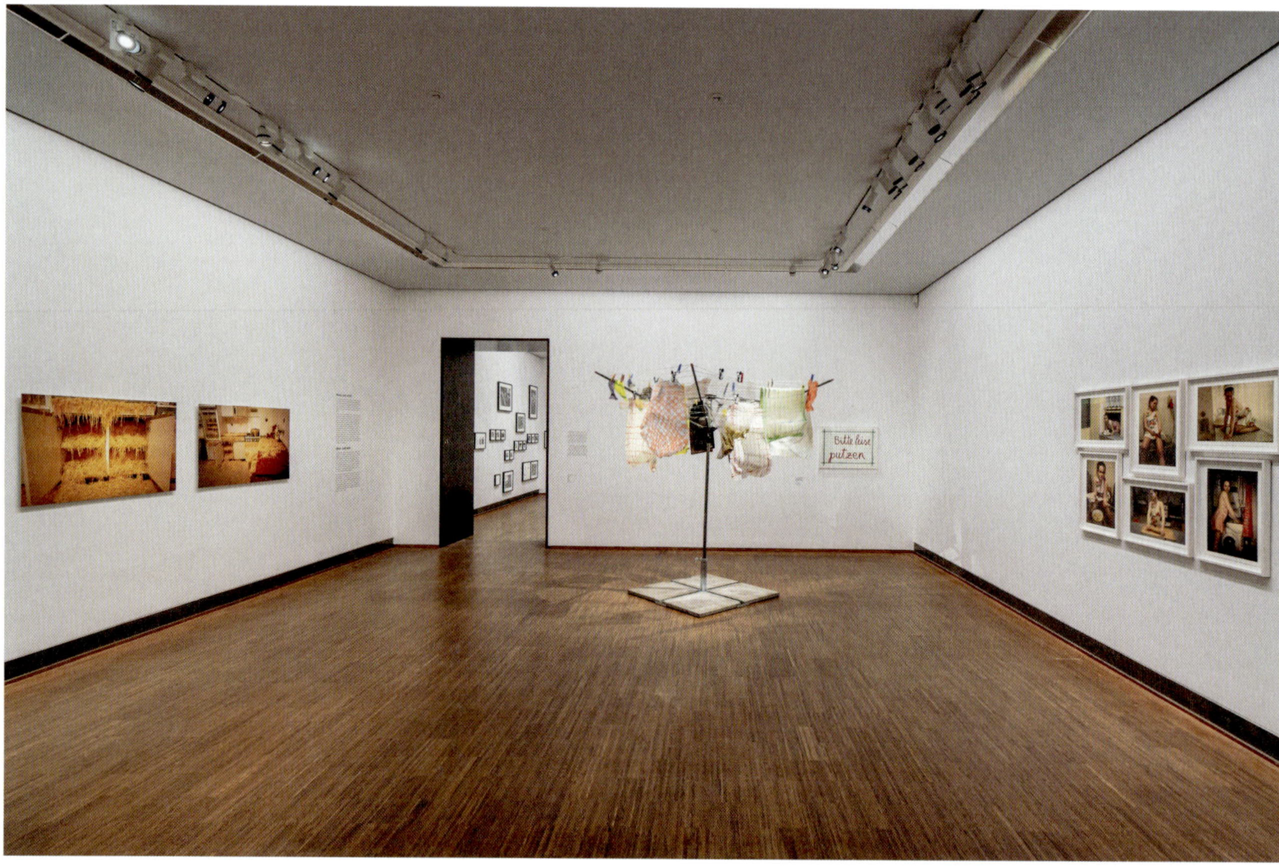
Bitte leise
putzen

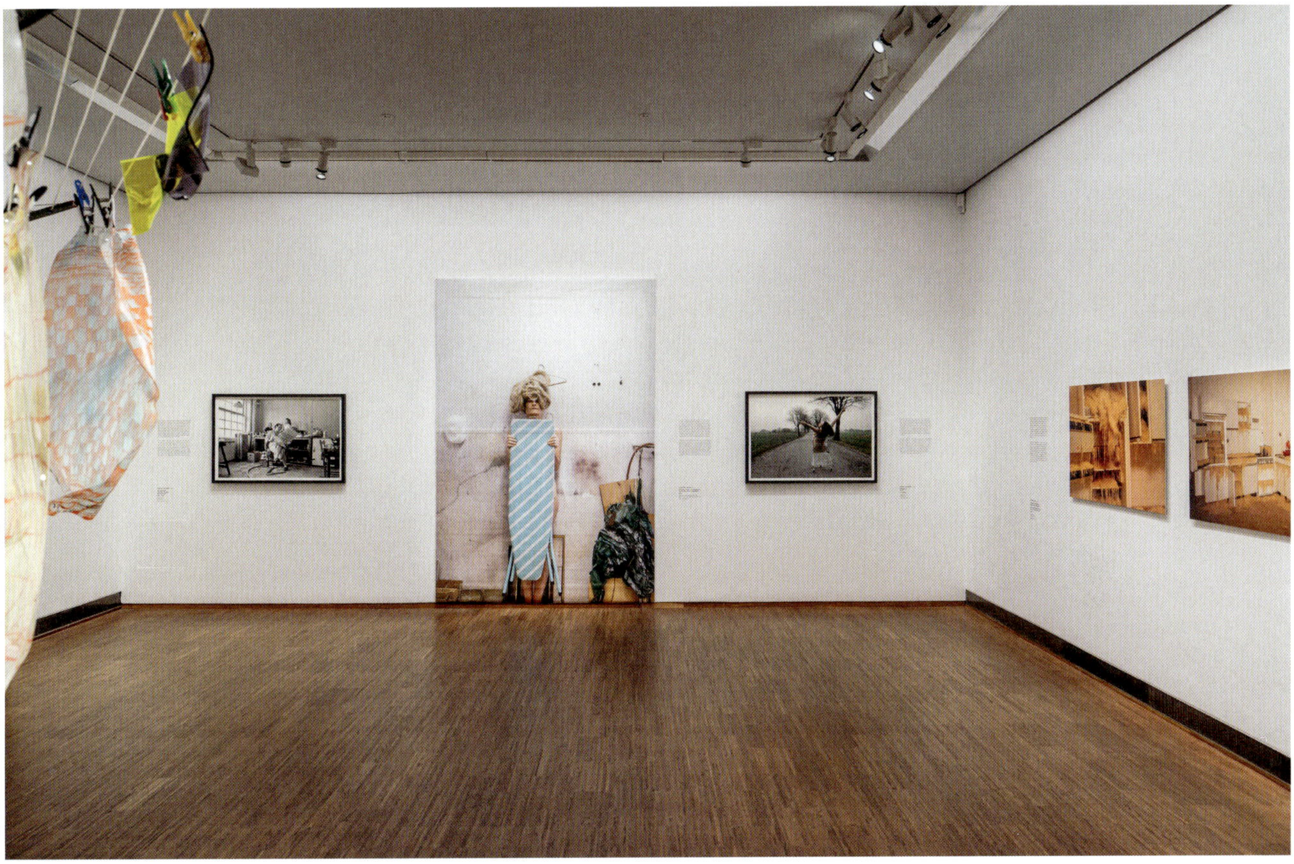

Vanessa Joan Müller

Subversive Küchenpraxis

Reproduktiver Arbeit Sichtbarkeit verleihen

Das Bild der vollzeitbeschäftigten Hausfrau, die sich um Heim und Kinder kümmert, galt lange Zeit als Ideal der (konservativen) westlichen Mittelschicht. Damit sich Männer in einer patriarchal strukturierten Gesellschaft voll und ganz auf ihre berufliche Laufbahn konzentrieren konnten, sollten Frauen ihnen den Haushalt führen. Die feministische Kunst der 1960er- und 1970er-Jahre hat scharfe Kritik geübt an dieser Degradierung reproduktiver Arbeit als Nicht-Arbeit. Während der zweiten Welle des Feminismus mit ihrer gesteigerten Aufmerksamkeit für die Sphäre des Privaten, in dem geschlechtsspezifisches Rollenverhalten ausagiert wird, wurde weibliche Hausarbeit, metaphorisch verdichtet in der Küche, entsprechend zu einem rekurrenten Motiv kritisch aufgeladener künstlerischer Selbstinszenierung.

Birgit Jürgenssen etwa illustriert in ihren stilisierten Selbstporträts den limitierten Radius weiblicher Tätigkeiten und die starke Verdinglichung dieser Aktivitäten, um sie gleichzeitig als Arbeit zu markieren, der Wertschätzung verweigert wird. Indem sie in ihren Zeichnungen wie *Hausfrau* (beide 1974, S. 59 und S. 60) oder *Fensterputzen* (1975, S. 61) das Küchenkaro der Schürze ornamenthaft über eine zur Büste erstarrte Hausfrauenfigur legt, den Traum von der glücklichen Ehe in Wohlstand zur illusionären Spiegelung in der geputzten Fensterscheibe werden lässt oder das Haus zur käfigartigen Einhegung, lenkt sie den Blick auf die Entfremdung, die mit der sozial erwünschten »Hausfrauisierung« einhergeht. Die auf unbezahlte Hausarbeit reduzierte Frau verliert ihre Autonomie und wird Teil ihrer Umgebung: eingezwängt in die Strukturen gesellschaftlicher Erwartung und abhängig von dem Mann, der das Geld verdient und damit letztlich auch über die Arbeitskraft seiner Frau verfügt.

In zwei Schwarz-Weiß-Fotografien, die ihre Interaktion mit dem Objekt »Küchenschürze« (1975, S. 62–63) zeigen, hat Jürgenssen einen stilisierten Herd aus Metall umgeschnallt, als wäre er nicht nur Teil ihrer Arbeitskleidung, sondern ihrer selbst. Diese *Küchenschürze* (1974–75, S. 65), aus deren geöffnetem Backrohr ein Laib Brot phallisch herausragt, erscheint eigentümlich anthropomorphisiert: ein Wesen, das sich parasitär dem weiblichen Körper übergestülpt hat. Das ausladende Gerät, das den Bewegungsspielraum

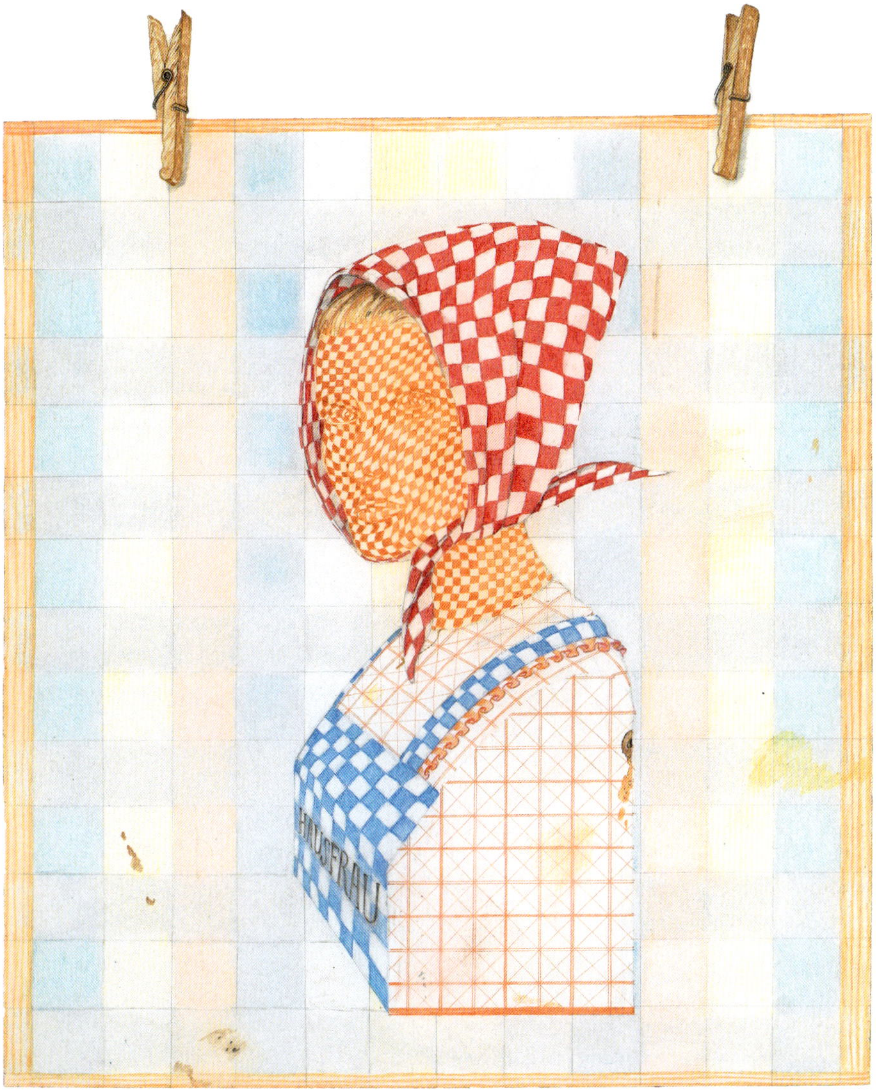

Birgit Jürgenssen Hausfrau, 1974

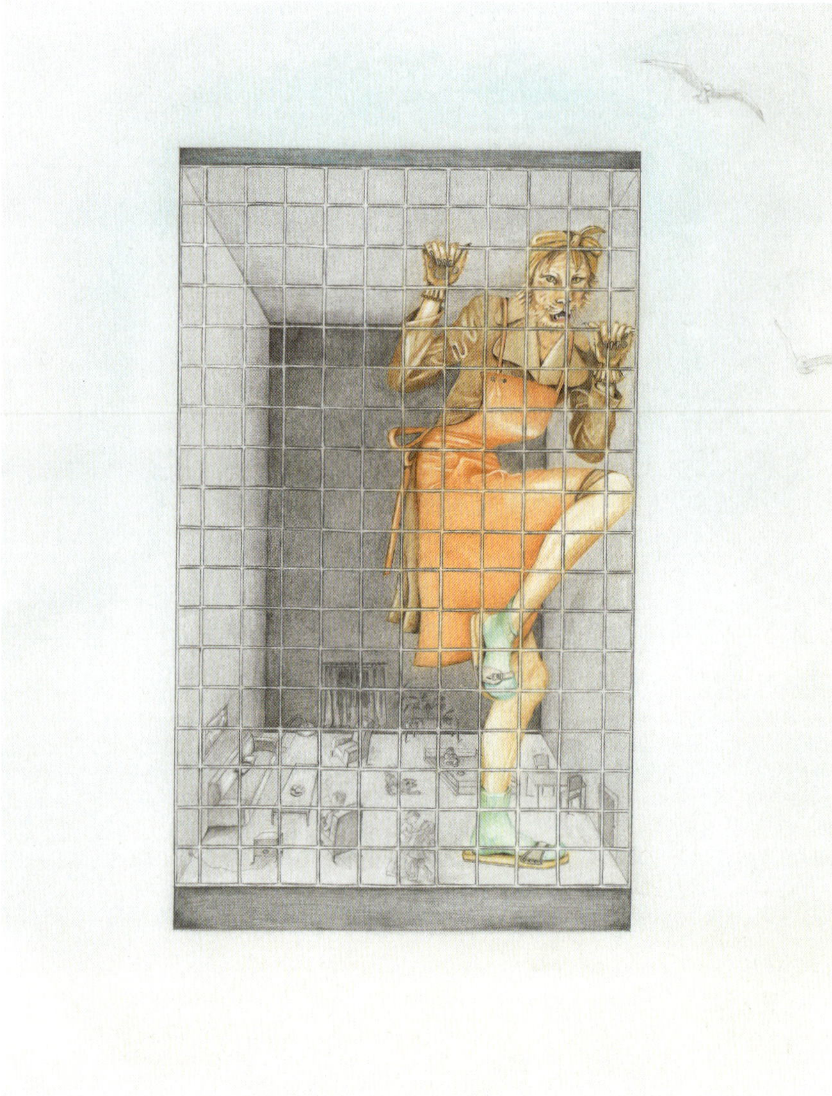

Birgit Jürgenssen Hausfrau, 1974

seiner Trägerin radikal einschränkt, präsentiert sich als Produktionsmittel, das mit der arbeitenden Frau eine Einheit bildet.

Mit dieser Materialisierung und vermeintlichen Essenzialisierung des »Arbeitsplatzes Küche« unterstreicht Jürgenssen, dass Hausarbeit ein wesentlicher Teil, wenn nicht die Voraussetzung kapitalistischer Arbeitsorganisation ist: Erst die Domestikation des Weiblichen als unbezahlte Arbeitskraft, die sich auf reproduktive Tätigkeiten beschränkt, ebnete dem Mann historisch den Weg in die Fabriken und Büros. Mit der Entwertung häuslicher Tätigkeiten als etwas, das aus Liebe und Fürsorge übernommen

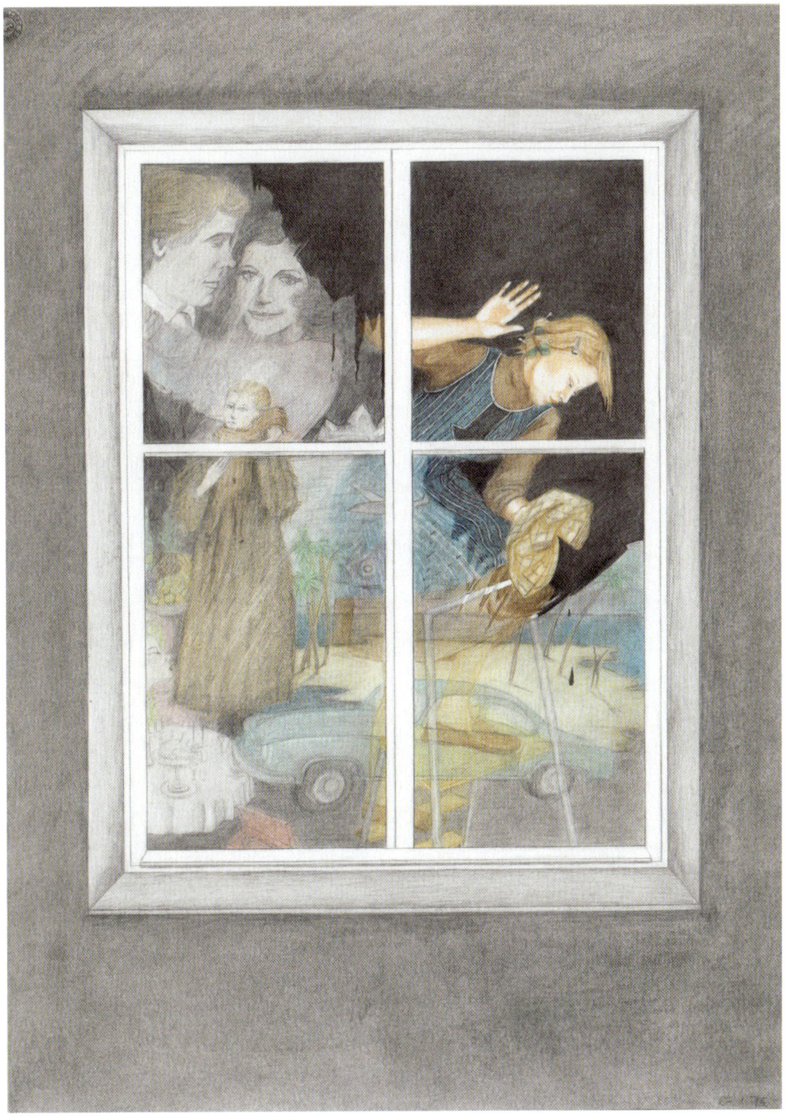

Birgit Jürgenssen Fensterputzen, 1975

wird, der »Feminisierung und Hausfrau-Codifizierung«[1], zementieren sich Geschlechterdifferenzen im Sinne des Kapitals. Die beiden Schwarz-Weiß-Fotografien zeigen die Künstlerin in Frontal- und Profilansicht vor weißem Hintergrund, wie man es von erkennungsdienstlichen Polizeifotos kennt – auch das ein Verweis auf Unterdrückungs- und Kontrollmechanismen, die jede Umcodierung dieses Prinzips zu ahnden scheinen.

1 Peter Weibel: »Birgit Jürgenssen. Körper-Kunst wider die Semiotik des Kapitals«, in: *Feministische Avantgarde. Kunst der 1970er-Jahre. SAMMLUNG VERBUND, Wien*, hrsg. v. Gabriele Schor, München 2025, S. 231. Siehe auch: *Birgit Jürgenssen*, hrsg. v. Gabriele Schor u. Abigail Solomon-Godeau, Ostfildern 2009.

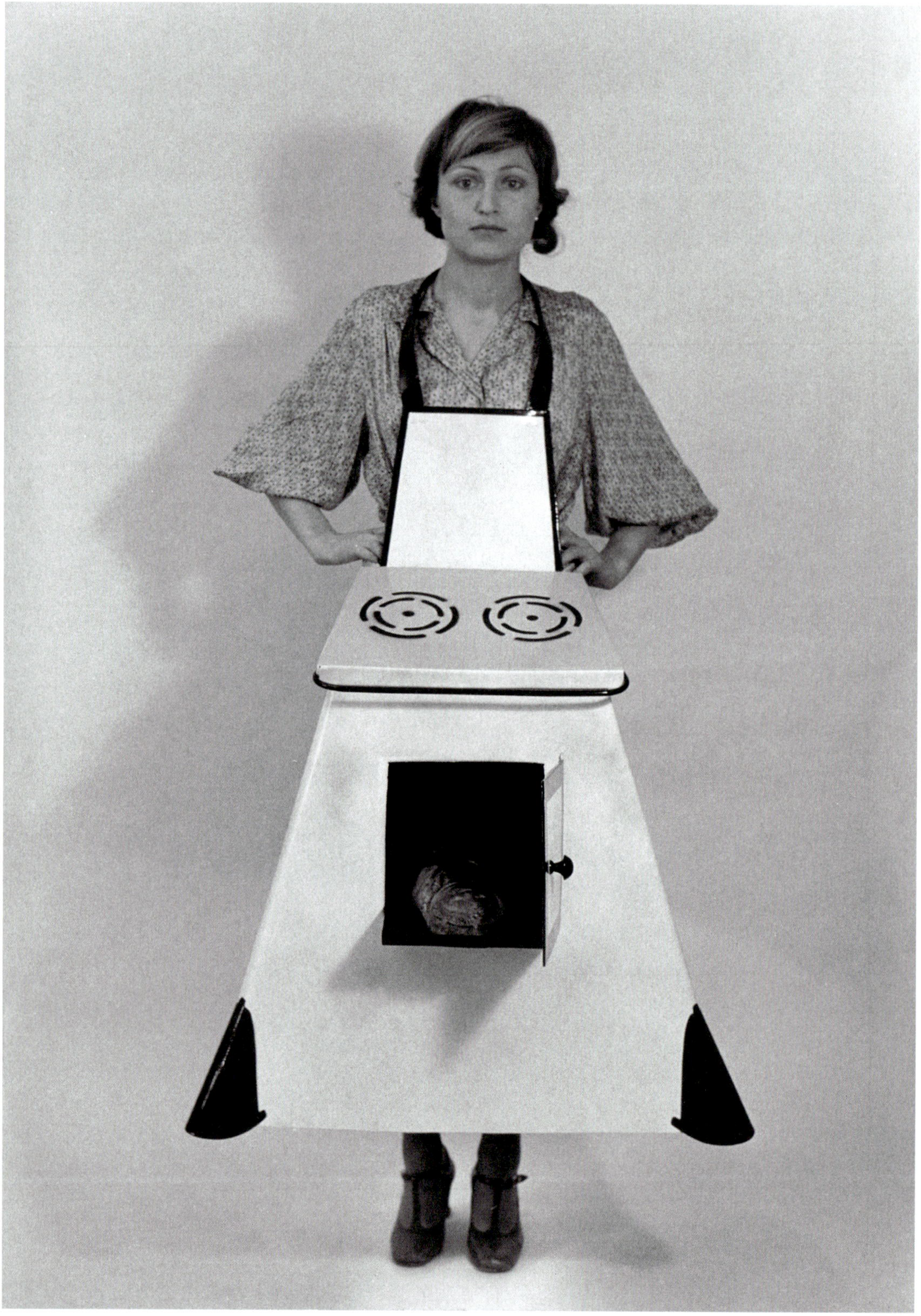

Birgit Jürgenssen Hausfrauen-Küchenschürze, 1975

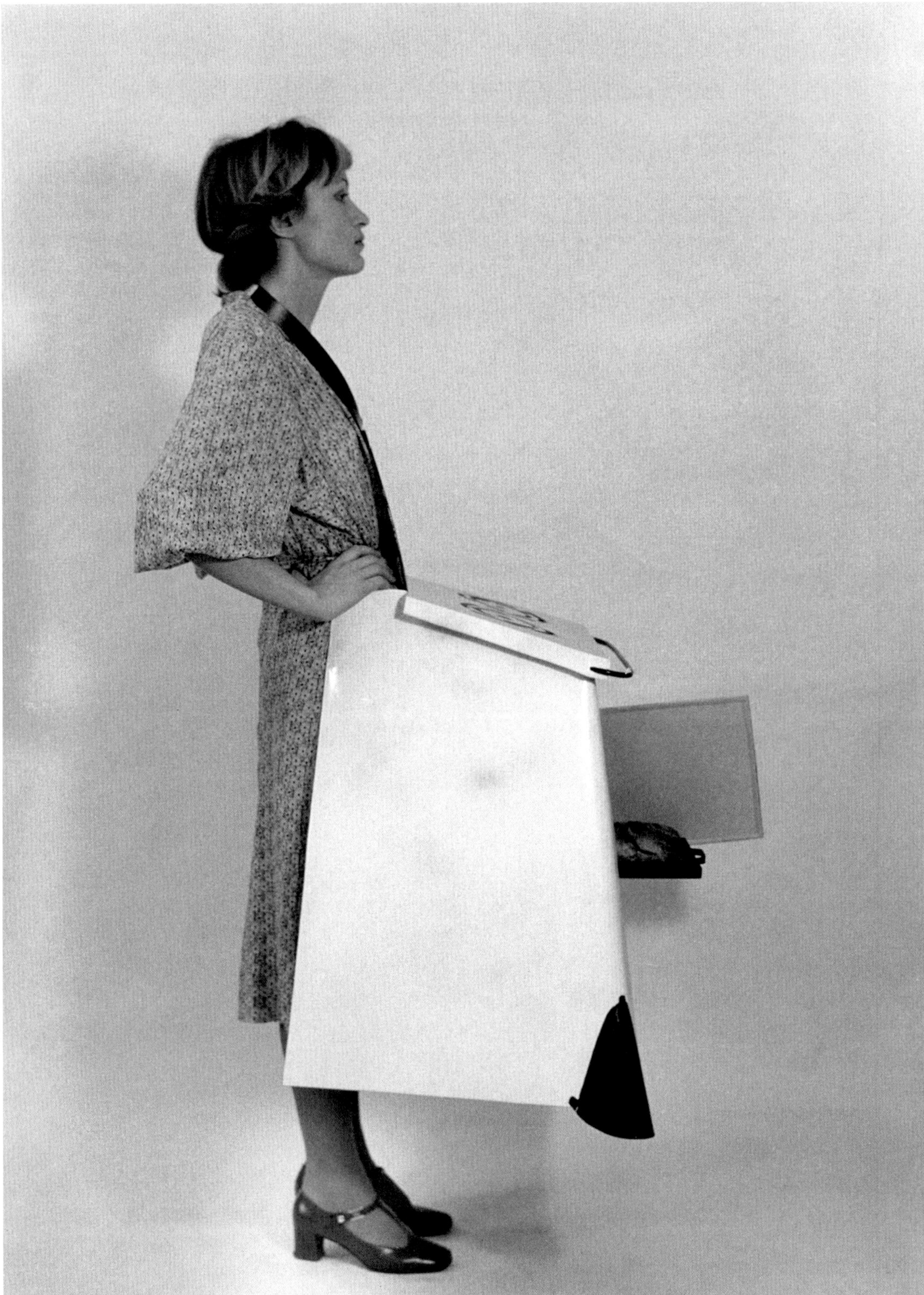

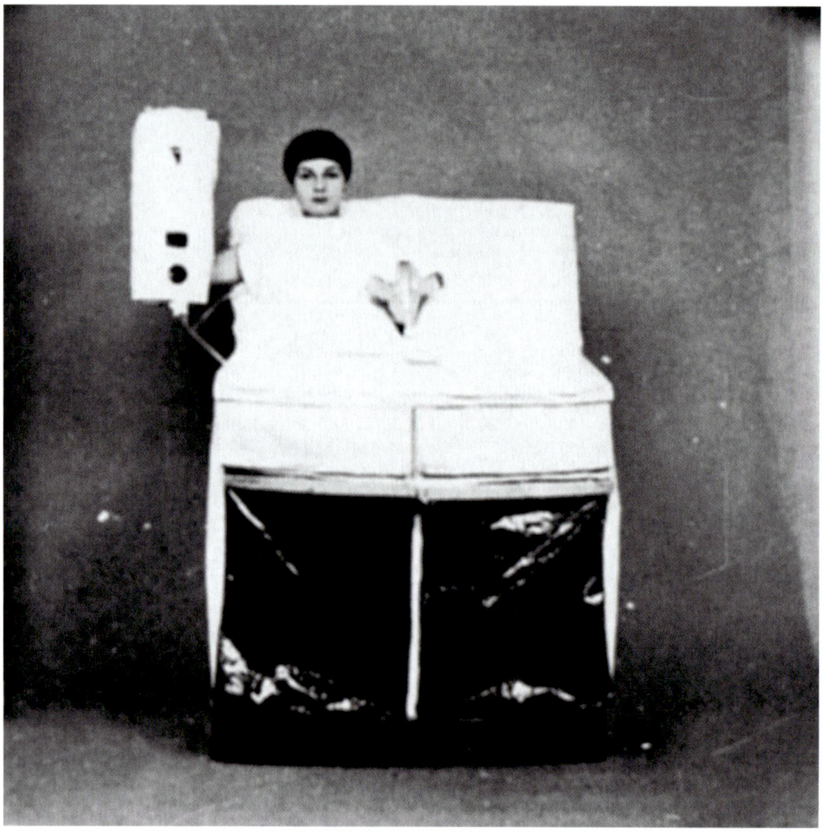

Helen Chadwick In the Kitchen [In der Küche], 1977
Performance

Die feministische Initiative Wages for Housework, Teil des von Mariarosa Dalla Costa, Silvia Federici, Brigitte Galtier und Selma James mitgegründeten International Feminist Collective, setzte sich in den 1970er-Jahren weltweit für die Anerkennung der unbezahlten Arbeit von Frauen und Care-Tätigkeiten ein. Dabei ging es nicht bloß um eine Anerkennung bislang unbezahlter und als selbstverständlich erachteter Arbeit. Der symbolisch eingeforderte Lohn für Hausarbeit eröffnete vielmehr eine politische Perspektive, denn die Aufwertung dieser Tätigkeiten würde bedeuten, dass sie Teil eines Gesellschaftsvertrags sind: Wer einer bezahlten Arbeit nachgeht, kann auch kündigen oder sich gewerkschaftlich organisieren – eine Option, die der Hausfrau, deren Arbeit untrennbar mit ihrem Leben verbunden ist, verwehrt bleibt.

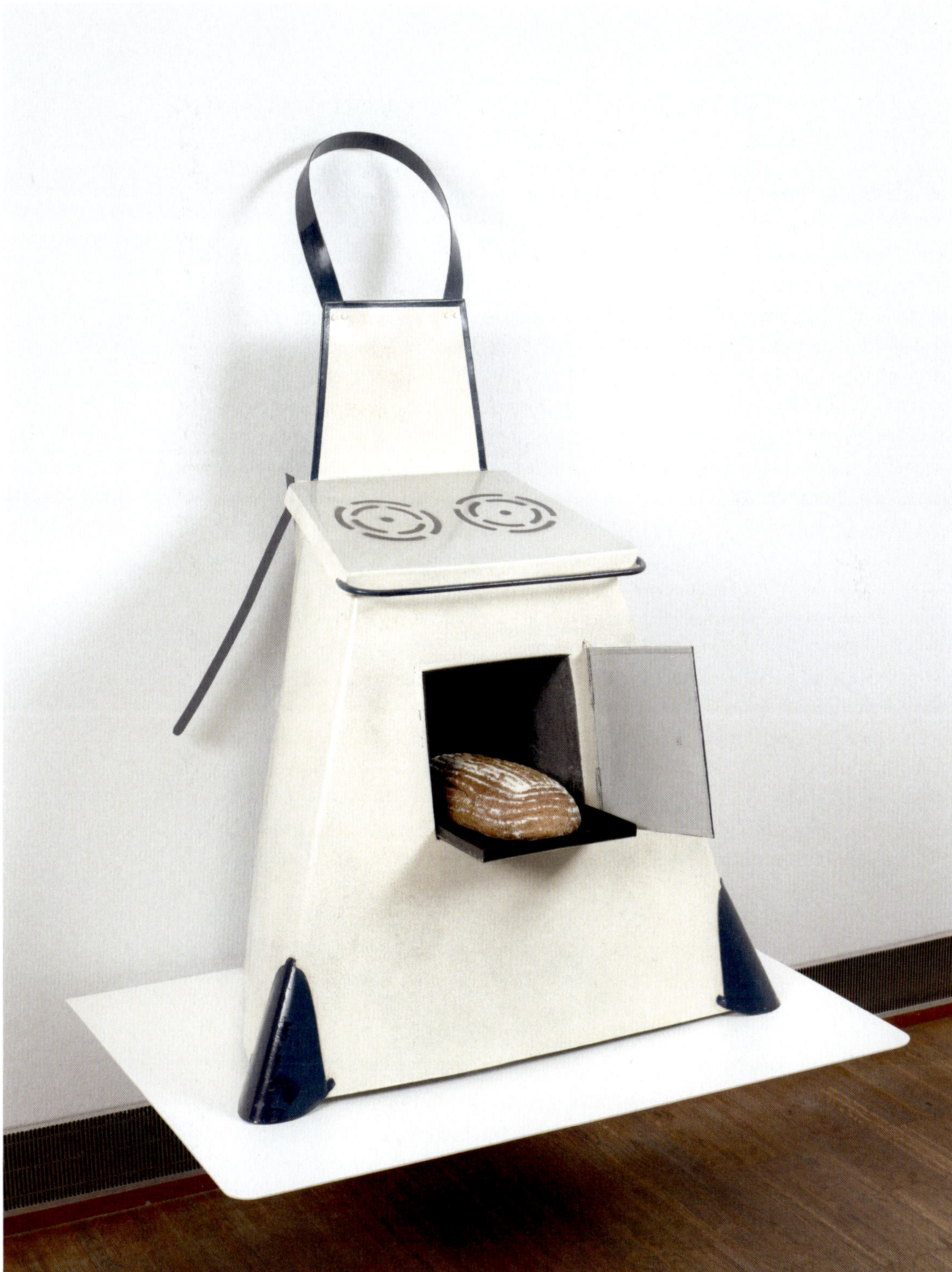

Birgit Jürgenssen Küchenschürze, 1974–75

Leihgabe mumok – Museum moderner Kunst Stiftung Ludwig Wien, erworben 2000

Federici verfasste 1974 mit *Aufstand aus der Küche: Reproduktionsarbeit im globalen Kapitalismus und die unvollendete feministische Revolution*[2] einen Essay über diese Bewegung, in dem sie analysiert, warum der Lohn bestimmten Arbeiten vorbehalten ist und andere gesellschaftlich unsichtbar werden. Der Fokus ihres marxistisch geprägten *Aufstands aus der Küche* liegt vor allem darauf, wie die Lohnzahlung die Arbeiter:innenklasse spalten konnte, indem sie Arbeit von der gesellschaftlichen Produktion entkoppelte und eine strikte Unterteilung in »richtige« und »private« reproduktive Arbeit suggerierte, soziale und insbesondere familiäre Beziehungen folglich nicht mehr unmittelbar an Produktionsverhältnisse knüpfte. Indem er ausblendet, was alles als Arbeit gilt, verschleiert der Lohn die wahre Arbeitszeit jener, die über seinen Bereich hinaus beschäftigt sind – ein Phänomen, das sich bis heute in der »Doppelbelastung« arbeitender Frauen spiegelt, die zusätzliche Care-Arbeit leisten.[3]

Die Küche als umkämpfter Raum im Privaten bildete für Federicis Reflexionen insofern eine wichtige Rolle, als sich ihre bis heute andauernde weibliche Konnotation auf die Verbannung der Frau in die Küche im Zuge der fortschreitenden Industrialisierung des 19. Jahrhunderts zurückführen lässt. Die damalige Verlagerung weiblicher Tätigkeiten ins Zuhause war durchaus intentional, stärkte sie doch einen auf die Produktionssphäre begrenzten, fortan männlich geprägten Arbeitsbegriff: Unbezahlte weibliche Reproduktionsarbeit verlieh den lohnarbeitenden Männern als alleinigen Verdienern nicht nur die Kontrolle über ihre Ehefrauen, sondern auch ein entsprechendes Ermächtigungsgefühl. Frauen wiederum spürten die Entfremdung, die mit »ihrer« Arbeit einhergeht, wie Birgit Jürgenssen in ihren Werken immer wieder eindrucksvoll zeigt.

Wenn Lena Henke zwei Generationen später in *Care Catering* von 2022 (S. 68–69) überdimensionierte Abgüsse von Küchenmaschinen präsentiert, kann sie auf solche künstlerischen Reflexionen aufbauen. Und doch zeigen sich hier stellvertretend auch Unterschiede, die auf einen stärker intersektional ausgerichteten Feminismus verweisen. Dieser geht nicht länger von einer universellen Kategorie »Frau« aus, sondern zieht weitere, Marginalisierungen verstärkende Faktoren hinzu und fokussiert auf spezifische soziale Kontexte, die auch dazu führen, dass reproduktive Arbeit zur unbezahlten weiblichen Tätigkeit wird. Das Rollenbild »Hausfrau« wird in diesem Kontext

2 Silvia Federici: *Aufstand aus der Küche: Reproduktionsarbeit im globalen Kapitalismus und die unvollendete feministische Revolution*, Münster 2012.

3 Siehe Arlie Hochschild/Anne Machung: *Der 48-Stunden-Tag. Wege aus dem Dilemma berufstätiger Eltern*, Wien/Darmstadt 1990.

stärker als Produkt einer weißen Mittelschichtsideologie reflektiert. Um dies zu unterstreichen, finden Werke der »Vorgängerinnen« zitathaft oder als Referenz Eingang in die eigene künstlerische Praxis, werden jedoch mit weiteren Themenfeldern kombiniert.

So handelt es sich bei den von Henke verfremdeten Geräten – der Kaffeemaschine Aromaster KF 20 (1972), der Saftpresse Citromatic MPZ 22 (1972), dem Mixer MX 3 (1958) und der Küchenmaschine KM 3 (1957) – explizit um von männlichen Gestaltern entworfene Designikonen der deutschen Firma Braun, die die deutsche Mittelschicht der Nachkriegszeit ansprechen sollten. Henke überarbeitete die Klassiker digital und vergrößerte sie auf das 1,5-Fache ihrer Größe. Dadurch tritt ihre modernistische Form in den Vordergrund, während Funktionalität und Ergonomie schwinden: Die massiven Objekte verweigern sich jeder Benutzbarkeit. Die Farben der Skulpturen orientieren sich an alten Werbeanzeigen von Braun, ihre organisch wirkende Gummihaut hingegen betont ihre biomorphe Gestalt. Auch beim 3D-Druck auftretende Fehler in Form von Tropfenbildung und unperfekter Oberfläche wurden beibehalten, um das Körperhafte, das bereits den originalen Modellen anhaftet, zu betonen.

Dass Lena Henke Geräte appropriiert und verfremdet, die paradigmatisch für die Produktgestaltung der deutschen Nachkriegsmoderne stehen, verbindet Designgeschichte mit Genderfragen und der vermeintlichen Neuordnung, tatsächlich aber restaurativen Trennung der Wohnbereiche. Das Streben der 1950er-Jahre nach Mittelklassenrespektabilität und häuslichem Traditionalismus nämlich hat in Deutschland stark mit der Heteronormierung von Rollenbildern zu tun, die sich als Neuformulierung von Maskulinität nach dem Krieg lesen lässt.[4] Die »Küchenhelfer« der Firma Braun adressierten in ihrem avancierten Design männliche Käuferschichten, die den Arbeitsplatz Küche in einen modernen Lifestyle zu integrieren suchten, ohne ihm seine geschlechtsspezifische Zuschreibung zu nehmen. Letztlich ging es vermutlich vor allem darum, traditionellen Rollenbildern einen zeitgenössischeren Look zu verleihen.

4 Vgl. Hiji Nam: »Automatic Supersonic Hypnotic Horse Girl«, in: Kat. Ausst. *Lena Henke: Good Year – Marta Preis der Wemhöner Stiftung*, Marta Herford, Leipzig 2023. Siehe auch: Carlos Kong: »Romancing the Kitchen in the City of Tomorrow«, in: Lena Henke: *I Don't Love Berlin, Crazy City*, Köln 2022.

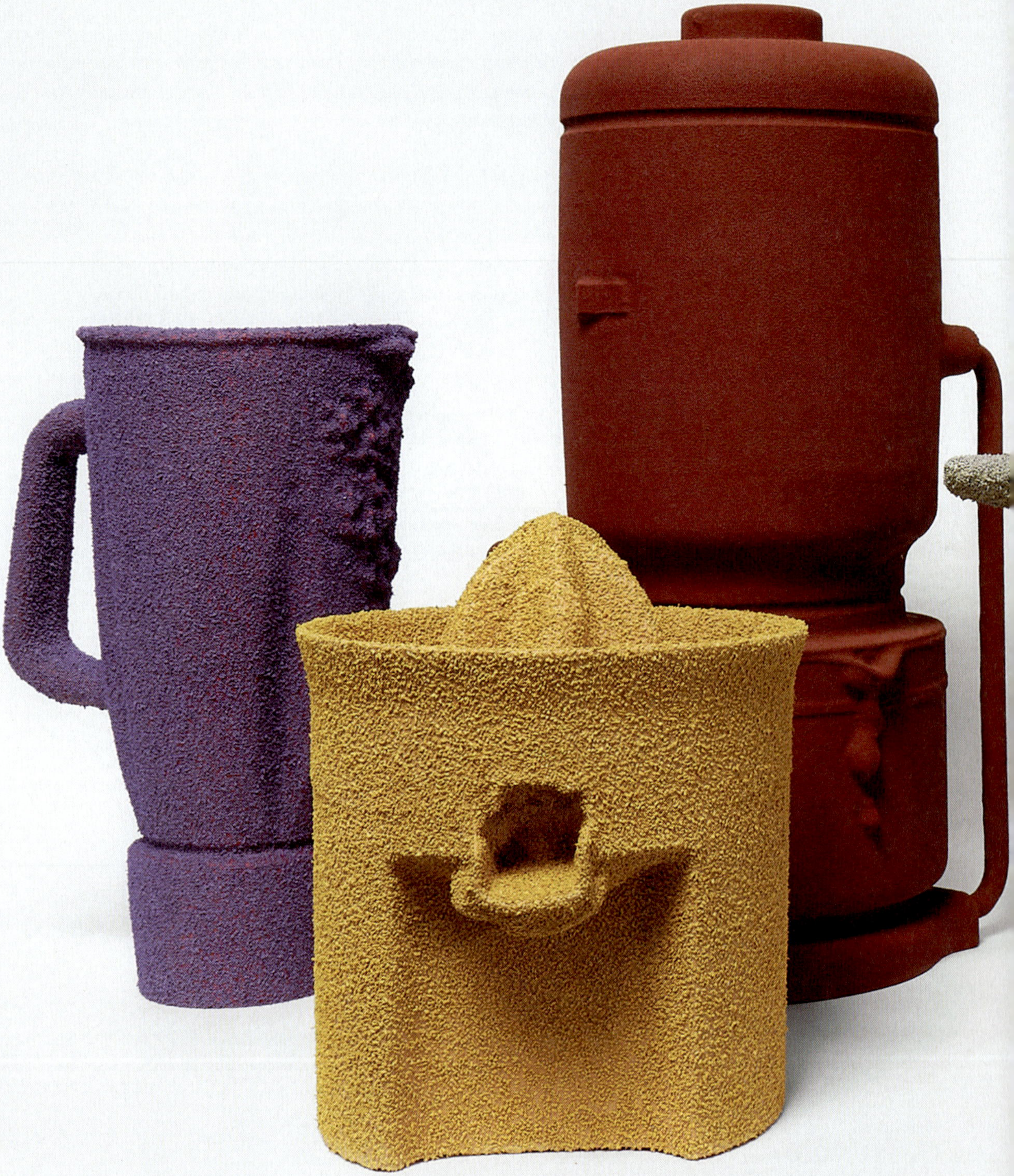

Lena Henke Care Catering, 2022

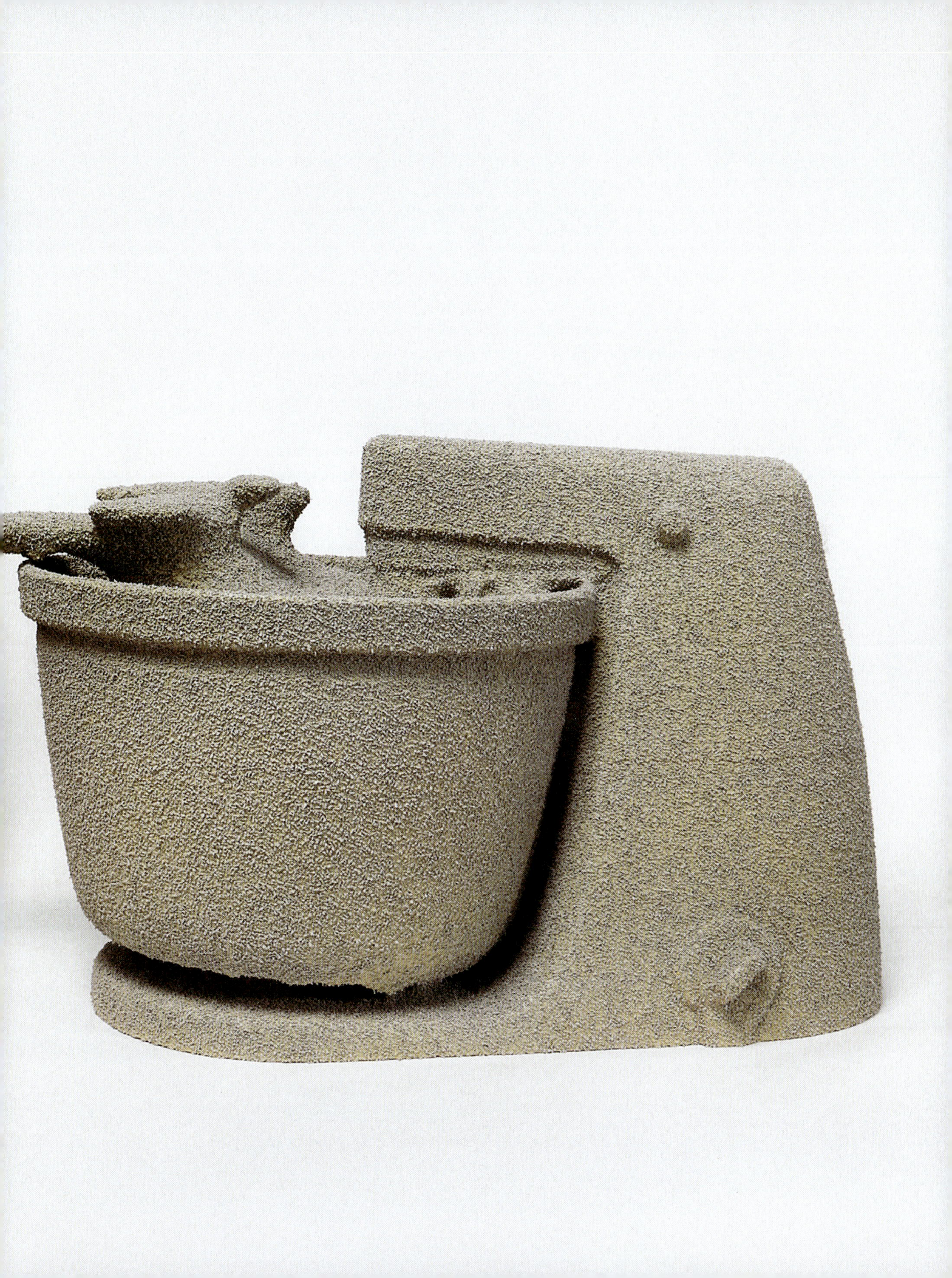

Dass die Arbeit in der Küche kaum allein aus Altruismus übernommen wird, manifestiert sich bereits in Martha Roslers berühmtem Video *Semiotics of the Kitchen* von 1975, einer Parodie auf die von Julia Child in den 1960er-Jahren popularisierten Kochsendungen, die eine Aufwertung der Einbauküche als Schauplatz US-amerikanischen Lifestyles zu forcieren suchten. Auch hier stand die Konsolidierung tradierter Rollenbilder in vermeintlich neuer Ästhetik im Fokus. Mit ernster Miene in Kochschürze vor einem Tisch stehend, auf dem verschiedene Haushaltsgegenstände zu sehen sind, demonstriert Rosler Funktion und Nutzen der Utensilien in alphabetischer Reihenfolge, von »apron« (Schürze) bis »tenderizer« (Fleischklopfer). Ihre Gesten wirken mechanisch, wie fremdgesteuert, und werden im Lauf des sechsminütigen Videos zunehmend aggressiv. Messer und Eispickel wirken weniger wie praktische Küchengeräte denn wie Waffen und zeigen Roslers Wut angesichts der Rolle der Frau und ihrer medialen Glorifizierung als Hausfrau. Sie selbst hat betont, in ihrer performativen Videoarbeit zeigen zu wollen, dass »die Sprache das Subjekt spricht«, die Frau sich folglich selbst in einen Signifikanten innerhalb eines umfangreicheren Zeichensystems aus Haus- und Care-Arbeit und gezügelter Subjektivität verwandelt.[5] Für die Dokumentation ihrer Performance wählte Rosler bewusst eine Lowtech-Ästhetik, verzichtete auf Schnitte und nahm so ihrer anarchischen Version einer Kochshow jeden die restaurativen Tendenzen überblendenden Glamour.

Tatsächlich wurde die Küche im Laufe des 20. Jahrhunderts zunehmend in ausdifferenzierte Wohn- und Lifestyle-Konzepte integriert. Eine genderspezifische Neukartografierung ging damit jedoch nicht unbedingt einher. So bilden Küche und Herd als symbolisch aufgeladene Orte auch noch für Rosemarie Trockels Werke der 1990er-Jahre eine Kulisse der Reflexion. Die dort agierende Frau stattet Trockel allerdings mit gezielter Ambivalenz aus. Ihre Fotografie *Sabine* (1994, S. 75) zeigt eine nackte, junge Frau mit Sonnenbrille im Halbprofil, die auf einer Herdplatte hockt. Ihre Pose scheint einen Ausweg aus traditionellen kulturellen Einhegung zu weisen, erinnert sie doch an die sogenannte *Kauernde Aphrodite*, eine in mehreren römischen Kopien überlieferte Skulptur aus hellenistischer Zeit, die bereits in der Renaissance Vorbild zahlreicher Neuinterpretationen war.[6] Trockel, bekannt für ihre Strickbilder, aber auch ihre Herdplattenreliefs, in denen abstrakte Formensprache in weiblich codierte Objektwelten vordringt, greift das Klischee hellenistischer Anmut auf und integriert es in die cool-subversive Ästhetik der High/Low-Kontrastierungen der Modemagazine der 1990er.

5 Vgl. moma.org/collection/works/88937 [abgerufen am 07.10.2025].

6 Vgl. Beniamino Foschini: »Rosemarie Trockel. Bildparodie als Entthronung von Heldentümern«, in: *Cahiers d'Études Germaniques* 88, 2025, S. 65–86.

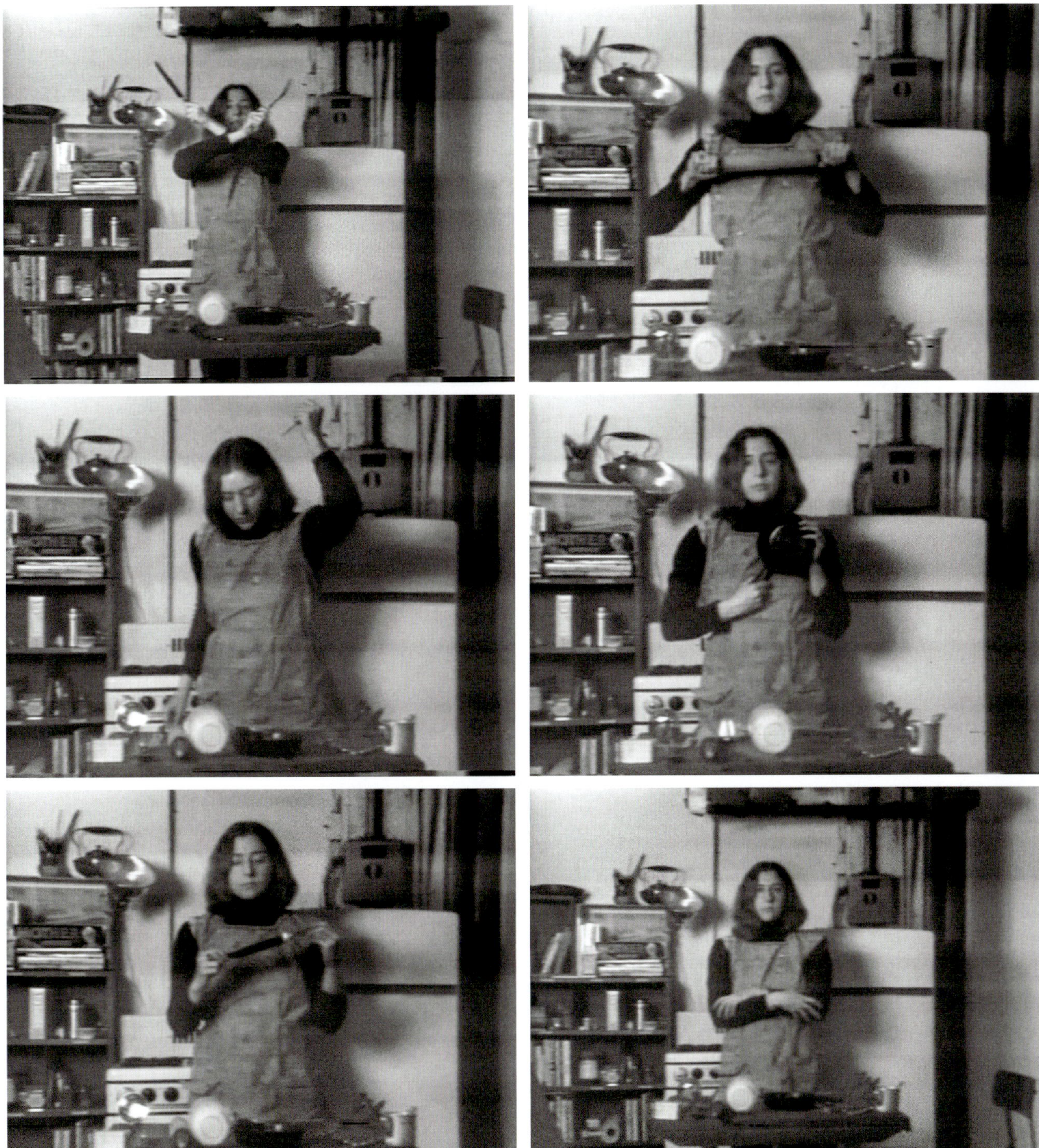

Martha Rosler Semiotics of the Kitchen [Semiotik der Küche], 1975

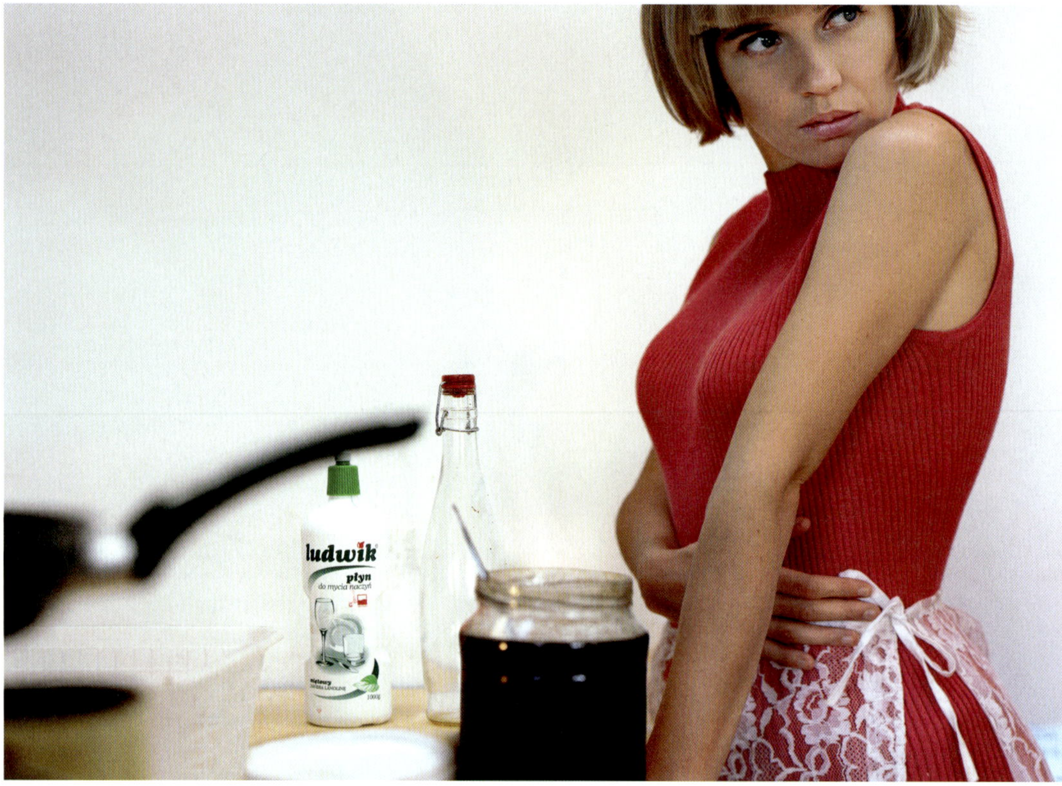

Aneta Grzeszykowska Untitled Film Stills [Filmstills ohne Titel], 2006

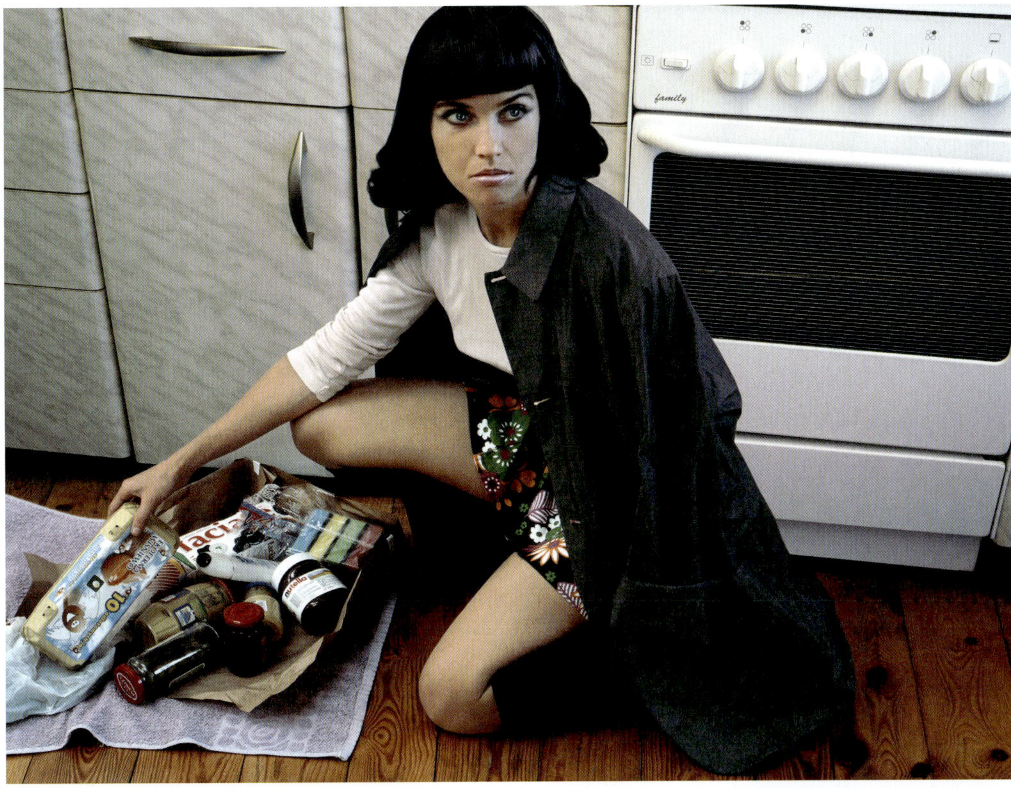
family

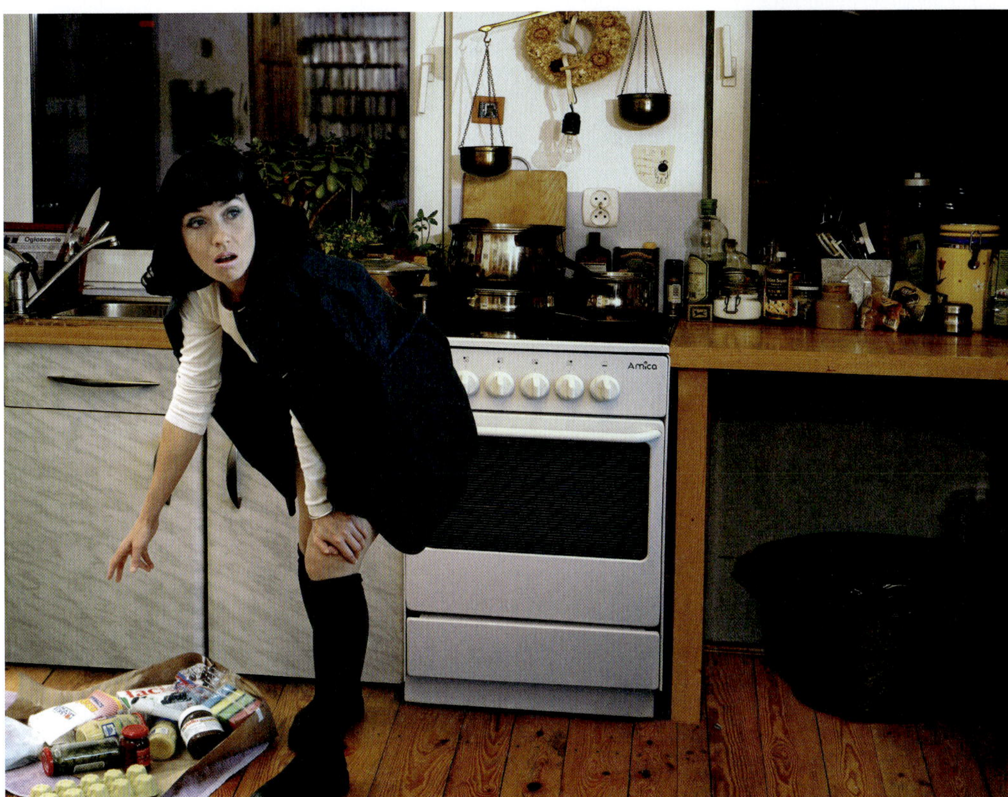
Amica

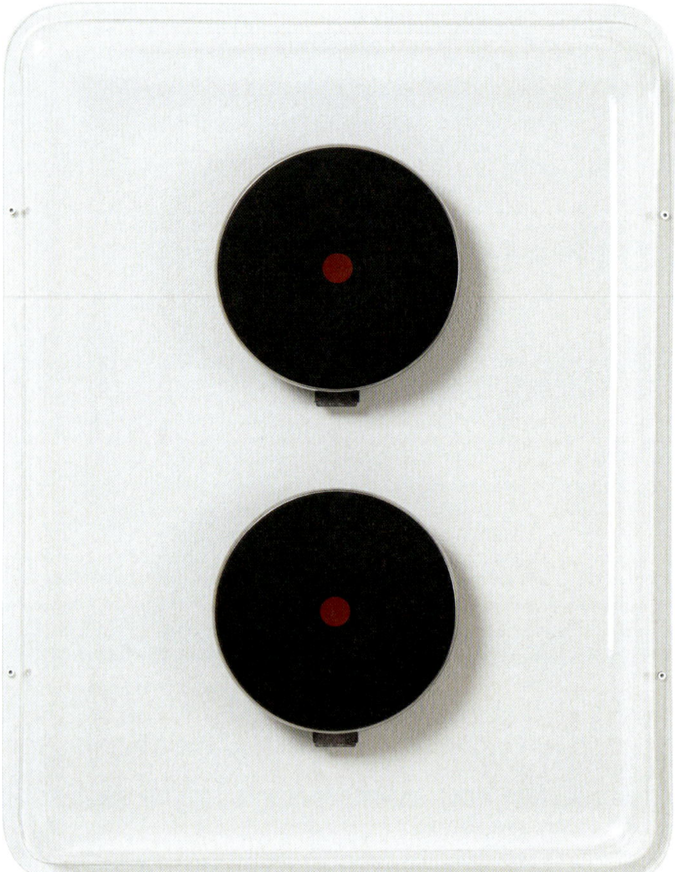

Rosemarie Trockel
Ma Fenêtre
[Mein Fenster], 2018

Der Küchenherd mit den weißen Quadern des Kochfelds gerät in dieser Konstellation zum Sockel und erweitert die kalkulierte Dissonanz aus antikem Vorbild, Modefotografie und Haushaltsgerät um das stilisierte Tableau vivant. Auch die Fotoästhetik eines Helmut Newton, dessen 1992 entstandene Fotoserie *Domestic Nudes* [Häusliche Akte] seine charakteristischen nackten Models in High Heels angeschmiegt an Küchenmobiliar, Wohnzimmermöbel und Gartenhütten zeigt, scheint Teil des in *Sabine* lakonisch aufgespannten Assoziationsfelds.[7] So wird das Fortbestehen der Antike im kollektiven Imaginären der zeitgenössischen Kunst und Kultur von Trockel, die in ihren Werken stets auch die eigene Position als Künstlerin in

7 Vgl. Helmut Newton: *Domestic Nude I: In my kitchen, Chateau Marmont, Hollywood, Los Angeles 1992* von 1992, die Aufnahme einer jungen Frau, die lediglich mit einem Paar High Heels bekleidet ist und sich in dramatischer Pose neben einer Küchenzeile mit Töpfen und Teekessel windet. Auch diesen Hinweis verdanke ich Foschini 2025.

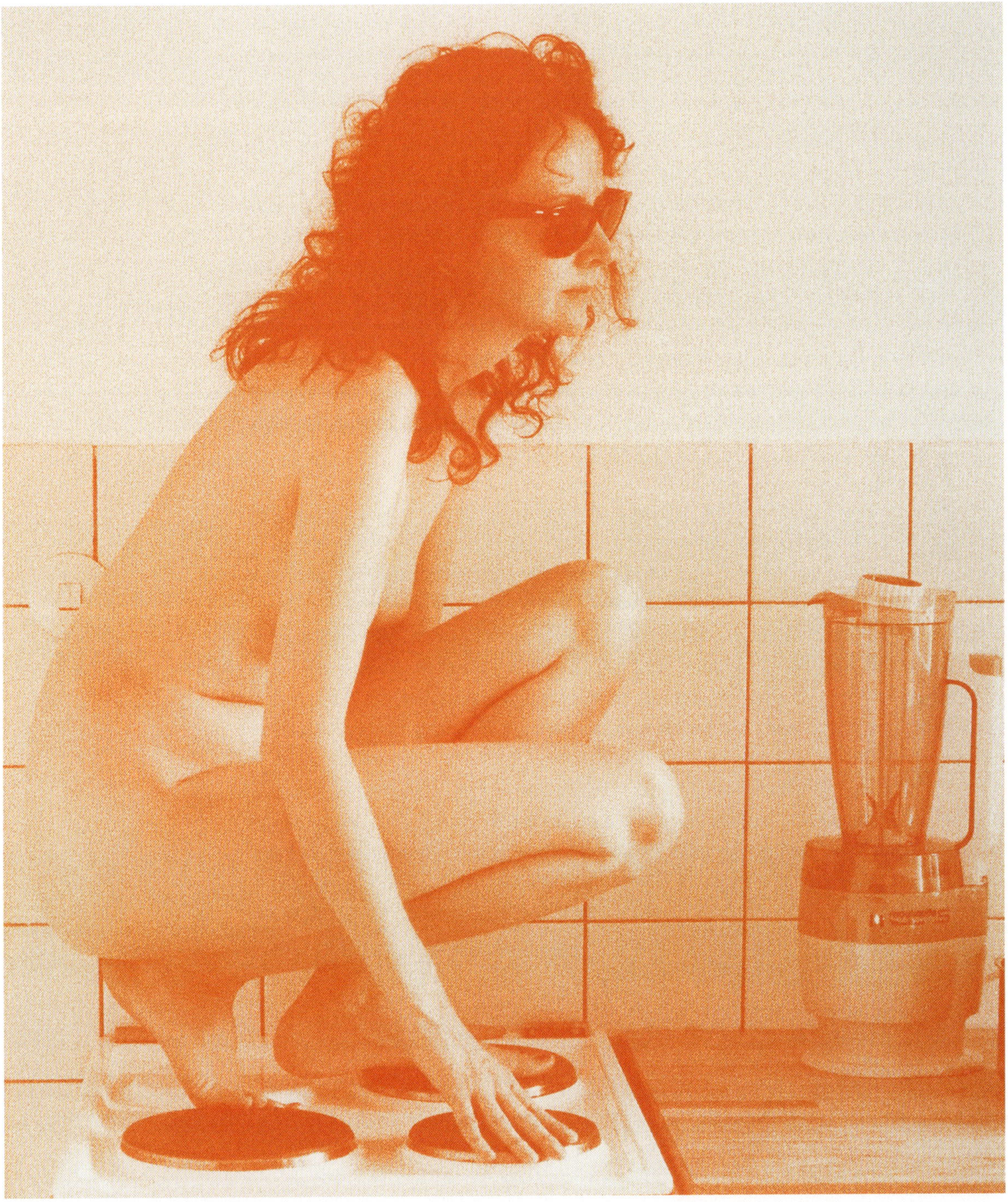

Rosemarie Trockel Sabine, 1994

einem männlich dominierten Feld thematisiert, aufgegriffen und zugleich dekonstruiert: als ein weiterer Topos, der letztlich vor allem hegemoniale Erzählungen und statische Genderrollen aufrechtzuerhalten sucht.

Solche Modalitäten der Aneignung prägen auch das Werk von Sophie Gogl, die sich bewusst in ein offenes Feld aus Vorbildern und Referenzen einschreibt, diese recodiert oder aktualisiert. Referenz bedeutet dabei die Bezugnahme auf künstlerische Positionen oft aus dem feministischen Diskurs und damit verbundener Stile und Ästhetiken. In *Hot, Hot, Heat* von 2022 drängen sich Trockels ikonische Werke auf, in denen Kochplatten auf weißes Stahlblech montiert sind: als Dekonstruktion des Küchengeräts durch seine Verwandlung in ein abstraktes Bildobjekt, das die Maskulinität der Minimal Art an die Banalität reproduktiver Arbeit bindet. Zugleich präsentieren sich die schwarzen Kreise der Herdplatten, die die Betrachtenden geradezu anzustarren scheinen, wie eine symbolische Entfremdung des Haushaltsgeräts aus seiner Neukontextualisierung als Readymade (S. 74).

Gogls *Hot, Hot, Heat* nimmt Bezug auf solche feministischen Überschreibungen kanonisierter Ästhetiken, aber auch auf die damit verbundenen Materialdiskurse und deren Transformation. Ihre in geometrische Abstraktion verwandelten Glaskeramikkochfelder verorten sich auf samtartigem, synthetischem Textil und fügen dem Ensemble aus Kreisfiguren den Umriss eines Küchenmessers hinzu – Waffe und Kochutensil zugleich, aber auch, wie die Künstlerin betont, Symbol einer oft unterdrückten weiblichen Wut, die als Hysterie pathologisiert wurde und wird.[8] Martha Roslers *Semiotics of the Kitchen* (S. 71), das im Vorführen der Küchengeräte ein Ventil für eine unspezifische, die Degradierung reproduktiver Arbeit adressierende Wut findet, schreibt sich über das ambivalent codierte Schneidewerkzeug in Gogls zwischen Hommage und Reflexion changierende Bildkomposition ein. Diese erweitert die Malerei – noch immer eine historisch maskulin konnotierte Gattung – in das Objekt, ruft die Bildsprache der abstrakten Moderne auf und schafft im stilisierten Gebrauchsobjekt dennoch eine konzeptuell verdichtete Alltagsrealität.

8 Sophie Gogl im Gespräch mit Gabriele Schor, Wien, 25. Juni 2025.

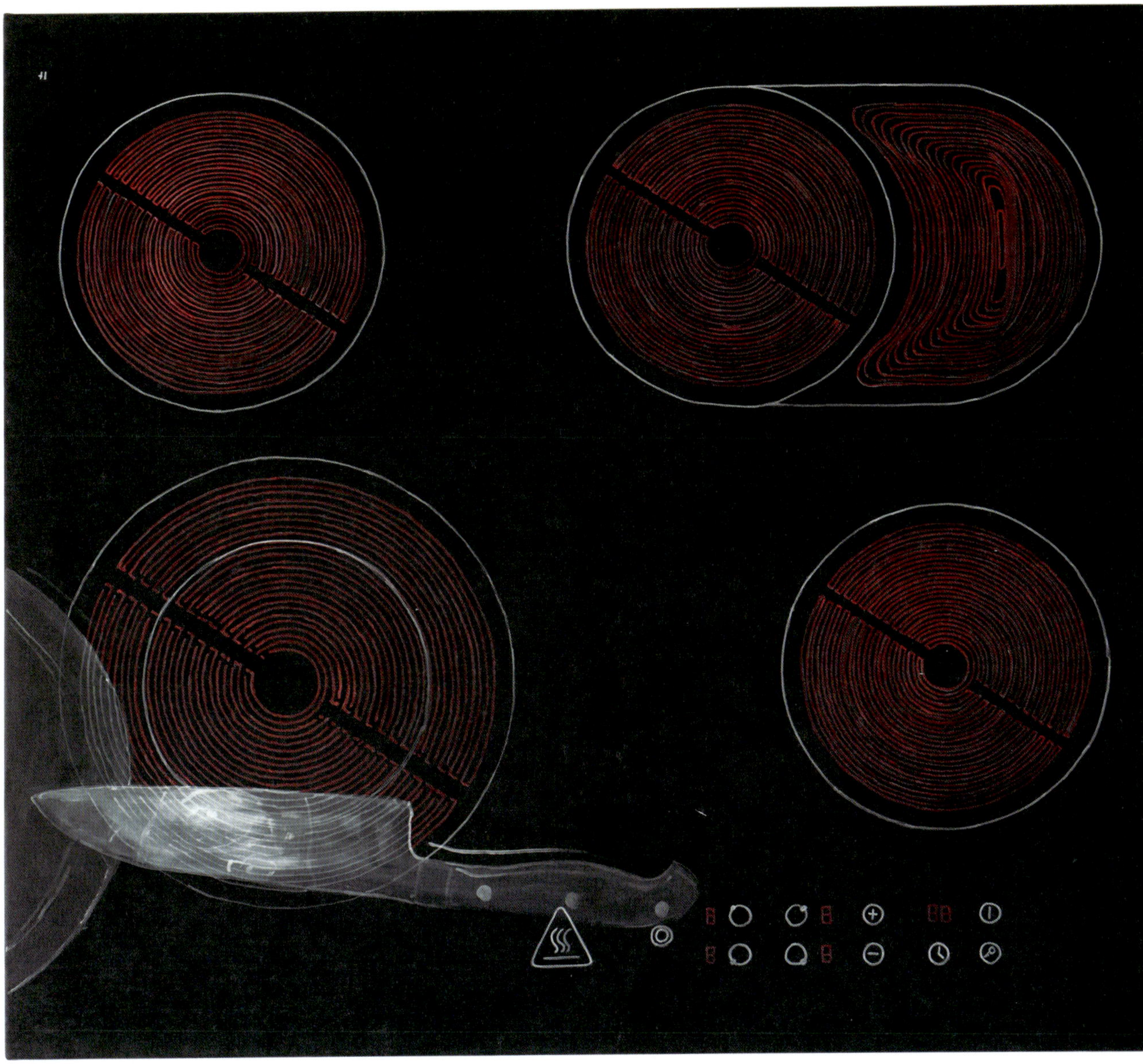

Sophie Gogl Hot, Hot, Heat [Heiß, Heiß, Hitze], 2022

Auch die *Abwaschskulpturen* (2013–24) von Nicole Wermers, prekäre, latent instabile Arrangements aus Geschirrteilen, Gläsern und Küchenutensilien, die in modifizierten Spülmaschinenkörben angeordnet sind, schreiben sich in kunsthistorische Diskursfelder ein, um diese einer Neubetrachtung zu unterziehen. Wie ausladende barocke Stillleben stehen die Skulpturen auf hohen weißen Sockeln. Die einfache Alltagshandlung des Stapelns des Geschirrs nach dem Abwasch gerät hier zum kompositorischen Akt, Positiv- und Negativformen werden ineinander verkeilt, gelehnt, aufgetürmt und auf Augenhöhe präsentiert. Die Auswahl der Objekte – kostbares Porzellan, ausgesuchte Designobjekte, billige Keramik und exzentrisches Küchengerät – folgt dabei sowohl statischen als auch ästhetischen Überlegungen und verbindet männlich konnotierte Konzepte aus Architektur und Konstruktionslehre mit materialisierten Formen reproduktiver Arbeit.

Wie bei ihren *Moodboards* von 2016–18 (S. 119) interessiert sich Wermers bei den *Abwaschskulpturen* für Formen des Displays im Alltag, wie funktionale Elemente ornamenthafte Gestalt annehmen und genderspezifische Rollenbilder die Formgebung von Gegenständen inspirieren. In ihren Werken arbeitet sie dekorative Aspekte heraus, indem sie den Dingen ihren Gebrauchswert nimmt, Genealogien der Gestaltung freilegt und das Skulpturale im Profanen fokussiert. Ihre Arbeiten spielen dabei auf eine suggestive Weise mit Syntax, Semantik und Materialität, die jene zur Form geronnenen Gesten, die den Dingen anhaften, in den Vordergrund treten lassen. Unsere alltägliche Performanz mit ihnen ist zwar außer Kraft gesetzt und das Design zum bloßen Ornament erstarrt, doch die Konnotationen, die es freisetzt, bleiben.

Dass sich im Design der disparaten, fein ausbalancierten Elemente der *Abwaschskulpturen* explizit soziale Strukturen spiegeln, erkennt man in der Differenzierung zwischen Gebrauchsform und Dekor. Begriffe wie Klasse, Geschmack und Identität kleben geradezu an dem skulptural präsentierten Geschirr und seiner Gestaltung. Zugleich sind die Haushaltswaren so sorgsam austariert, dass jedes Objekt das andere stützt. Es ist ein Display, das ausgestellt sich aber auch selbst als unterstützende Geste zur Schau stellt: ein Für-andere-da-Sein, das den Mythos der Fürsorge ersetzt durch das zur Schau gestellte Resultat von Arbeit.

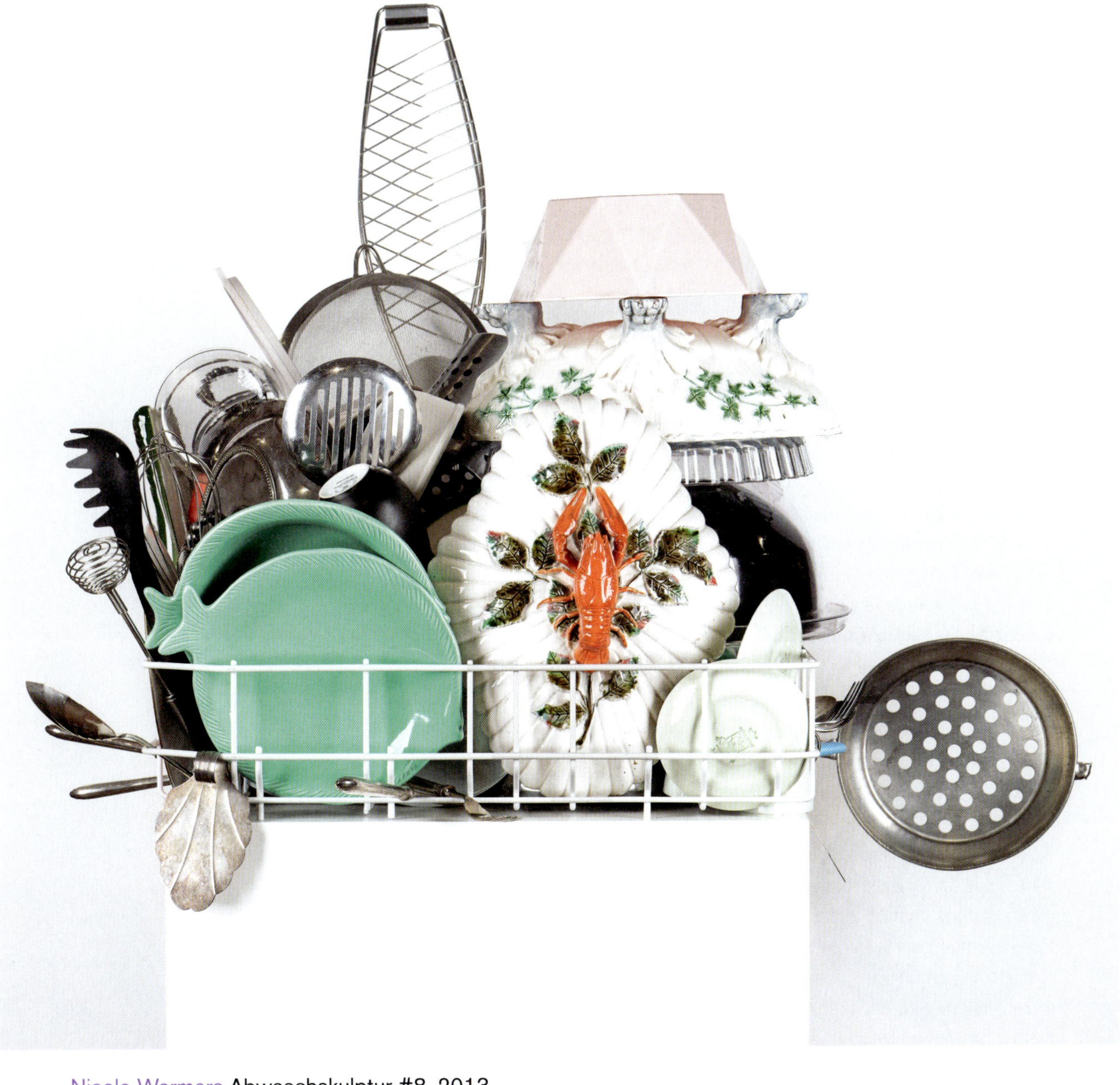

Nicole Wermers Abwaschskulptur #8, 2013

Auch die in den 1970er-Jahren entstandenen Super-8-Filme von Margaret Raspé transformieren solche profanen Gesten aus der Küche in Konstellationen aus Mehrdeutigkeiten und Überdeterminationen: *Der Sadist schlägt das eindeutig Unschuldige* (1971) dokumentiert das Schlagen von Sahne zu Butter, *Backe backe, Kuchen* (1973) das Entstehen einer Torte. Hier geht das Gefilmte allerdings über ein bloßes Abbild häuslicher Arbeitsvorgänge hinaus, indem die ästhetischen Eigengesetzlichkeiten des Mediums wirksam werden.[9] Raspé montierte eine kleine Super-8-Kamera auf einen einfachen Baustellenhelm, ergänzt durch einen Fernauslöser sowie zwei um die Taille gegürtete Bänder zur Stabilisierung, und richtete dieses Kamera-Auge auf ihre unmittelbaren Alltagsaktivitäten: Geschirr spülen, Kuchen backen, Schnitzel panieren. Ihre direkt an den Körper gebundene Kamera wird so zur subjektiven Aufzeichnungsmaschine und gibt die Bewegungen des Kopfes beim Blick auf die eigenen Hände wider. Filmen und arbeiten präsentieren sich dabei als simultane Tätigkeiten, produktive und reproduktive Arbeit fallen in eins. Die repetitiven, gleichwohl mit einer eigenen Choreografie ausgestatteten Handgriffe werden nicht bloß dokumentiert, sondern aus der Perspektive des Kamerahelms zur performativen Aktion in Echtzeit. Der viereckige Bildausschnitt und die intensive Farbigkeit des Super-8-Films tragen zusätzlich zur Abstraktion der scheinbar vertrauten Gesten bei und stellen das Prozesshafte in den Vordergrund.

Es ging Raspé bei ihrer Fokussierung auf gesellschaftlich unsichtbare Tätigkeiten im Haushalt um einen Handlungsraum, der in den 1970er-Jahren weder als Arbeit erkannt noch anerkannt war und doch eine Routine des Alltags bestimmte. Die eintönigen Handgriffe, die im Mittelpunkt ihrer filmischen Selbstbeobachtungen stehen, erinnern an Fließbandarbeit, lassen aber auch Raum für heutige Fragen nach Multitasking und Überarbeitung. Als alleinerziehende Mutter hatte Raspé das Gefühl, »funktionieren zu müssen«, um die Hausarbeit bewältigen zu können. Der Blick ihrer Helmkamera auf den eigenen Alltag zeigt Hände in Aktion, die mit einer verdinglichten Sachlichkeit, gleichzeitig aber auch einer überraschend sinnlichen Intensität an die Arbeit gehen. Eine aus dem Spülwasser ragende Porzellantasse in Form eines Frauentorsos mit hervorstehendem Busen und der sexistisch anmutenden Aufschrift »let them swing« verleiht Raspés Film *Alle Tage wieder – let them swing!* (1974, S. 83) den Titel – eine ironische Kommentierung des traditionellen weiblichen Dualismus aus dienendem Servicepersonal und erotisierter Ehefrau, dem ihre allein auf den Arbeitsprozess fokussierte Filmästhetik bildmächtig widerspricht.

9 Vgl. Madeleine Bernstorff: »Alle Tage wieder – let them swing! Zur Aktualität der Filme von Margaret Raspé«, madeleinebernstorff.de/seiten/raspe/text_raspe_2.html [abgerufen am 07.10.2025].

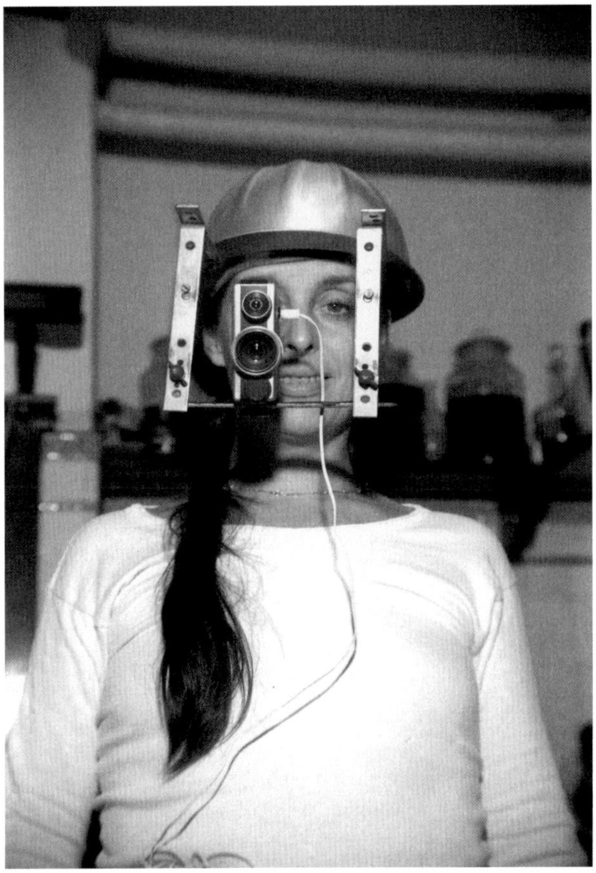

Margaret Raspé mit Kamerahelm, ca. 1974

Oft ist argumentiert worden, dass die Forderung nach Lohn für Hausarbeit nicht dazu führe, Arbeit unter den Geschlechtern gerechter aufzuteilen, weil auch sie keine Gleichwertigkeit der Arbeit herzustellen vermöge. Heute dominiert die Forderung nach einer ausgewogenen Teilung in Erwerbsarbeit, Reproduktionsarbeit, Arbeit für das Gemeinwesen und Zeit für sich,[10] auch und gerade weil trotz vieler Veränderungen in den letzten Jahrzehnten ein Großteil von Care-Arbeit noch immer von Frauen geleistet wird und geschlechterspezifische Zuschreibungen in den verschiedenen Feldern der Arbeit weiterhin aktiv sind. Die offene, in den Wohnraum integrierte Küche mag zum Lifestyle-Faktor geworden sein, gleichberechtigt bewirtschaftet wird sie deshalb aber noch lange nicht.

10 So argumentiert beispielsweise André Gorz, vgl. seine *Kritik der ökonomischen Vernunft. Sinnfragen am Ende der Arbeitsgesellschaft*, Berlin 1989.

Unterbrechungen

6·3o aufstehn
Treppe runter
Trepperauf
Treppe runter
Treppe rauf
Treppe runter
Tür auf, Tür zu
Tür auf, Tür zu
Treppe rauf
Treppe runter
Treppe rauf
Treppe runter
9·oo
Treppe rauf
Treppe runter
Tür auf, Tür zu
Treppe rauf
Treppe runter
Telephon
11·oo
Tür auf, Tür zu
Tür auf, Tür zu
Tür auf, Tür zu
12·3o Kochen
Tür auf, Tür zu
Treppe rauf
Treppe runter
Tür auf, Tür zu
Tür auf, Tür zu
Treppe rauf,
Treppe runter
Telephon
Tür auf, Tür zu
Telephon
13·3o Kochen
Telephon
Tür auf, Tür zu
Tür auf Tür zu
Tür auf, Tür zu
Tür auf, Tür zu
Tür auf, Tür zu
Telephon
Treppe rauf
Treppe runter
21·oo

G.fragt:"was hast du denn den ganzen Tag getan?"

Margaret Raspé Unterbrechungen, 1969, Tinte auf Papier

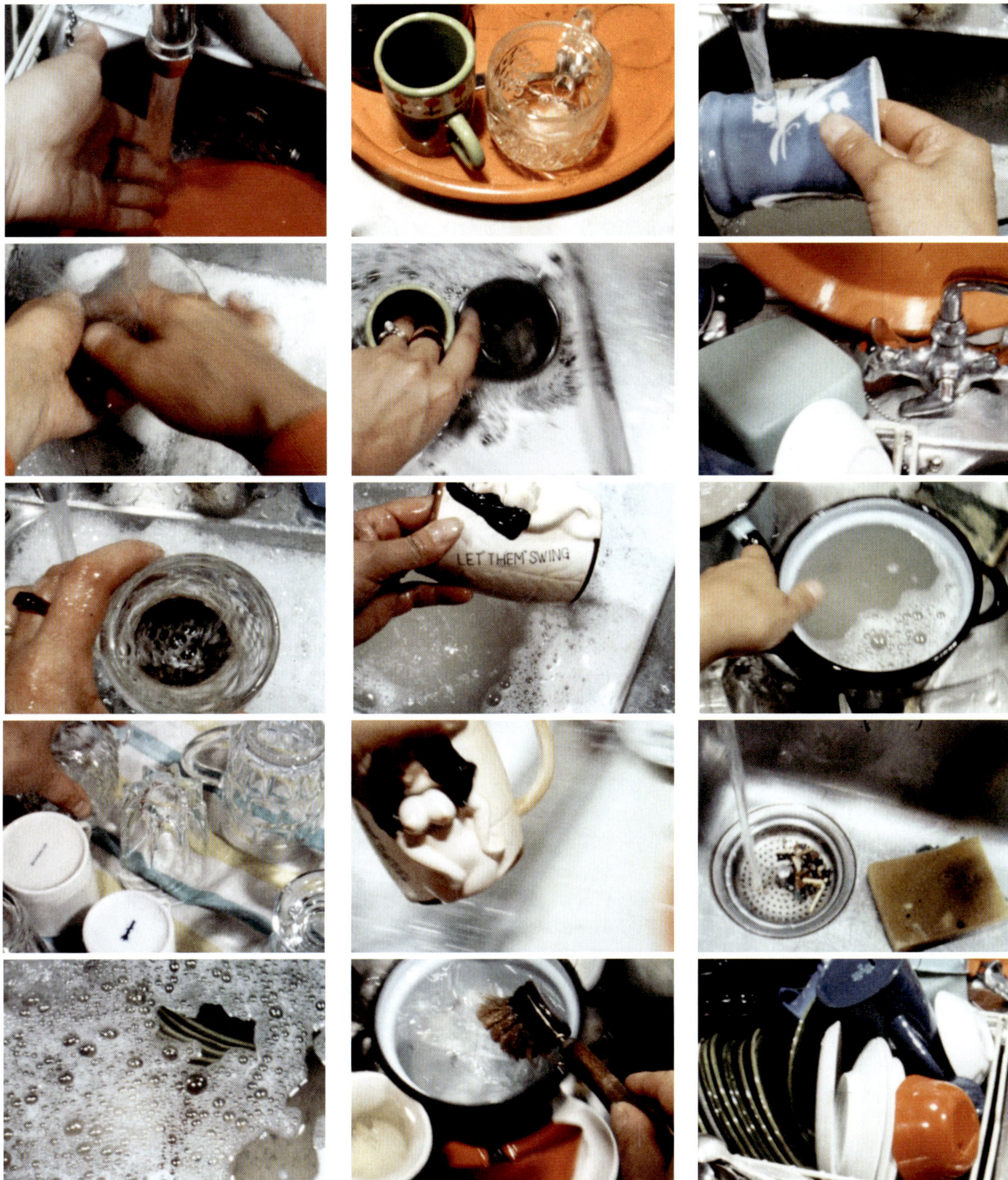

Margaret Raspé Alle Tage wieder – let them swing! [Lass sie schwingen!], 1974

Leihgabe Stiftung Deutsche Kinemathek Museum für Film und Fernsehen, Berlin

Jenni Tischer

»My Working will be the Work«

Reproduktive Arbeit und ihre Infrastrukturen in feministischen künstlerischen Praktiken

»Und hier ist die Revolution: Frauen zusammen mit geschlechtsneutralen Dienstleistungsarbeitskräften. Schaut euch um! Das sind die meisten Menschen auf der Welt. Gemeinsam könnten wir, wenn wir organisiert und verbündet sind, die Welt neu gestalten!«[1]
Mierle Laderman Ukeles (1969)

»My Working will be the Work« [Mein Arbeiten wird die Arbeit sein] schließt den ersten Paragrafen des zweiten Teils des *Manifesto for Maintenance Art 1969! Proposal for an Exhibition »Care«* [Manifest für Instandhaltungskunst 1969! Vorschlag für die Ausstellung »Care«] von 1969 der US-amerikanischen Künstlerin Mierle Laderman Ukeles ab. Darin entwirft sie eine Ausstellung, in der sie jedwede Erhaltungs- und Sorgearbeit, die sowohl in ihrem persönlichen Leben als auch im Museum anfällt, eigenhändig und vor Ort sichtbar für die Ausstellungsbesucher:innen ausführen wird. Das *Manifesto for Maintenance Art* sowie das Gesamtwerk von Laderman Ukeles befassen sich mit dem wenig beachteten Bereich der Hausarbeit, der reproduktiven Arbeit und dem gering geschätzten Berufsfeld von Reinigungskräften. Indem Laderman Ukeles die Hausarbeit aus dem Bereich des Privaten in den öffentlichen Raum verlagert, macht sie diese sichtbar. Mit der Veröffentlichung ihres programmatischen *Manifesto* erklärt die Künstlerin jede Form von Pflege- und Instandhaltungsarbeit – ob bezahlt oder unbezahlt – als elementar für das Leben überhaupt und verhandelt diese Bedeutung spezifisch im Kontext der Kunst. Laderman Ukeles schlägt im Manifest vor, drei Ebenen des Museums zu unterteilen in »personal« (die Künstlerin entstaubt, putzt, kocht und versorgt ihre Familie und die Besucher:innen des Museums), »general« (sie interviewt ausgewählte Personen zu der von ihr verrichteten reproduktiven Arbeit) und »Earth Maintenance« (das Museum wird zu einem Recyclingsystem, in dem alle Stoffe und Materialien, die das Museum wieder verlassen, unschädlich gemacht werden). Die Perspektive, die sie auf Maintenance-Arbeit eröffnet, weist über die häusliche, private Sphäre hinaus und stellt eine strukturelle Verbindung mit institutionellen Infrastrukturen her.

1 Mierle Laderman Ukeles: »II. THE MAINTENANCE ART EXHIBITION: Three parts: personal, general, and Earth Maintenance. A«, in: *Manifesto for Maintenance Art 1969! Proposal for an Exhibition »Care«*, 1969, S. 3.

MANIFESTO!

MAINTENANCE ART -- Proposal for an Exhibition

"CARE"

©1969
Mierle Laderman Ukeles

I. IDEAS:

A. The Death Instinct and the Life Instinct:

The Death Instinct: separation, individuality, Avant-Garde par excellence; to follow one's own path to death--do your own thing, dynamic change.

The Life Instinct: unification, the eternal return, the perpetuation and MAINTENANCE of the species, survival systems and operations, equilibrium.

B. Two basic systems: Development and Maintenance. The sourball of every revolution: after the revolution, who's going to pick up the garbage on Monday morning?

Development: pure individual creation; the new; change; progress, advance, excitement, flight or fleeing.

Maintenance: keep the dust off the pure individual creation; preserve the new; sustain the change; protect progress; defend and prolong the advance; renew the excitement; repeat the flight.

show your work--show it again
keep the contemporaryartmuseum groovy
keep the home fires burning

Development systems are partial feedback systems with major room for change.

Maintenance systems are direct feedback systems with little room for alteration.

MAINTENANCE ART -2- Mierle Laderman Ukeles

C. Maintenance is a drag; it takes all the fucking time (lit.) The mind boggles and chafes at the boredom. The culture confers lousy status on maintenance jobs= minimum wages, housewives=no pay.

clean your desk, wash the dishes, clean the floor, wash your clothes, wash your toes, change the baby's diaper, finish the report, correct the typos, mend the fence, keep the customer happy, throw out the stinking garbage, watch out don't put things in your nose, what shall I wear, I have no sox, pay your bills, don't litter, save string, wash your hair, change the sheets, go to the store, I'm out of perfume, say it again--he doesn't understand, seal it again--it leaks, go to work, this art is dusty, clear the table, call him again, flush the toilet, stay young.

D. Art:

Everything I say is Art is Art. Everything I do is Art is Art. "We have no Art, we try to do everything well." (Balinese saying).

Avant-garde art, which claims utter development, is infected by strains of maintenance ideas, maintenance activities, and maintenance materials.

--Process art especially claims pure development and change, yet employs almost purely maintenance processes.

E. The exhibition of Maintenance Art, "CARE", would zero in on pure maintenance, exhibit it as contemporary art, and yield, by utter opposition, clarity of issues.

MAINTENANCE ART -3- Mierle Laderman Ukeles

II. THE MAINTENANCE ART EXHIBITION: Three parts: personal, general, and Earth Maintenance.

A. Personal Part:

I am an artist. I am a woman. I am a wife. I am a mother (random order).

I do a hell of a lot of washing, cleaning, cooking, renewing, supporting, preserving, etc. Also, (up to now separately) I "do" Art.

Now, I will simply do these maintenance everyday things, and flush them up to consciousness, exhibit them, as Art. I will live in the museum as I customarily do at home with my husband and my baby (right, or if you don't want me around at night I would come in every day) for the duration of the exhibition, and do all these things as public Art activities: I will sweep and wax the floors, dust everything, wash the walls (i.e. "floor paintings, dust works, soap-sculpture, wall-paintings"), cook, invite people to eat, clean up, put away, change light bulbs. I might save and make agglomerations and dispositions of all functional refuse. The exhibition area might look "empty" of art, but it will be maintained in full public view.

My working will be the work.

B. General Part: Everyone does a hell of a lot of noodling maintenance work. The general part of the exhibition would consist of interviews of two kinds.

1. Previous interviews of, say, 50 different classes and kinds of occupations that run a gamut from "maintenance man", maid, sanitation man, mailman, union man, construction worker, librarian, grocerystore man, nurse, doctor, teacher, museum director, salesman, baseball player, child, criminal, bank president, mayor, movie star, artist, etc., about what they think maintenance is; how they feel about spending whatever parts of their lives on maintenance activities; what is the relationship between maintenance and freedom; what is the relationship between maintenance and life's dreams.

These interviews will be typed and exhibited.

MAINTENANCE ART -4- Mierle Laderman Ukeles

2. Interview Room--for spectators at the Exhibition: A room of desks and chairs where professional (?) interviewers will interview the spectators at the exhibition along same questions as typed interviews (in 1. above). The responses should be personal.

These interviews are taped and replayed throughout the exhibition area.

C. Earth Maintenance:

Everyday, a container of the following kinds of refuse will be delivered to the Museum: 1) the contents of one sanitation truck; 2) a container of polluted air; 3) a container of polluted Hudson River; 4) a container of ravaged land. Once at the exhibition, each container will be serviced: purified, depoluted, rehabilitated, recycled, and conserved by various technical (and/or pseudo-technical) procedures either by myself or scientists.

These servicing procedures are repeated for the duration of the exhibition.

Mierle Laderman Ukeles MANIFESTO FOR MAINTENANCE ART, 1969! Proposal for an exhibition: "CARE", 1969 [Manifest für Instandhaltungskunst 1969! Vorschlag für die Ausstellung »Care«] verfasst in Philadelphia, PA, Oktober 1969, vier maschinengeschriebene Seiten

In dem Manifest wird jegliche Form von reproduktiver Arbeit, die perpetuierend und repetitiv in Institutionen (der Familie ebenso wie im Museum) geleistet wird, zu Kunst erklärt und sichtbar in den repräsentativen Ausstellungsräumen des Museums durchgeführt. Laderman Ukeles hinterfragt damit nicht nur, warum ihre Hausarbeit und ihre künstlerische Praxis voneinander getrennt gehalten werden sollten, sondern adressiert darüber hinaus die dieser Trennung zugrunde liegenden Herrschaftsverhältnisse und Ausgrenzungsmechanismen. »Ich wasche, putze, koche, erneuere, unterstütze, erhalte etc. verdammt viel. Außerdem (bis jetzt getrennt davon) ›mache‹ ich Kunst. Jetzt werde ich einfach diese alltäglichen Instandhaltungsdinge machen und sie ins Bewusstsein spülen, sie ausstellen, als Kunst.«[2] Dass Laderman Ukeles die Maintenance-Arbeit als Kunst deklariert und sie »ausstellt«, wirft nicht nur Fragen nach der Sichtbarkeit und dem Wert reproduktiver Arbeit selbst auf, sondern entblößt die Hartnäckigkeit, mit der Kunst als ein von reproduktiver Arbeit autonomer Bereich verhandelt wird. Die Künstlerin benennt diejenigen Infrastrukturen, die ein System von Ausbeutung aufrechterhalten, indem sie als Künstlerin die Reinigungsarbeit denaturalisiert und sie zur Kunst erklärt.[3] Als künstlerische Arbeit wird der Akt der Reinigung zu einer performativen Geste. Er wird denaturalisiert[4] und in den Bereich der Kultur verlagert, wo er eine entsprechende Aufwertung erfährt. Durch diese Rekontextualisierung entsteht ein Riss im Alltäglichen, durch den wir die nach wie vor bestehende Trennung von körperlicher und geistiger Arbeit im Hinblick auf ihre (monetäre) Bewertung erkennen können. Zahlreiche von Laderman Ukeles' Performances, darunter *Seven Work Ballets* [Sieben Arbeitsballette] von 1983 bis 2012 – eine Reihe von kollaborativen Performances, die Arbeiter:innen, Lastwagen, Lastkähne und Hunderte Tonnen von Wertstoffen und Stahl miteinbezogen – und ihre *Touch Sanitation Performance* von 1979/80, verweisen über den künstlerischen Kontext hinaus auf die materiellen Bedingungen ihrer (Re-)Produktion. Als künstlerische Praxis, die aktiv in die bestehenden Infrastrukturen reproduktiver Arbeit interveniert, können sie als solidarisch(e) (Geste) im Bereich der Reproduktion gelesen werden. Dies macht den Blick frei darauf, wie die Reproduktion kapitalistische Ausbeutungsmechanismen eben nicht nur vergeschlechtlicht, sondern auf durchaus widersprüchliche Weise auch mit Klasse und *race* verknüpft ist.

2 Ebd.
3 Siehe hierzu auch Mierle Laderman Ukeles' Performance *Transfer: The Maintenance of the Art Object*, 1973.
4 »Dieser Betrug, der unter dem Namen Liebe und Ehe läuft, betrifft uns alle, auch wenn wir nicht verheiratet sind, denn seit Hausarbeit total naturalisiert und sexualisiert ist, seit sie zu einem weiblichen Attribut geworden ist, werden wir Frauen alle dadurch charakterisiert. Wenn es natürlich ist, bestimmte Dinge zu tun, dann wird von allen Frauen erwartet, sie zu tun, und es sogar zu mögen, sie zu tun – selbst von jenen Frauen, die aufgrund ihrer gesellschaftlichen Stellung einem Teil dieser Arbeit oder sogar der ganzen Arbeit entkommen könnten (ihre Ehemänner können sich Hausmädchen und Psychiater und andere Formen von Entspannung und Amüsement leisten). Wir dienen vielleicht nicht einem Mann, aber wir befinden uns alle in einer dienenden Beziehung, was die gesamte Männerwelt anbelangt.« Silvia Federici: *Wages Against Housework*, Bristol 1975, S. 4.

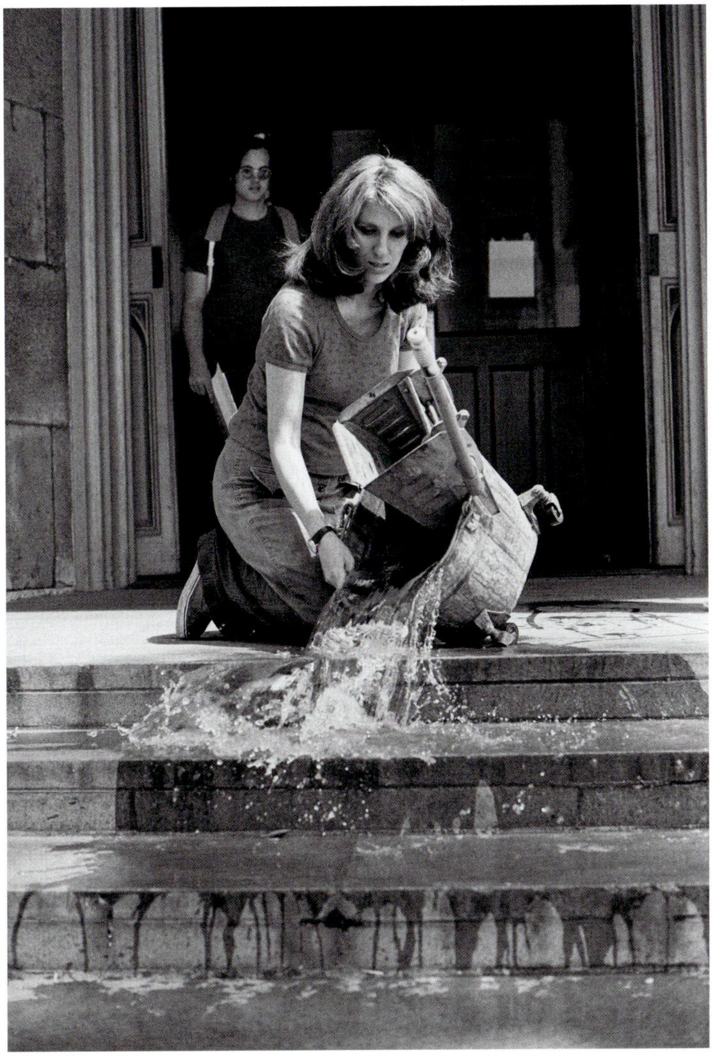

Mierle Laderman Ukeles Washing/Tracks/Maintenance: Outside [Waschen/Spuren/Instandhaltung: draußen], 1973

Aus diesem Grund lohnt es sich, die Analyse von Laderman Ukeles' Position mit Blick auf den Begriff des »White Feminism« weiter zu differenzieren. Ich möchte dies mit einem Verweis auf die Forderung der Wages for Housework Campaign (Mariarosa Dalla Costa, Silvia Federici, Brigitte Galtier, Selma James) nach einer Entlohnung von Hausarbeit und deren Kritik seitens Schwarzer Feminist:innen kurz erläutern. So kritisierte die US-amerikanische Bürgerrechtlerin und Philosophin Angela Davis an der Kampagne, dass die bereits existierende und fast immer unter schlechteren Umständen als die unbezahlte Arbeit im Haushalt verrichtete bezahlte Hausarbeit nicht berücksichtigt werde. »Die Erfahrungen einer weiteren Gruppe von Frauen offenbaren die problematische Natur der Strategie ›Lohn für Hausarbeit‹.

Mierle Laderman Ukeles
2 Washington Square Village
New York, New York 10012

Maintenance Art Activity III.
Wadsworth Atheneum Museum, Hartford, Conn, Sunday 7·22·73
Title: "Washing, Tracks, Maintenance" © 1973

Activity: 1. Wash several areas of museum where spectator traffic occurs:
a. Front entrance steps (Main Street)
b. Avery Court including fountain
c. Hilles Gallery
d. Stairwells

2. Wait for people to track it up. Washing (damp/dry mop) will not be too wet to constitute a danger of slipping and artist will warn people anyway to be careful.

3. Re-wash, keep washing until museum closes. Rags used will be accumulated and piled on the site. Maintain for whole day.

4. Areas will be stamped with Maintenance Art Stamp.

Dear Spectator,

The cleanliness of this area is now being maintained as MAINTENANCE ART by Mierle Laderman Ukeles, artist. Please feel free to continue on your way right through the "dust painting" as she will be continuing to maintain it this whole day.

Mierle Laderman Ukeles

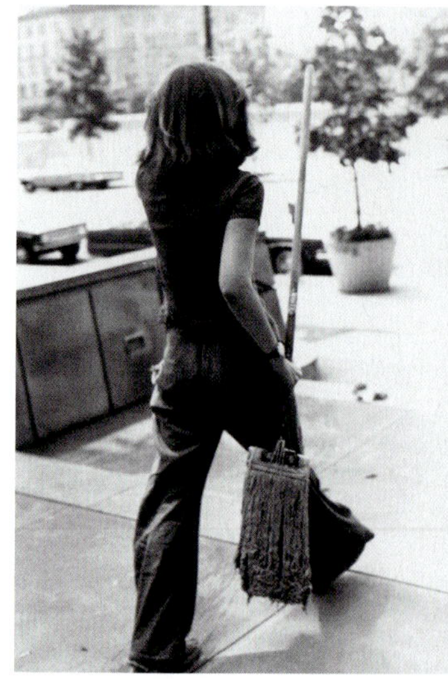

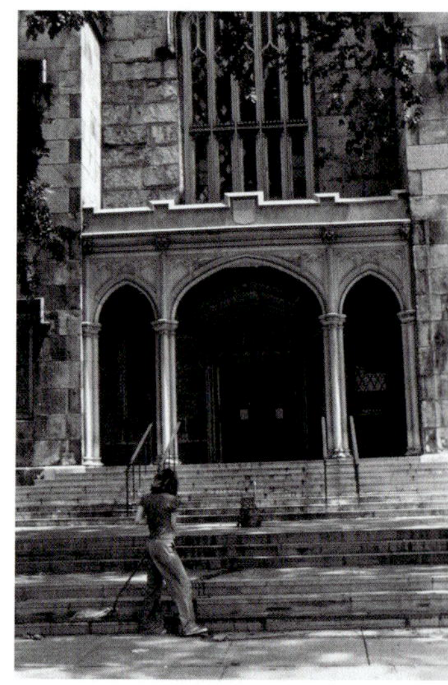

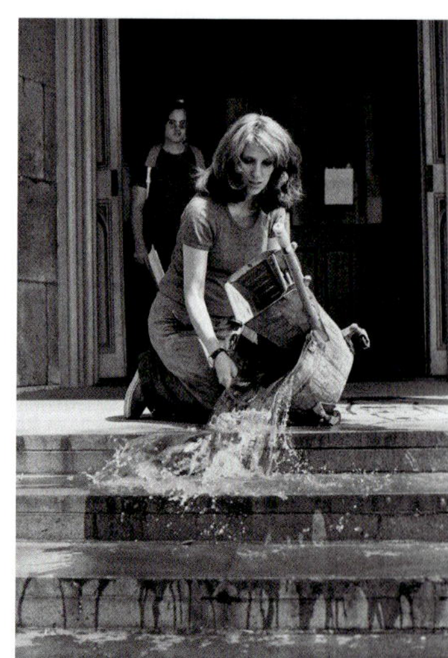

Mierle Laderman Ukeles Washing/Tracks/Maintenance: Outside [Waschen/Spuren/Instandhaltung: draußen], 1973/2008
Teil der Serie *Maintenance Art Performance* [Instandhaltungskunst-Performance], 1973–74
Performance im Wadsworth Atheneum, Hartford, Connecticut, USA
Leihgabe Ronald Feldman Gallery, New York

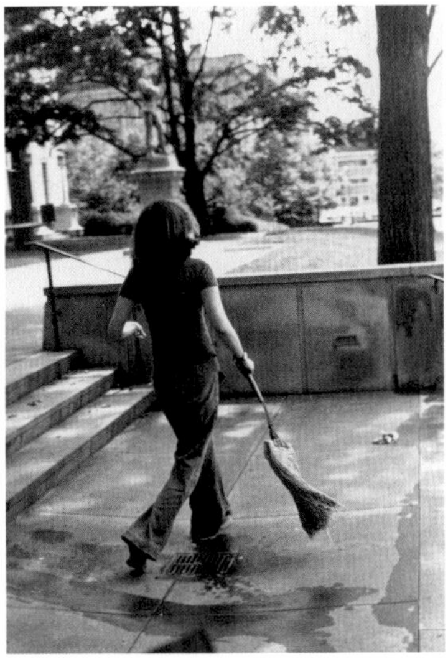
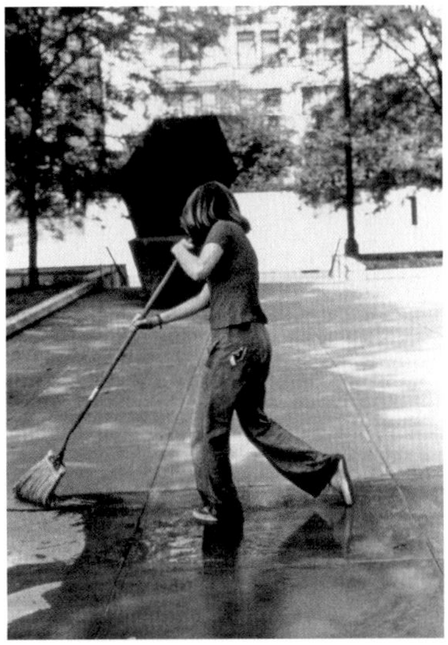
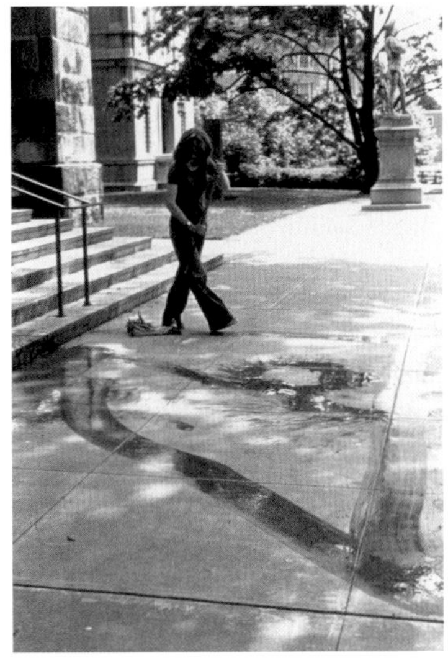
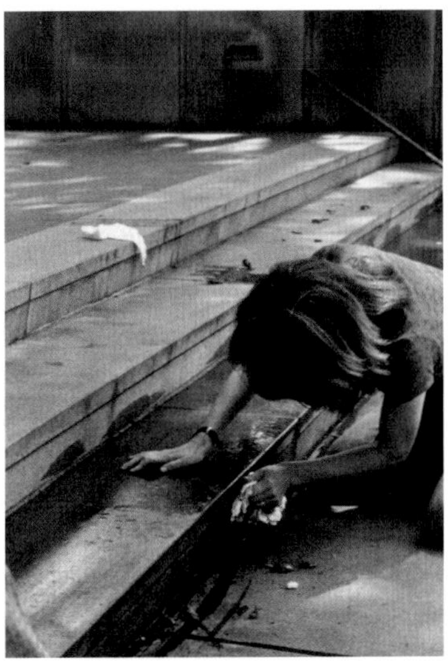
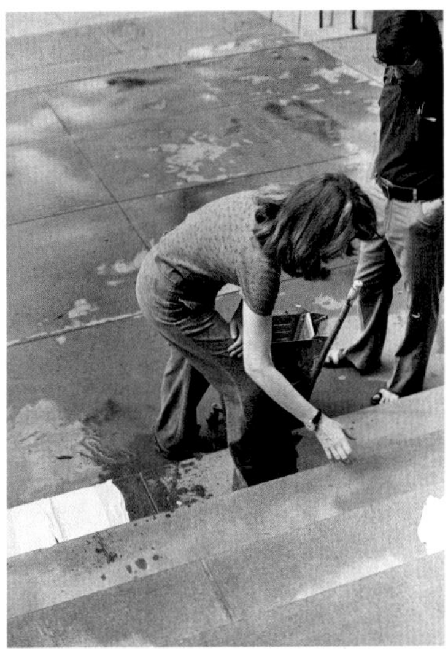
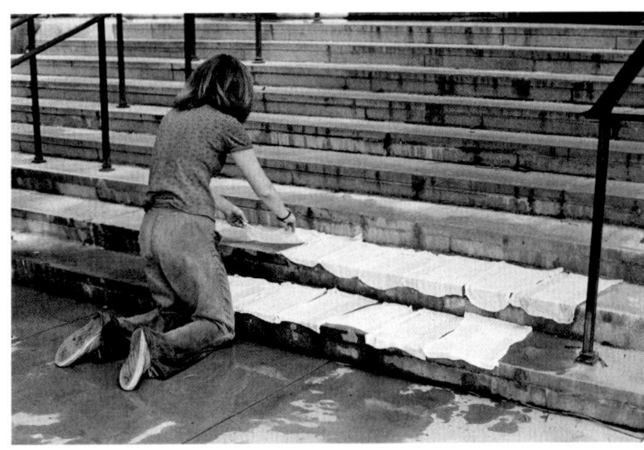
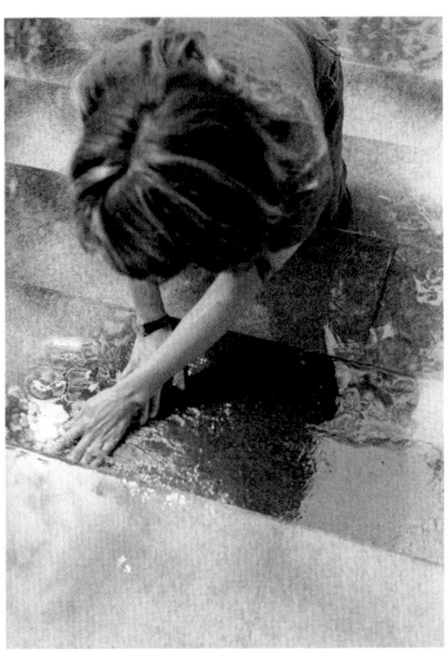
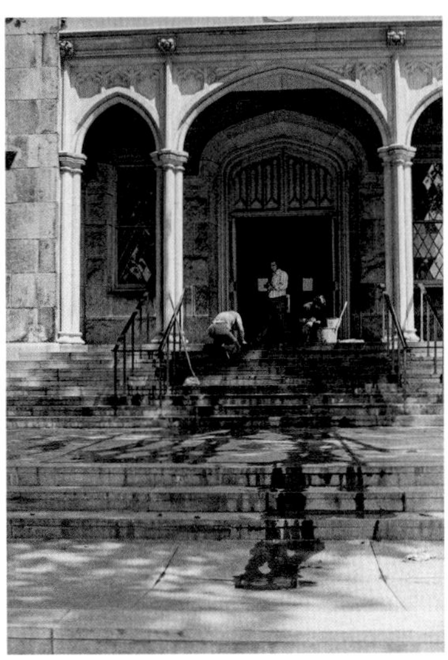
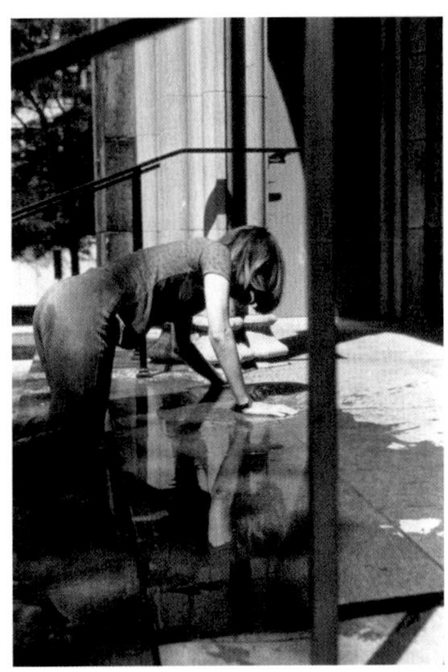

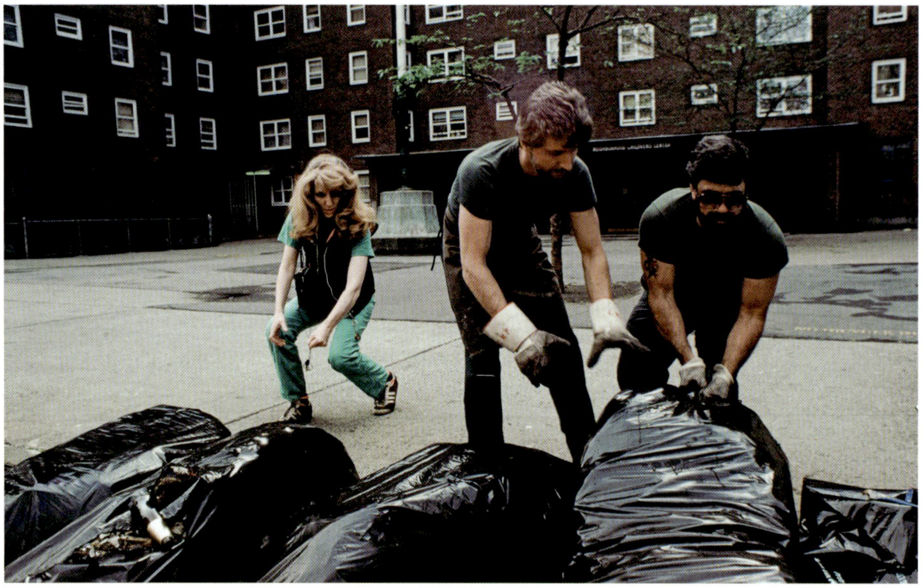

Mierle Laderman Ukeles Touch Sanitation Performance
[Berühre Stadtreinigung-Performance], 1979/80
24. Juli 1979 bis 26. Juni 1980, 1980. Stadtweite Performance mit 8500 Angestellten der Stadtreinigung in allen 59 Sanitärbezirken von New York City, 14. Mai 1980
Kehrvorgang 10, Manhattan 11

Putzfrauen, Hausangestellte, Dienstmädchen – das sind die Frauen, die besser als irgendjemand sonst wissen, was es heißt, Lohn für Hausarbeit zu erhalten«,[5] schreibt Davis und betont, dass der Erhalt eines Lohns ihre Arbeit in keiner Weise von Ausbeutung befreit habe. Davis teilt hier also die von Laderman Ukeles zu jener Zeit aus feministischer Perspektive formulierte Kritik an Arbeits- und Produktionsbedingungen im Kunstfeld – und schließt so an zeitgenössische aktivistische Bewegungen wie die Art Workers' Coalition an. Die Black und Chicano Art Movements formulierten darüber hinaus dezidiert dekoloniale und antirassistische Anliegen.

Vier Jahre nach der Veröffentlichung des Manifests konnte Laderman Ukeles die Performance *Washing/Tracks/Maintenance: Outside* (1973) im Rahmen der von Lucy R. Lippard kuratierten Ausstellung *c. 7.500* realisieren. Die performativen Gesten des Putzens der Böden, welche sie im Eingangsbereich vor dem Wadsworth Atheneum Museum of Art ausführte, bezeichnete sie als »floor paintings«. Durch die vierstündige Zeitspanne der performativen Gesten verdeutlicht sich, wie fragil und vulnerabel reproduktive Arbeit ist – und dass sie erst mittels ihrer kontinuierlichen Wiederholung (infra-) strukturell belastbar wird. Die Kunsttheoretikerin Marina Vishmidt beschreibt diese zeitliche Dimension der Verquickung von reproduktiver und künstlerischer

5 Angela Davis: *Women, Race & Class*, New York 1983, S. 136.

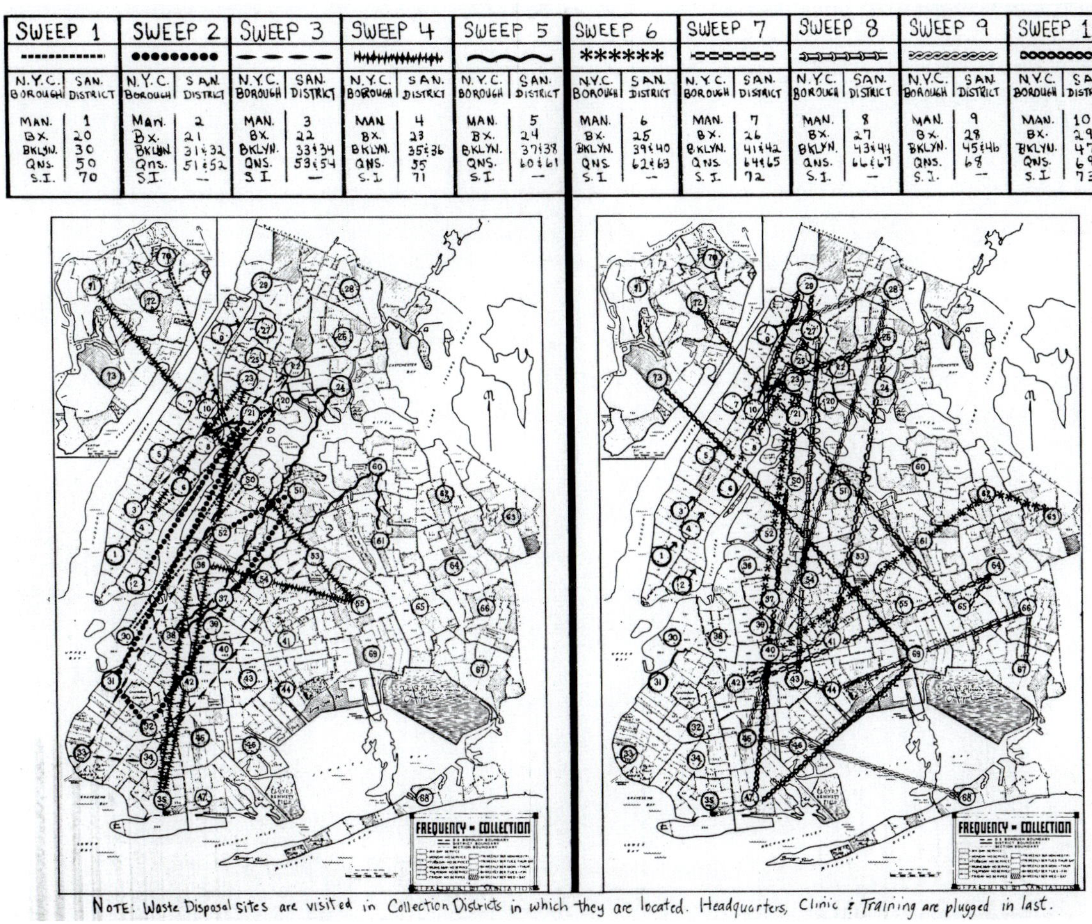

Mierle Laderman Ukeles Artist's Letter of Invitation Sent to Every Sanitation Worker with Performance Itinerary for 10 Sweeps in All 59 Districts in New York City, 1979 [Einladung der Künstlerin an jede:n Mitarbeiter:in der Stadtreinigung mit Ablaufplan der Performance für 10 Kehrvorgänge in allen 59 Bezirken von New York City] Gedruckte Broschüre, 4 Seiten. Seite 3

Arbeit in Laderman Ukeles' Performances als Erweiterung der künstlerischen Geste: »Die Anzeige von (Re-)Produktion in der Kunst, wie in diesen Arbeiten aufgezeigt wird, könnte als gestisch definiert werden, wenn auch nur innerhalb einer erweiterten Vorstellung der Geste, die jenseits ihres historischen Augenblicks und ihrer formalen ästhetischen Mittel widerhallt – eine Vorstellung von Geste, die kein Symbol ist, sondern vielmehr die Bedeutung einer erweiterbaren Aktion. In beiden Fällen findet Reproduktion nicht als Inhalt künstlerischer Arbeit statt, sondern als einer ihrer unvermeidlichen Mechanismen.«[6]

6 Kerstin Stakemeier/Marina Vishmidt: *Reproducing Autonomy. Work, Money, Crisis & Contemporary Art*, London/Berlin 2016, S. 90.

Zeitgleich mit Laderman Ukeles' Performances greift in Wrocław (Polen) die der europäischen Feministischen Avantgarde[7] zugehörige Künstlerin Anna Kutera in ihrer Performance *Feminist Painting* von 1973 zu einem in Farbe getauchten Besen und streicht in malerischen Gesten über ein auf dem Boden liegendes, großformatiges Papier, während sie sich rückwärts vom Publikum wegbewegt. Unter dem kommunistischen Regime Polens setzte sich Kutera hier ebenfalls kritisch mit der Trennung von künstlerischer Arbeit und Hausarbeit einerseits und dem autonomen Künstler:innensubjekt andererseits auseinander – in Abgrenzung zu und zugleich in konkreter Bezugnahme auf modernistische Malerei und den Abstrakten Expressionismus insbesondere. Auch Mierle Laderman Ukeles hatte sich in ihren Statements klar von der Fortschreibung der Idee des autonomen Künstlersubjekts abgesetzt, wenn sie schreibt: »[...] Ich spreche die ganze Zeit über Freiheit. Wenn der Künstler der Boss ist, dann bin ich der Boss meiner Freiheit. Ich habe Instandhaltung gewählt, und ich bezeichne Instandhaltung als ›Kunst‹. Ich bezeichne Notwendigkeit als ›Kunst‹. Es ist die Kunst, die sich ändern muss. Die Kunst folgt mir. Ich habe erkannt, dass das meine Freiheit ist. Ich muss mich nicht in Jackson, in Marcel, in Mark verwandeln. Ich muss nicht andere kopieren; ich kann jenes Leben nicht haben; ich habe dieses gewählt. Warum? Weil ich die Künstlerin bin und es so sage.«[8]

Doch die Beschäftigung mit Autonomie und Freiheit erhielt für eine Künstlerin, die sich den doktrinären kulturellen Vorgaben eines kommunistischen Regimes ausgesetzt sah, zusätzliche Dimensionen: Kuteras Performance richtete sich einerseits gegen das patriarchal strukturierte Kunstsystem, spezifisch gegen den von Kuteras Künstlerkollegen affirmierten Abstrakten Expressionismus, und andererseits gegen die staatliche Propaganda, welche die Gleichheit der Geschlechter zwar proklamierte, in der Praxis jedoch strukturelle Ungleichheiten aufrechterhielt.

Wie fragil und vulnerabel reproduktive Arbeit ist – und dass sie erst durch kontinuierliche Wiederholung (infra-)strukturell belastbar wird –, verdeutlichen sowohl die Performances von Laderman Ukeles als auch jene von Kutera, indem sie ihre repetitiv-monotone Alltäglichkeit sichtbar machen. Unter welchen Konditionen diese Arbeiten verrichtet werden ist zwangsläufig durch ihre anhaltende gesellschaftliche Marginalisierung, ihre ungebrochene Geschlechtsbezogenheit und Rassifizierung, wie auch die folgende spätkapitalistische Auslagerung in prekäre Arbeitsverhältnisse definiert.

7 Vgl. Gabriele Schor (Hrsg.): *Feministische Avantgarde. Kunst der 1970er-Jahre aus der SAMMLUNG VERBUND, Wien*, München 2015. Siehe auch: Eva Haberfellner: »Anna Kutera. Mit Farbe und Besen gegen Geschlechterstereotype«, in: ebd., S. 280.

8 Toby Perl Freilich: »Blazing Epiphany: Maintenance Art Manifesto 1969! An Interview with Mierle Laderman Ukeles«, in: *Cultural Politics* 16, 1, 2020, S. 16.

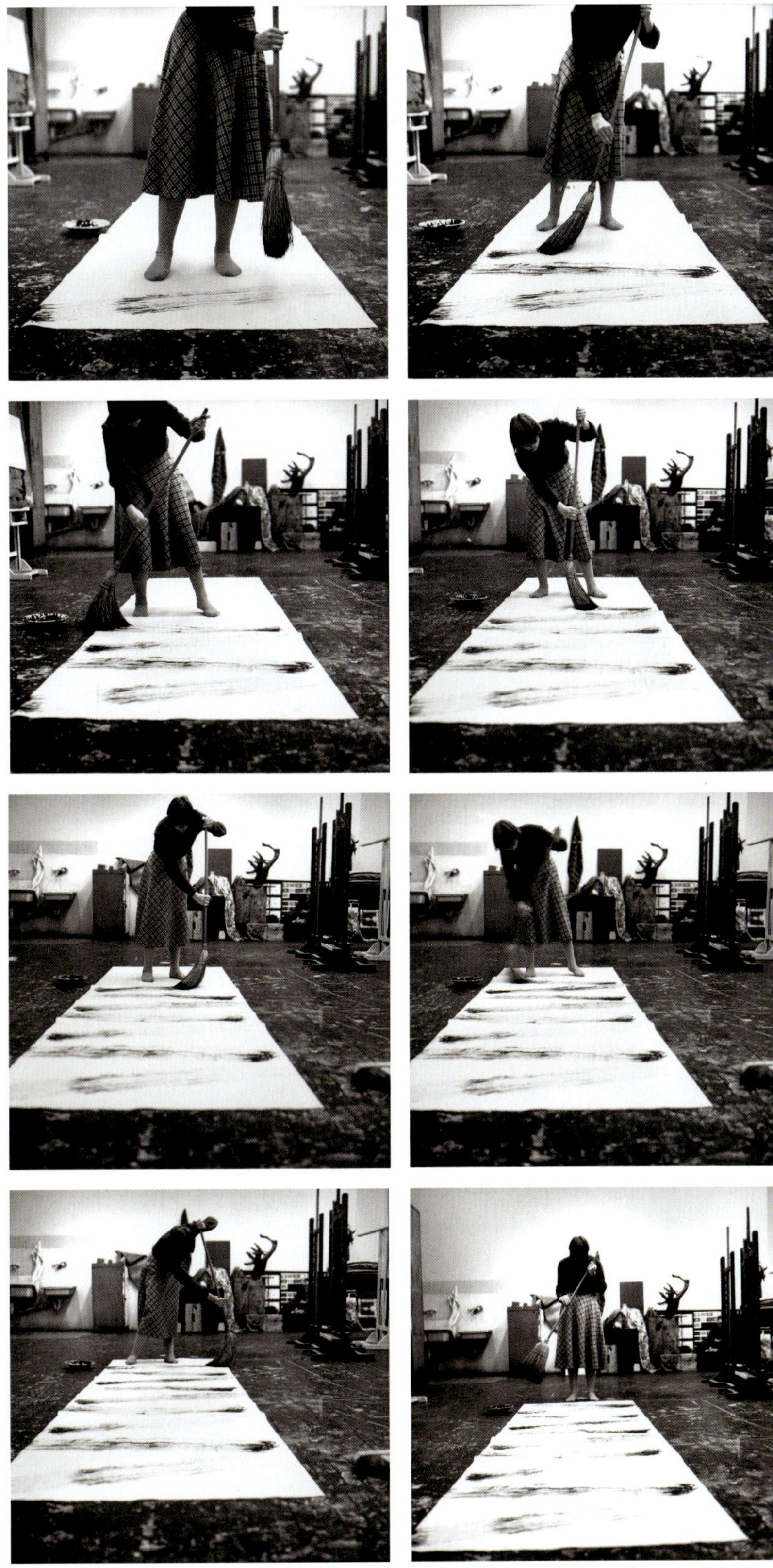

Anna Kutera Feminist Painting [Feministische Malerei], 1973/2022

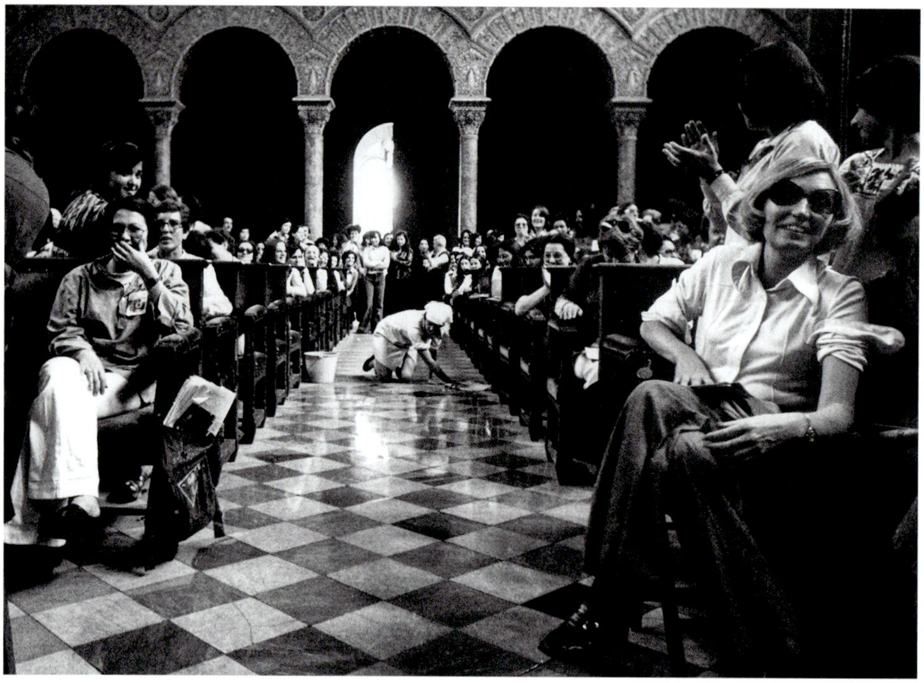

Les Nyakes Performance bei der ersten katalanischen Frauenkonferenz, 27. Mai 1976, Auditorium der Universität Barcelona

Zudem verstärken sich diese Mechanismen in konservativen und reaktionären Gesellschaftsstrukturen. So konnten sich etwa die katalanischen feministischen Bewegungen erst wieder nach dem Ende der Franco-Diktatur in Spanien 1975 formieren. Entsprechend stellte die »Primeres Jornades Catalanes de la Dona« – die erste katalanische Frauenkonferenz (27. bis 30. Mai 1976) an der Universität Barcelona einen prägnanten Auftakt für die Artikulation der Rechte von Frauen dar. Während der Präsentation zu »Frauen und Arbeit« im Rahmen der Frauenkonferenz führte die Künstlerinnengruppe Les Nyakes eine unangekündigte performative Aktion durch. Dabei verrichteten die Teilnehmerinnen verschiedene Formen von Hausarbeit – etwa das Schrubben der Universitätsböden – und lasen Gedichte der Künstlerin und Dichterin Mari Chordà vor, die dort ihren ersten Gedichtband *… i moltes altres coses* [… And Many Other Things] (1976) veröffentlichte.

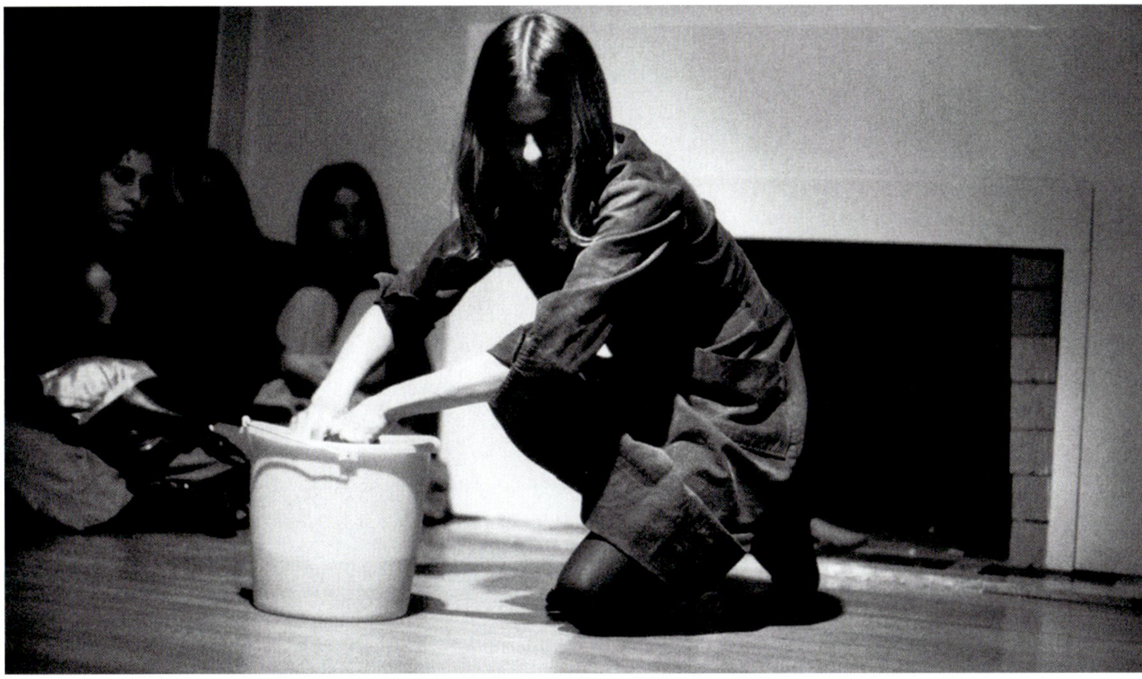

Chris Rush Scrubbing [Schrubben], 1972, Performance Womanhouse, Los Angeles

[…]
Übe dich selbst im Öffnen und Schließen,
im Kommen und Gehen.
Gib nicht aus Gewohnheit.
Patim, patum.
Stimme auch nicht zu, weil es verlangt wird.
Verlangt, verlangt.
Fordere das Gebären von
Würde, Autorität.[9]
[…]

Mari Chordà, … *i moltes altres coses*, 1976

Die Auseinandersetzung mit der Diskrepanz zwischen der gesellschaftlichen und ökonomischen Relevanz sowie den vielfältigen Ab- und Entwertungen reproduktiver Arbeit unter kapitalistischen Bedingungen verhandele ich in

9 Mari Chordàs … *i moltes altres coses* wurde in einer Gedichtsammlung 1976 während der katalanischen Frauenkonferenz an der Universität Barcelona veröffentlicht. Übersetzung aus dem Englischen von Alexandra Titze-Grabec.

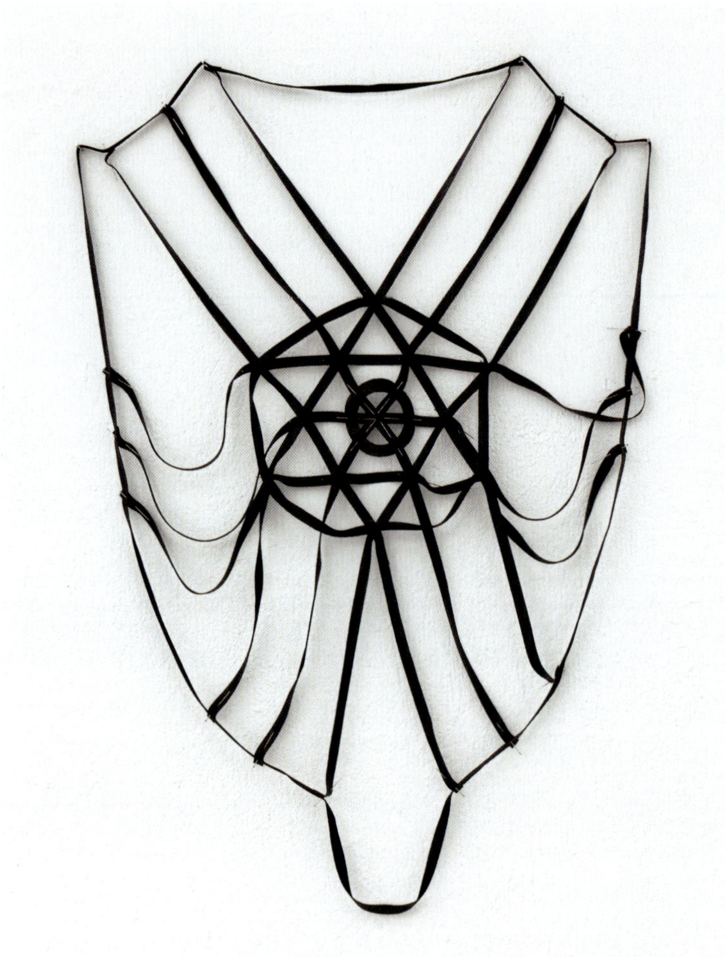

Jenni Tischer Soft Skills [Soziale Kompetenzen], 2024, Kaktusleder

meiner Lehre, als Autorin und Künstlerin. In einer Reihe von künstlerischen Arbeiten, wie *Soft Skills* von 2024, habe ich reproduktive Arbeit und ihre Infrastrukturen zueinander ins Verhältnis gesetzt. *Soft Skills* bezieht sich auf die nie vollendete sozialistische Garden City »Llano del Rio« (Antelope Valley, Kalifornien, 1911–14) der feministischen Architektin Alice Constance Austin (1862–1955). Ihr sternförmiger Stadtgrundriss entwarf eine von Geschlechtszuschreibungen unabhängige Neuverteilung reproduktiver Arbeiten im Kollektiv und zielte damit auf eine grundlegende Umarbeitung familialer, heteronormativer Beziehungsmodelle. Mit dieser Infrastruktur setzte Austin ein deutliches Zeichen dafür, wie eine Stadt ohne private Hausarbeit aussehen könnte. Dadurch wurde die reproduktive Arbeit selbst zur städtischen Infrastruktur, auf die sich die gesamte Gemeinschaft stützt.

Ihre queer-feministische Städtebaupolitik rückt damit nicht zuletzt die ökonomische Notwendigkeit sozialer Reproduktion buchstäblich, nämlich räumlich, ins gesellschaftliche Zentrum. Im weichen, aus der Form fallenden Material von *Soft Skills* verdeutlicht sich, wie fragil und vulnerabel reproduktive Arbeit ist – und dass sie erst durch die Gewährleistung ihrer steten Wiederholung (infra-)strukturell belastbar wird. Die diagrammatische Darstellung utopischer Koexistenz veranschaulicht hier nicht nur alternative Formen der Arbeitsorganisation, sondern produziert uns auch immer als ihre potenziell repräsentierten Subjekte.[10]

Einen produktiven Gegenpol zu Austins Vorschlag einer Umkehrung der Wertlogik reproduktiver Arbeit über städtische Infrastrukturen bildet die Auseinandersetzung mit den Herausforderungen der künstlerischen Repräsentation derjenigen Subjekte, die sie ausführen, und deren Erfahrung im Verhältnis zu den nach wie vor bestehenden gesellschaftlichen Infrastrukturen, die ihre Ausbeutung ermöglichen. Ein wichtiges Beispiel hierfür ist der experimentelle Dokumentarfilm *Nightcleaners* von 1975 (S. 99) des Berwick Street Film Collective, der anhand eines filmischen Einblicks in die Nachtarbeit des Reinigungspersonals des Londoner Shell-Gebäudes eine spezifische Antwort auf die Frage liefert, wie die Stadt London damals instandgehalten wurde. Das Kollektiv, welches sich aus dem Filmemacher Marc Karlin, der Künstlerin Mary Kelly, dem Künstler und Filmemacher James Scott und dem Fotografen und Filmemacher Humphry Trevelyan zusammensetzte, wurde 1970 gegründet und produzierte bis etwa 1980 eine Reihe von Dokumentarfilmen. Ihre Filme behandeln einige der wichtigsten politischen und kulturellen Themen der Zeit, wie den Konflikt zwischen Gruppen von unterrepräsentierten Arbeiter:innen und Arbeiter:innengemeinschaften sowie die politischen Hierarchien in den Gewerkschaften. 1970, im selben Jahr, in dem die Dreharbeiten zu *Nightcleaners* begannen, wurde im Vereinigten Königreich das Gesetz zur Lohngleichheit (Equal Pay Act) eingeführt, das einmal mehr die eklatante Ungleichheit zwischen den Geschlechtern und die Diskriminierung aufgrund von *race* erkennen ließ, von der Frauen in reproduktiven Berufen unverhältnismäßig stark betroffen sind. *Nightcleaners* bildet den Zeitraum zwischen 1970 und 1972 ab, in dem Frauen, die nachts Londons Bürogebäude reinigten, von der ehemaligen Reinigungskraft May Hobbs ermutigt wurden, sich gewerkschaftlich zu organisieren und für bessere Löhne und Arbeitsbedingungen zu kämpfen.

10 Wie die Kunsthistorikerin Susanne Leeb ausführt: »Ein so verstandener Diagrammbegriff dient der Beschreibung jener Prozesse, durch die qua Kräfteverhältnisse Machtbeziehungen hergestellt werden. [...] Damit bleibt das Diagramm nichts, was über Subjekte hinweggehen würde oder ihnen äußerlich bliebe. Vielmehr ist es für die jeweilige Formierung wesentlich und geht durch die Subjekte hindurch, die dadurch zu je spezifischen werden.« Susanne Leeb (Hrsg.): *Materialität der Diagramme*, Berlin 2012, S.14–15.

Die Filmemacher:innen waren jedoch nicht nur daran interessiert, eine Kampagne zur gewerkschaftlichen Formierung jener Frauen, die nachts unter schlechten und unterbezahlten Arbeitsverhältnissen im Londoner Shell-Gebäude putzten, zu begleiten, sondern versuchten darüber hinaus aktiv in deren politische Organisation einzugreifen und diesen Anspruch zugleich kritisch – über die eingesetzten filmischen Mittel – zu reflektieren.

Dokumentarisches Bildmaterial, das gemeinsame Treffen und den Austausch zwischen den Arbeiterinnen, den Gewerkschafterinnen und Mitgliedern der Frauenbefreiungsbewegung sowie Szenen gewerkschaftlich organisierter Demonstrationen zeigt, wurde mit einem Voiceover (es spricht die sozialistische Feministin und Historikerin Sheila Rowbotham) ergänzt. Der Film bewegt sich entlang dieser verschiedenen, gegenseitig kontrastierenden Materialien, ohne eine vermeintlich objektive Perspektive einzunehmen. Im Gegenteil wird die Aushandlung von Nähe und Distanz zwischen den einzelnen Akteur:innengruppen nach ihrer Position innerhalb der Repräsentation und ihren Hierarchien sowie jeweiligen Handlungsoptionen zu einem integralen Bestandteil der filmischen Produktion selbst. So porträtiert er nicht nur theoretische Überlegungen als eine Form des Widerstands und als Ansatz zum Verständnis der zutiefst patriarchalen, rassistischen und kapitalistischen Strukturen, sondern zeigt daneben auch gleichberechtigt andere Szenen, wie beispielsweise einen spontanen Tanz in der Kneipe, Diskussionen unter Arbeiter:innen sowie Demonstrationen auf den Straßen. Mary Kelly kommentiert: »Wir begriffen, dass die Reinigungskräfte eine Stimme waren, Emanzipation von Frauen war eine andere Stimme, und die der Gewerkschaften wieder eine andere.«[11] Dieser Wechsel zwischen filmischer Nähe und Distanz wird in den Szenen am deutlichsten, in denen Nahaufnahmen der Gesichter der Arbeiterinnen und der Außenperspektive des Bürogebäudes gegenübergestellt werden, wo man aus der Ferne die Bewegungen und Abläufe der Arbeit im Inneren des Gebäudes verfolgen kann, eingerahmt von den in einem architektonischen Raster angeordneten Fenstern.

Auch im Skript von *Nightcleaners* werden die unterschiedlichen Realitäten der Protagonist:innen sichtbar. Sheila Rowbothams Voiceover reflektiert aus marxistisch-feministischer Perspektive über die (De-)Konstruktion von Sexualität und Geschlecht und erwägt, wie diese als Hebel für gesellschaftlichen Wandel verstanden und eingesetzt werden will. Herkömmliche heteronormative Beziehungs- und Familienmodelle wurden vom Kollektiv hinterfragt.

11 Alex Sainsbury: »Mary Kelly, Conversation with Alex Sainsbury«, in: Dan Kidner/Alex Sainsbury (Hrsg.): *Nightcleaners and '36 to '77*, London 2018, S. 32.

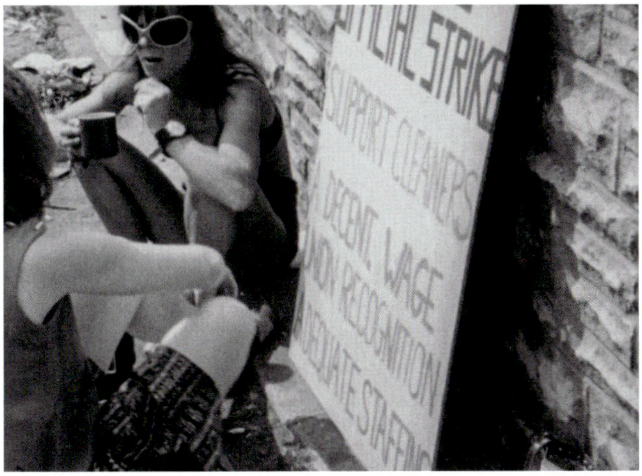

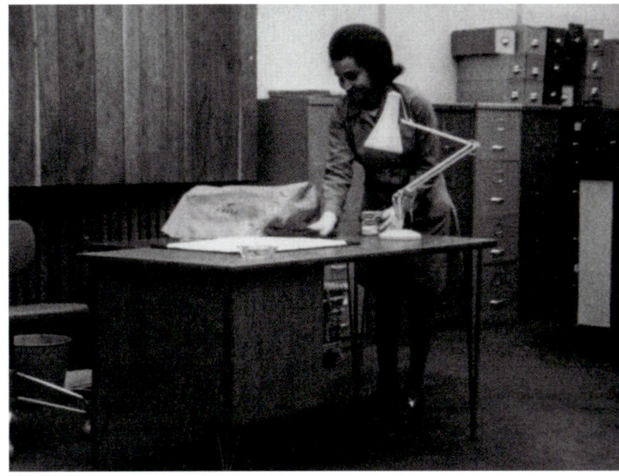

Berwick Street Film Collective Nightcleaners [Nachtreinigungskräfte], 1975
16-mm-Film, S/W, Ton, 90:00 min.

Wie diese die ökonomische Sphäre definieren, führt die Philosophin Jule Govrin in ihrem Buch *Begehren und Ökonomie* aus: »Im Idealbild der bürgerlichen Kleinfamilie organisieren sich die sexuellen und geschlechtlichen Rollen anhand der Unterscheidung von privater und öffentlicher Sphäre. Vor allem regelt die sexuelle und geschlechtliche Rollenverteilung die Trennung zwischen bezahlter und unbezahlter Arbeit. Damit garantiert die Ordnung des Begehrens die Reproduktion der Arbeitskraft. Die Sorge-, Erziehungs- und Haushaltsarbeit, die gemeinhin Frauen zufällt, wird symbolisch entwertet, da sie – im Gegensatz zur Lohnarbeit – nicht als Arbeit anerkannt wird.«[12] Da Reinigungsarbeit zu jenen Tätigkeiten zählt, die der häuslichen und damit weiblich assoziierten Sphäre zugeordnet werden, wird sie dementsprechend auch als Lohnarbeit – bis heute – abgewertet.

Die theoretischen Betrachtungen im Voiceover von *Nightcleaners* treffen auf die konkrete, harsche, materielle Realität der Nachtreinigungskräfte: »Ich hab noch nie Geld von meinem Alten bekommen, also hatte ich keine andere Wahl als arbeiten zu gehen, um die Kinder zu versorgen. Also machte ich Nachtarbeit, das Einzige, was ich tun konnte. Wollte das Geld, konnte es mir nicht leisten, jemanden zu bezahlen, der auf sie aufpasst, keine kostenlosen Kindergärten oder so was.«[13]

12 Jule Govrin: *Begehren und Ökonomie. Eine sozialphilosophische Studie*, Berlin/Boston 2022, S. 8.
13 »*Nightcleaners*, Part 1. Transcript«, in: The Cleaners Action Group (Hrsg.): *Cleaners Voice*, *Strike Issue* 8, 2018, S. 6.

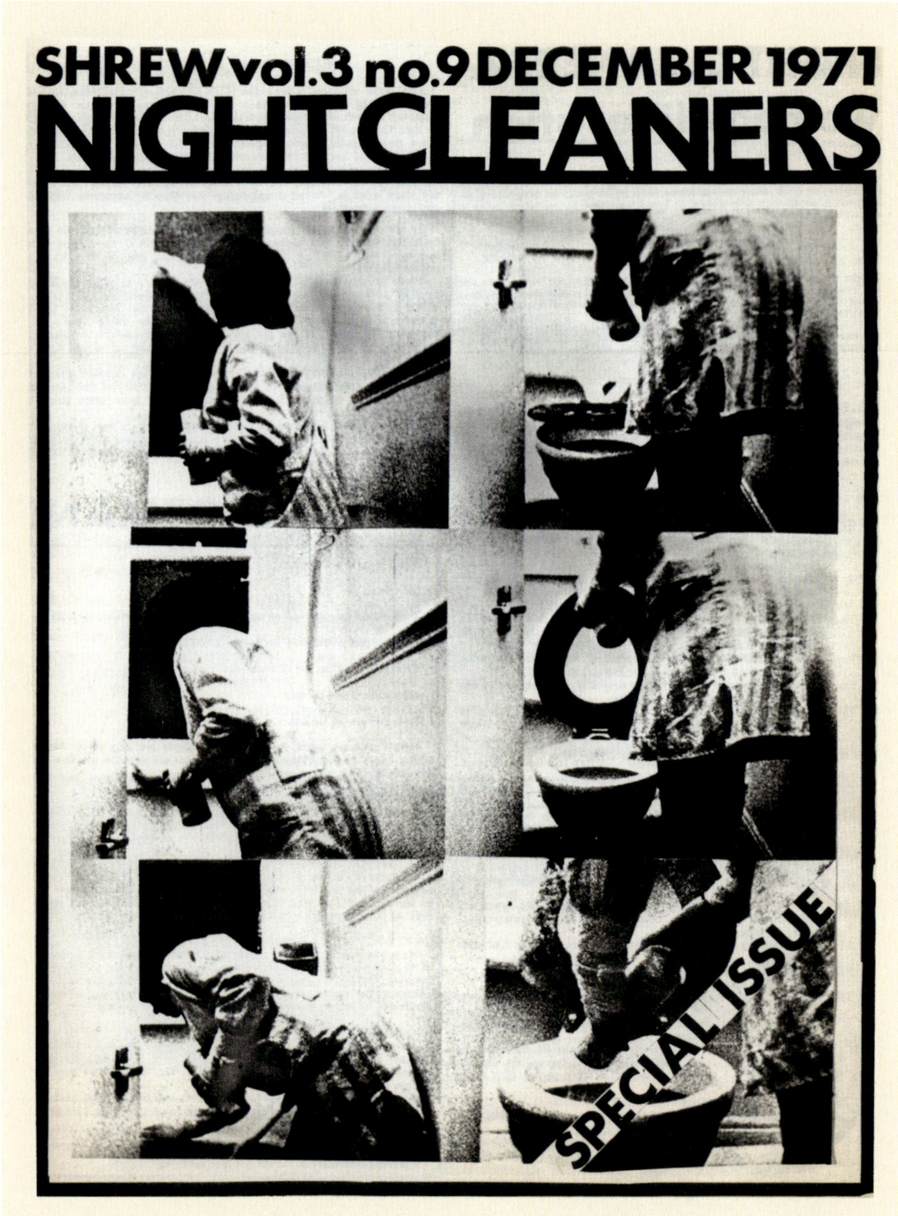

Cover für *Shrew*, Magazin des Women's Liberation Workshop, dritte Ausgabe, 1971

Die Künstlerin Mary Kelly erklärte, dass sie – hätte sie *Nightcleaners* alleine gedreht (sie war maßgeblich am Schnitt des Films beteiligt) – eine Echtzeitsequenz eingebaut hätte, die die gesamte Dauer einer Toilettenreinigung zeigt. Diese Idee griff Kelly 1971 in der Gestaltung des Covers der Ausgabe des Magazins *Shrew*, das vom Women's Liberation Workshop herausgegeben wurde und sich dem Arbeitskampf der Reinigungskräfte widmete, wieder auf. Mary Kellys Collage thematisiert anhand der gerasterten Bildsequenzen nicht nur den mühsamen und repetitiven Charakter der Reproduktionsarbeit – einer grundlegenden Komponente der globalen kapitalistischen Wirtschaft –, sondern befasst sich auch mit der gesellschaftlich stillschweigenden Übereinkunft, Reproduktionsarbeit auch in ökonomischer Hinsicht zu externalisieren. *Nightcleaners* verschränkt mittels Leerraum (Negative Space) zwischen den Bildsequenzen, der Separierung von Bild und Ton, Unterbrechungen in der Narration bis hin zu Zeitraffern die filmischen Mittel mit der Arbeitsrealität. Diese ist geprägt von drastischen Einschnitten in die Biorhythmen der Nachtarbeiterinnen. Die diversen Brüche und Risse, die durch die harten Schnitte und die Kontraste der Lebensrealitäten sichtbar werden, invertieren Materialität und dokumentarische Praxis anhand der Präsenz der Kamera im Bild sowie der aktivistischen Involviertheit der Filmemacher:innen. *Nightcleaners* ist der Versuch, künstlerisch in bestehende, manifestierte Infrastrukturen so zu intervenieren, dass Begegnungen möglich werden, Gespräche ihren Anfang nehmen, Handlung initiiert wird.

Letztlich sind es diese Berührungspunkte mit historischen und feministischen künstlerischen Arbeiten, die mich und andere zeitgenössische Künstler:innen besonders interessieren, die ich immer wieder (neu) denke, erprobe und herstelle – in Bezug auf jene Infrastrukturen reproduktiver Arbeit, die sich zwar materiell manifestieren, aber weitgehend latent wirksam sind.

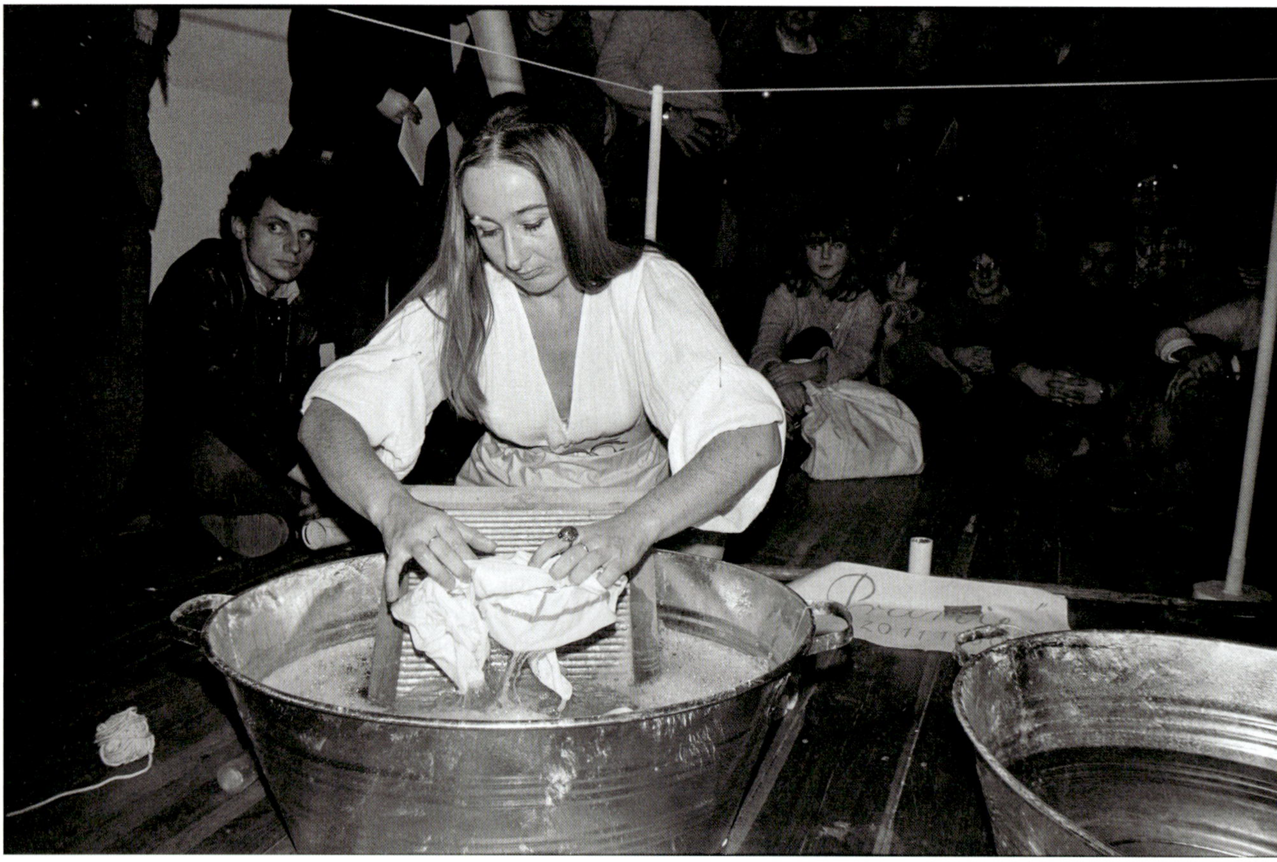

Maria Pinińska-Bereś Pranie I [Wäsche I], 1980/2024

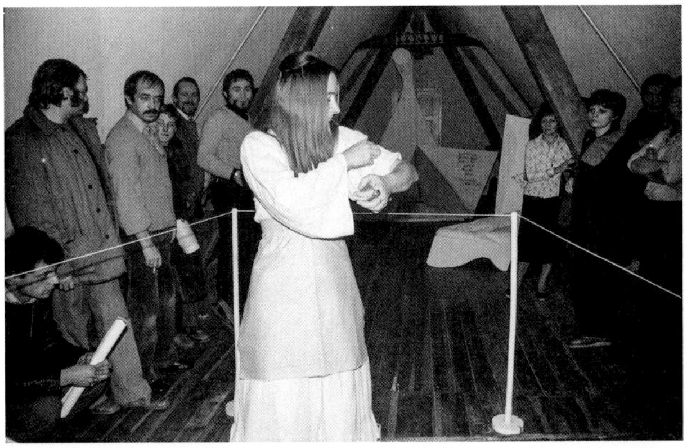
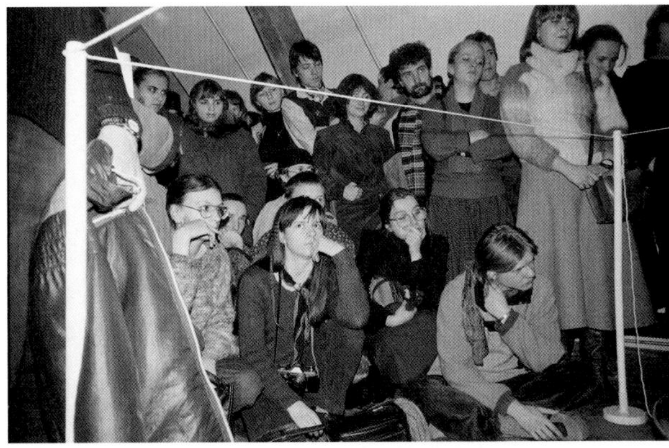
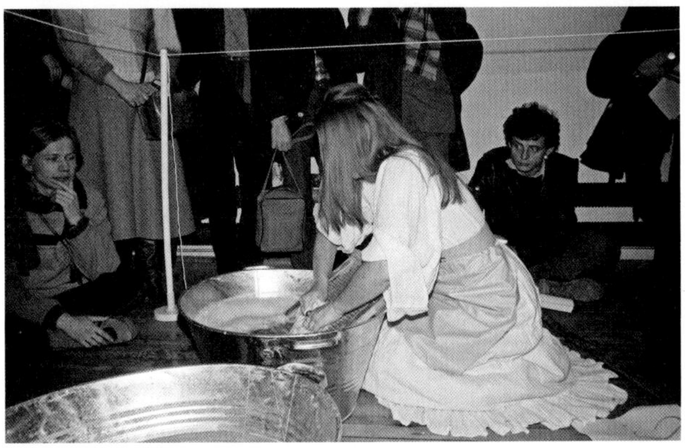
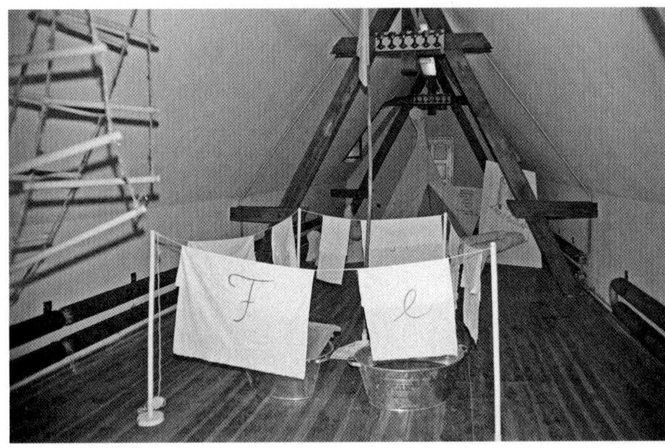
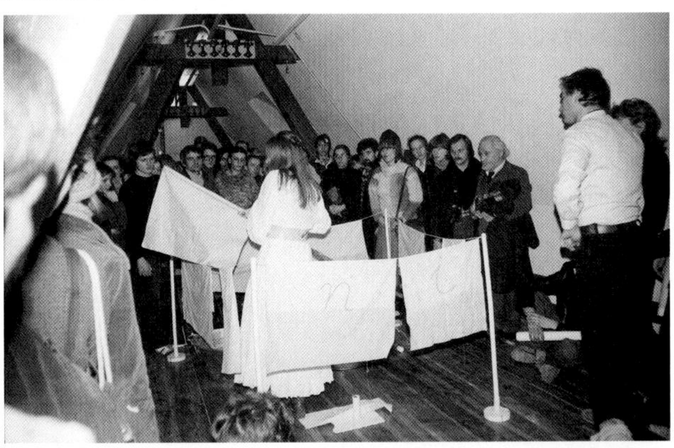
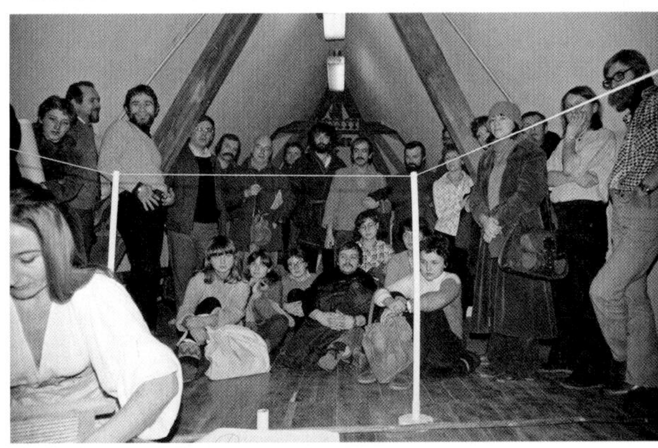
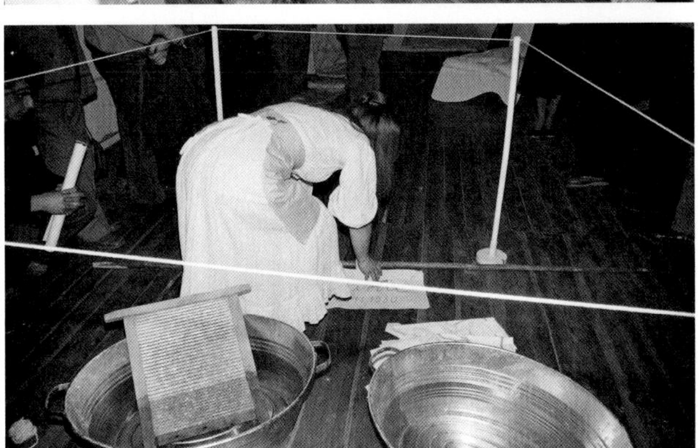
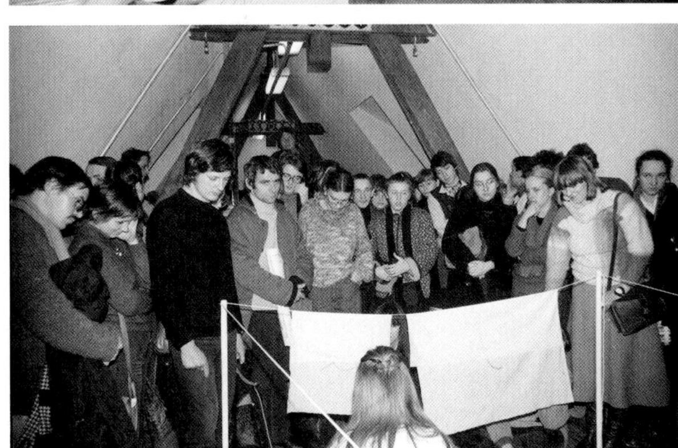

Sascia Bailer

Kümmern, Kunst, Karriere

Ambivalenzen von Mutterschaft in der Kunst

I. Kunst oder Kind? Vom Mythos der Gleichstellung in der Kunst

Eins ist gewiss: Sorgearbeit ist von ständigem Unterbrochensein gezeichnet, und konzentrierte Arbeitsphasen werden rarer, sobald Künstler:innen Eltern werden. Marina Abramović, eine der bedeutendsten Künstlerinnen der Gegenwart, ist daher bewusst kinderlos geblieben. »Ich hatte drei Abtreibungen, weil ich sicher war, es wäre katastrophal für meine Arbeit«, berichtet sie rückblickend zum Zeitpunkt ihres siebzigsten Geburtstags.[1] Kinder würden zu viel Energie rauben – wichtige Energie, die sie für ihre Kunst brauche: »Meiner Meinung nach sind [Kinder] der Grund dafür, weshalb Frauen in der Kunstwelt nicht so erfolgreich sind wie Männer. Es gibt jede Menge talentierter Frauen. Warum nehmen Männer die wichtigen Stellen ein? Es ist ganz einfach. Liebe, Familie, Kinder – eine Frau will das alles nicht opfern.«[2] Das sind harte Worte einer Künstlerin, die für viele als Vorreiterin in einer männerdominierten Kunstwelt gilt. Ihre Position ähnelt dabei auch der von ihrer Zeitgenössin Tracey Emin, die ebenfalls die Gleichzeitigkeit von Mutterschaft und Erfolg in der Kunst infrage stellt: »Es gibt gute Künstler, die Kinder haben. Natürlich gibt es die. Man nennt sie Männer.«[3]

Als jüngere Kunstschaffende mit Kind(ern) mögen einen diese Aussagen verstimmen. Künstlerin oder Mutter? Eine Frage, von der wir uns eigentlich wünschen würden, dass sie uns nicht mehr gestellt würde – und dass wir sie uns selbst nicht mehr stellen müssten. Als die Künstlerin Hannah Cooke ihre Tochter Ada bekam, sah sie sich jedoch ebenfalls mit dieser Frage konfrontiert: Ist die Geburt meiner Tochter der Tod meiner Künstlerinnenkarriere? Auf der Suche nach Vorbildern stieß auch Cooke kurz nach ihrer Entbindung[4] auf die Aussagen der Kunstikonen Abramović und Emin, die es in der Kunstwelt nach ganz oben geschafft hatten – Erfolgsgeschichten, die jedoch explizit ohne Kinder stattfanden. In ihren zwei Videoperformances *Ada vs. Abramović* und *Ada vs. Emin* (2018, S. 106–109) bietet Cooke diesen gesellschaftlich dominanten Narrativen die Stirn, indem sie sich als junge Mutter, ihre Tochter Ada stillend, in die historisch bedeutsamen Werkräume von Emin und Abramović einfügt. Für ihre Arbeit stellt sie sowohl Abramovićs Performance *The Artist is Present* [Die Künstlerin ist anwesend] (2009) als auch das berühmt-berüchtigte zerwühlte Bett in *My Bed* (1998) von Emin realitätsnah nach. Damit schreibt sie sich nicht nur in die Werke, sondern auch in einen Kanon ein, der weiterhin vorgibt, keinen Platz für Kinder und ihre Mütter zu haben.

Während Cookes Arbeit empowernd und im Zusammenspiel mit den Kunstikonen auch etwas trotzig daherkommt, müssen wir auch die zeithistorischen und biografischen Kontexte in die Lesart der früheren Arbeiten miteinbeziehen. Denn wer sich weiter mit Emins Werk und Leben beschäftigt, lernt bald, dass ihre Aussagen zu (Nicht-)Mutterschaft auch mit viel persönlichem Schmerz verbunden sind, als sie sich in den frühen 1990ern gezwungen sah, eine Abtreibung durchzuführen: »Ich fühlte mich ziemlich verwundbar. Ich war so pleite, obdachlos, verschuldet … ich hatte so hart an meiner Bildung gearbeitet, und mit meinem Hintergrund … wusste ich, dass ich eine Künstlerin sein wollte, und ich wusste, spürte, wenn ich alleine ein Baby hätte, wären die Chancen gleich null, dass das passieren würde. Es kam mir ironisch vor, dass ich nach der ganzen Ausbildung und dem ganzen Kampf … als alleinerziehende Mutter enden würde … Und ich dachte nur, ich kann so kein Baby auf die Welt bringen.«[5] Die performative Konfrontation zwischen Cooke und den Stellvertreterinnen eines vermeintlich patriarchalen Diskurses durch Emin und Abramović zeigt somit ein gesellschaftliches Korsett auf, das ihnen in ihrer Generation keine Wahl zu lassen schien: Abtreibung oder Kunst.

Mit diesem Verständnis reihen sich die beiden Ikonen in ihre Zeitgeschichte ein. Denn die Ablehnung von Mutterschaft wurde seit der feministischen Bewegung der 1960er-Jahre oft als emanzipatorischer Akt verstanden, als Art Befreiungsschlag aus patriarchalen Rollenbildern: »[…] jahrhundertelang wurde der Verweis auf die Gebärfähigkeit von Frauen dazu missbraucht, ihnen die Eignung zu höheren Kulturleistungen abzusprechen. Die Fähigkeit von Frauen zur ›natürlichen Reproduktion‹ diente als Argument für Unterdrückung und Ausschluss.«[6]

1 Guelda Voien: »Marina Abramovic: I Had Three Abortions Because Children Hold Female Artists Back«, in: *Observer*, 26.07.2016.
2 Ebd.
3 Henri Neuendorf: »Tracey Emin Says Female Artists Can't Have Kids«, in: *Artnet News*, 09.10.2014.
4 Vgl. Larissa Kikol: »Hannah Cooke«, Künstlerinnenporträt, in: *KUNSTFORUM International* 295, 2024, S. 70–73.
5 Katy Hessel: »›My gut-felt, heartbreaking decision‹ – Tracey Emin on her ›A–Z of abortion‹ blanket«, in: *The Guardian*, 07.11.2022.
6 Sabine Kampmann: »Great Mother Artists? Familiäre Verkörperungen von Kreativität und Mutterschaft«, in: *KUNSTFORUM International* 295, 2024, S. 126.

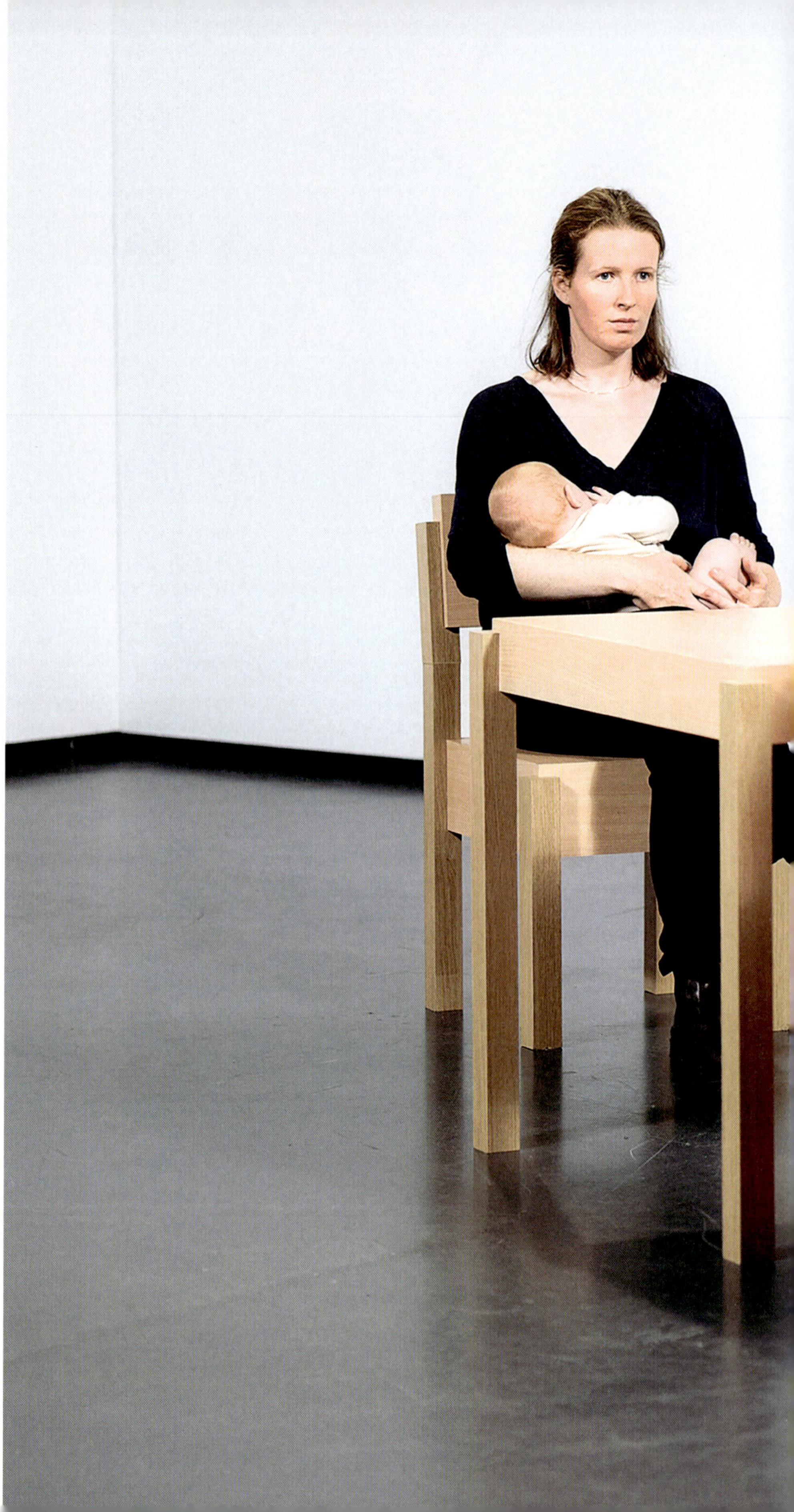

Hannah Cooke
Ada vs. Abramović,
2018

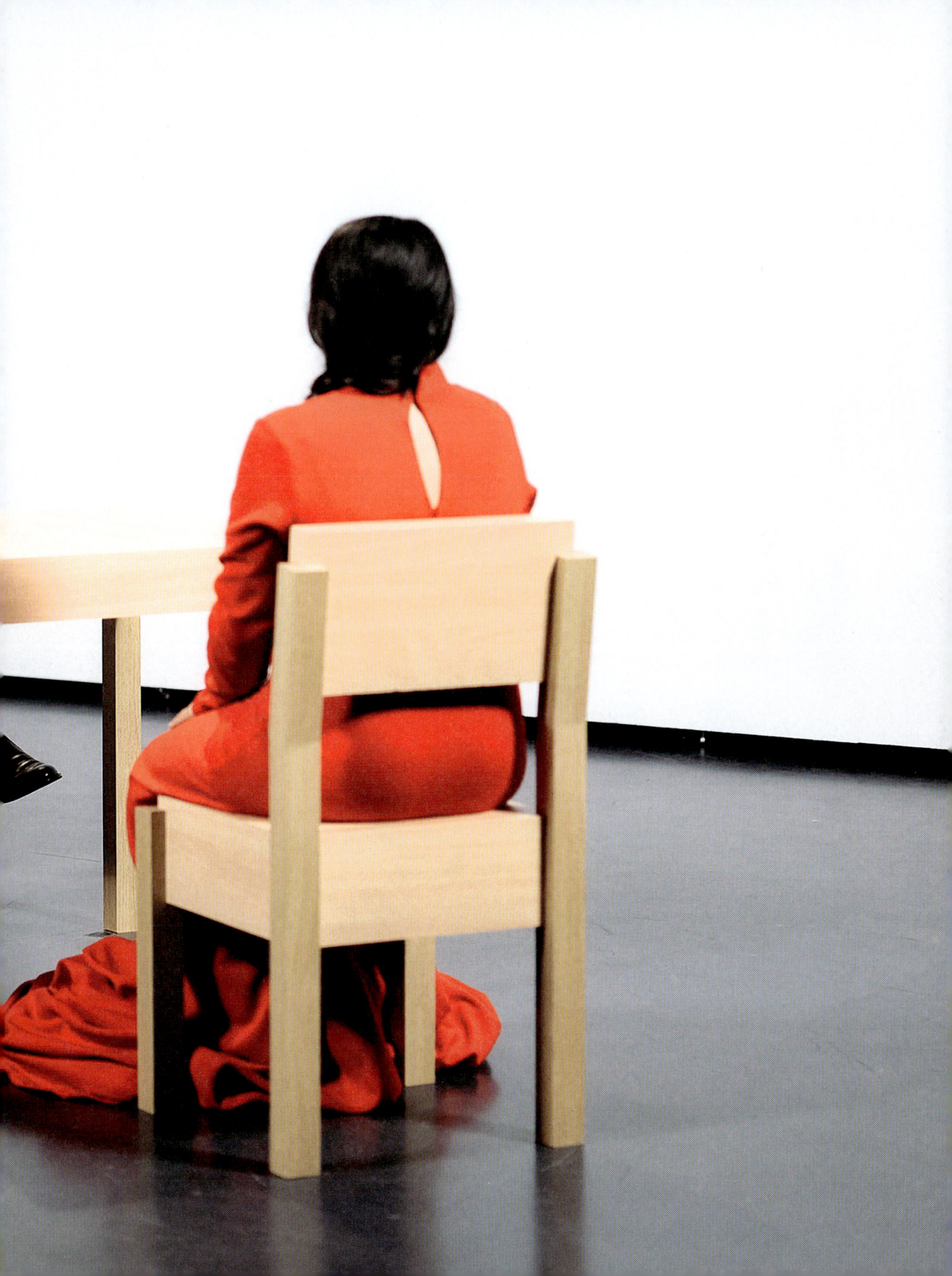

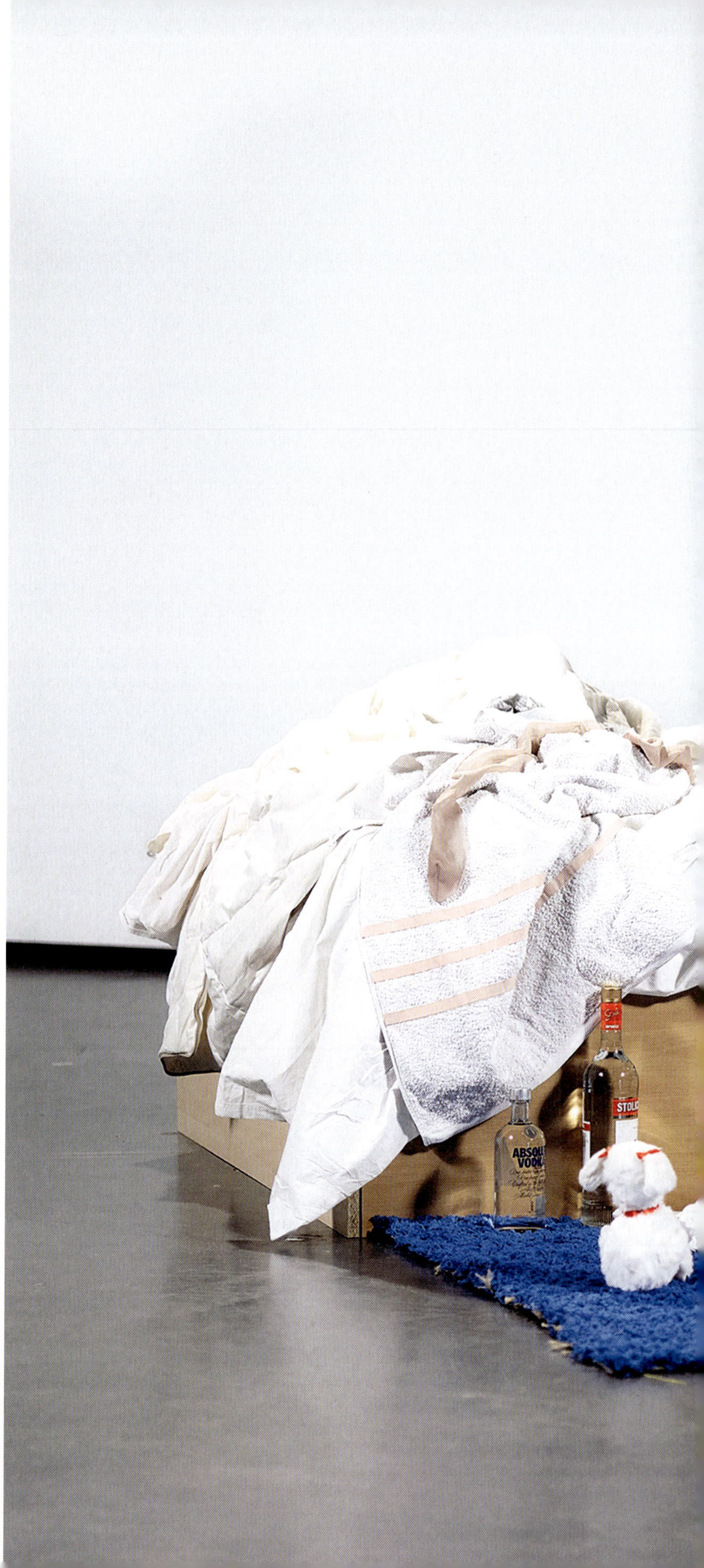

Hannah Cooke
Ada vs. Emin, 2018

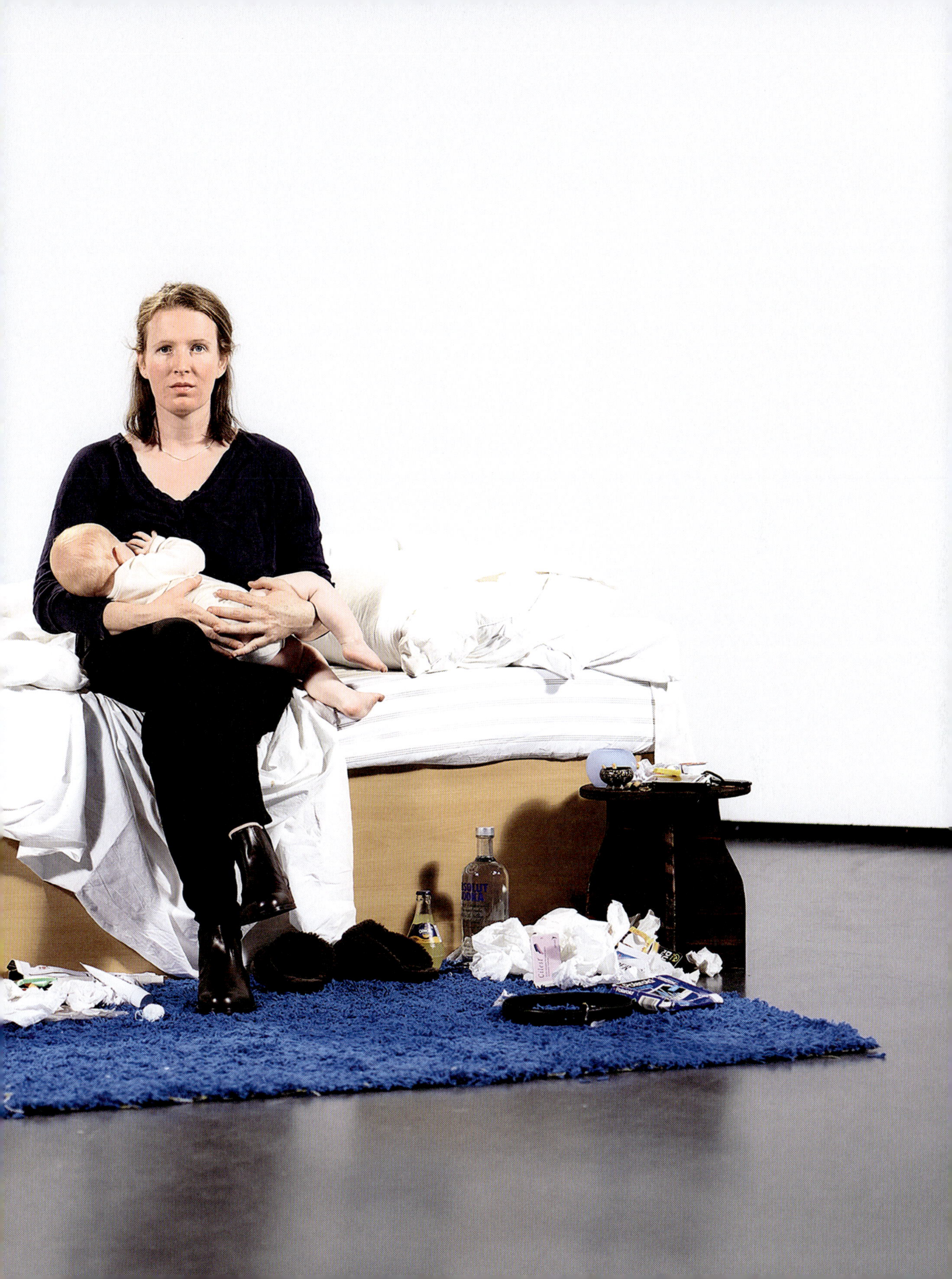

Die möglichen Ursachen für die »Leerstelle von emanzipatorischen Deutungen des Muttertopos und queer-feministischen Problematisierungsweisen der Lebensrealitäten von Müttern«[7] liegen daher häufig in der Befürchtung begründet, dass Mutterschaft durch biologistische, normative und essenzialistische Vorstellungen vereinnahmt werden könnte. Erfahrungen wie Schwangerschaft, Geburt oder Stillen galten somit lange als zu sehr mit traditionellen Weiblichkeitsbildern verknüpft und wurden gemieden oder bewusst ausgeklammert.[8] Daher ist auch der Bereich der feministischen Kunst nicht per se einer, in dem ambivalente Themen wie Mutterschaft auf Solidarität stoßen.[9] Die britische Kunstkritikerin Hettie Judah geht in ihrer Arbeit dem Spannungsfeld zwischen künstlerischer Produktion und sozialer Reproduktion in feministischer Kunst nach: Mütter werden weiterhin mit der häuslichen Sphäre und konventionellem Familienleben assoziiert und gelten als Inbegriff des »Uncoolen« in einem ansonsten als hip wahrgenommenen Kunstbetrieb.[10] Müttern, die Künstlerinnen sind, fehle es vermeintlich an der »verführerischen Aura des Künstlers als gegenkulturelle Figur«, analysiert Judah. »Das alte Klischee, man könne nicht zugleich Künstlerin und Mutter sein, hat sich als erstaunlich langlebig erwiesen [...]. [D]as Klischee verfolgt Künstlerinnen bis heute.«[12] Was ist also dran an dem Mythos? Wie steht es tatsächlich um die Erfolgschancen für Künstlerinnen mit Care-Verantwortung?

Wir werfen einen Blick auf die Liste der hundert weltweit erfolgreichsten lebenden Künstler:innen gemäß dem »Kunstkompass 2024«, um diesen Fragen nachzugehen. Unter den Top Ten finden sich lediglich zwei Frauen, Rosemarie Trockel und Cindy Sherman, beide haben keine Kinder. Die acht weiteren Künstler sind jedoch allesamt Väter von insgesamt 24 Kindern. Betrachtet man nur die zehn bestplatzierten Künstlerinnen, so zeigt sich, dass vier von ihnen zwar Kinder haben, jedoch jeweils nur eins. Im Gegenzug haben alle zehn bestplatzierten männlichen Künstler insgesamt 35 Kinder.[13] Behalten also Emin und Abramović recht? Denn die Zahlen zeigen die ernüchternde Erkenntnis, dass auch heute Vaterschaft und Mutterschaft im Kunstfeld noch unterschiedlich bewertet werden und mit divergierenden strukturellen Hürden versehen sind. Die ohnehin prekäre Position von

7 Maya Dolderer/Hannah Holme/Claudia Jerzak/Ann-Madeleine Tietge (Hrsg.): *O Mother, Where Art Thou? (Queer-)Feministische Perspektiven auf Mutterschaft und Mütterlichkeit*, Münster 2016, S. 8.
8 Vgl. ebd., S. 9.
9 Siehe »Mutter-schafft in der Kunst – Gespräch mit Larissa Kikol«, NDR Kultur, 12.05.2024.
10 Vgl. Hettie Judah: *How Not to Exclude Artist Mothers (and other parents)*, London 2020, S. 9.
11 Ebd.
12 Ebd.
13 Recherche von Sascia Bailer und Ines Doleschal von der Initiative fair share! Sichtbarkeit für Künstlerinnen*, 20.10.2025. Grundlage: »Kunstkompass 2024« von *Capital*, veröffentlicht 2025.

Künstlerinnen im Kunstsektor wird im Zusammenspiel mit Mutterschaft noch fragiler, während die künstlerische Laufbahn männlicher Künstler durch ihre Vaterschaft nicht im gleichen Maße beeinträchtigt wird.[14]

Während es im Sinne der Inklusion zwar angemessener scheint, in diesem Text von »Eltern in der Kunst« zu sprechen, so zeigen die Zahlen doch, dass dadurch die spezifische Realität von Müttern in der Kunst verschleiert würde. Dieses Kapitel widmet sich daher explizit jenen Künstlerinnen, die selbst Mütter sind und vor den Themen der Mutterschaft und Geburt nicht zurückgescheut sind, auch wenn sie zu befürchten hatten, dass es »wie ein Bumerang auf sie zurückfällt und sie sich den Vorwurf der nur halbherzig arbeitenden Künstlerin anhören« müssen.[15] Der Text widmet sich auch jenen Künstlerinnen, die selbst keine Kinder haben, die sich aber Fragen von Fürsorge und Mutterschaft aus feministischer Sicht angenommen haben.[16]

II. Feministische künstlerische Positionen zu Mutterschaft: Zwischen Verletzlichkeit und Widerstand

Trotz der anhaltenden Tabuisierung von Schwangerschaft, Geburt, Stillen und Sorgearbeit in Kunst und kritischem Diskurs der 1970er-Jahre scheut Annegret Soltau nicht davor zurück, ihre Zerrissenheit als werdende Mutter und Künstlerin in ihrer Videoarbeit *Erinnerung (Schwanger Sein II)* (1979/80, S. 113) zu verhandeln. Die Künstlerin hält ein vergilbtes Bild ihrer Mutter mit Baby hoch. Ihre Mutter erzählt mit leicht brüchiger Stimme retrospektiv vom tabuisierten Wunsch, dass das Kind noch abginge, aber trotz ihrer Bemühungen, einen Abbruch herbeizuführen, blieb der Fötus. Ländlicher Raum, prekäre Lebensverhältnisse, spärliche medizinische Versorgung, abwesender Vater, fehlendes *support system* und starre gesellschaftliche Normen prägen die Erzählungen dieser Audiospur. Gleichzeitig tritt die Künstlerin selbst hochschwanger auf, legt sich zusammengekauert nackt auf den kahlen Boden. Schwarze Fäden, die Soltaus Œuvre buchstäblich durchweben, werden von einer Hand behutsam auf ihren Körper niedergelassen. Es ist ein sanfter Akt, der Fürsorge und Zuneigung ausstrahlt und zugleich die Fragilität der Schwangeren akzentuiert. Sind das

14 Vgl. Sascia Bailer: *Caring Infrastructures. Transforming the Arts through Feminist Curating*, Bielefeld 2024, S. 85 ff.

15 Ann-Katrin Günzel: »Die erschöpfte Mythologie des Mutterseins«, in: *KUNSTFORUM International* 295, 2024, S. 108–117.

16 Für dezidiert queere Perspektiven auf Kunst und Care siehe Hettie Judah: *Acts of Creation: On Art and Motherhood*, London 2024 (insb. Kapitel 7); Laurie Cluitmans/Heske ten Cate (Hrsg.): *Mothering Myths: An ABC of Art, Birth and Care*, Amsterdam 2025; Maureen Sander-Staudt: »Frontiers in Parenthood: Queer Mothering, Maternal Ambivalence, Adoption, and Reproductive Technology«, in: *Hypatia* 31, 2, 2020.

die Gesten der Zuneigung, die sie sich von ihrem Umfeld gewünscht hätte – einem Umfeld, das sowohl in ihrer Erzählung als auch in ihrer Bildsprache als klaffende Leere markiert wird?

Obwohl Soltau heute als zentrale Figur der Feministischen Avantgarde[17] anerkannt ist, so steht die Frage im Raum, ob die mangelnde Aufmerksamkeit für Soltaus Werk zu früheren Zeiten auch mit ihrer Mutterschaft zu tun haben könnte. »Bis vor Kurzem war dies jedenfalls nicht der Fall, sodass Künstlerinnen wie Annegret Soltau in den letzten Jahrzehnten verhältnismäßig wenig Beachtung fanden. Dabei kann ihre Arbeitsweise aus heutiger Sicht als empowering gelten, denn Soltau hat aus der Perspektive einer ›Betroffenen‹ Kunst gemacht und die Sichtweise einer Künstlerin, Frau, werdenden Mutter und Tochter zugleich ins Werk gesetzt und dabei auch nicht-privilegierte Lebensverhältnisse sichtbar gemacht.«[18] Nicht umsonst prägte die Kuratorin Gabriele Schor den Begriff »Feministische Avantgarde«, um Soltaus Pionierinstellung und die zahlreicher anderer Künstlerinnen in den 1970er-Jahren zu benennen.[19]

Auch in Renate Bertlmanns Performance *Die Schwangere Braut im Rollstuhl* (1978, S. 114–115) wird die Sehnsucht nach Unterstützung im sozialen Umfeld als auch im Kunstfeld spürbar. Die Künstlerin, die selbst keine Kinder hat, stellt den Mangel an Unterstützung performativ und auf überspitzte Art zur Schau, indem sie sich in schriller Verkleidung aus ihrem eigenen Hochzeitskleid und einer Maske aus Schnullern als gespensterhafte Madonna inszeniert und sich in einen Rollstuhl setzt, an den ein Schild geheftet ist: BITTE SCHIEBEN. Vereinzelt nehmen sich Personen aus dem Publikum dieser Rolle an. Nach geraumer Zeit steht die Performerin auf, gebiert ihr (Stoff-)Baby, lässt es am Boden liegen und geht aus dem Raum. Symbolisch hinterlässt sie ihr Neugeborenes einer Gesellschaft, die es ihr nicht ermögliche, beides zu leben: Mutterschaft und Kunst.[20]

Ebenfalls VALIE EXPORT, Zeitgenossin von Soltau und Bertlmann, setzte sich mit radikaler Bildsprache gegen die *housewifization* der Nachkriegszeit ein und rüttelte mit allen Mitteln der Kunst an verstaubten Bildern von Weiblichkeit. Die Überhöhung von Mutterschaft als Selbstaufopferung und

17 Vgl. Gabriele Schor (Hrsg.): *Feministische Avantgarde. Kunst der 1970er-Jahre aus der SAMMLUNG VERBUND, Wien*, München 2015.
18 Kampmann 2024, S. 126.
19 Vgl. Schor 2015. Siehe auch: Leena Crasemann: »Annegret Soltau. Spinnen, Umgarnen, Nähen – emanzipatorische Fadenspiele«, in: ebd., S. 498–507.
20 Vgl. Gabriele Schor/Jessica Morgen (Hrsg.): *Renate Bertlmann. Works 1969–2016. Ein subversives Politprogramm*, München 2016.

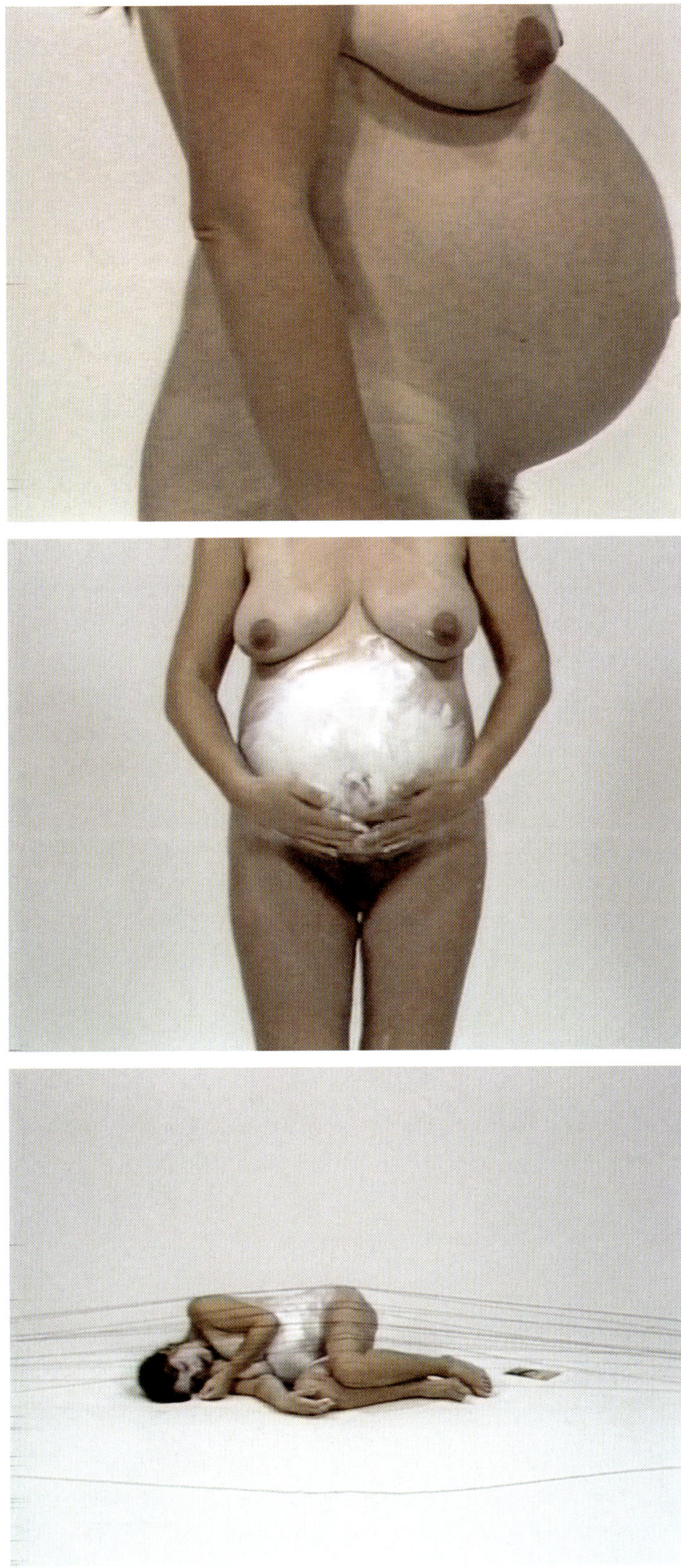

Annegret Soltau Erinnerung (Schwanger Sein II), 1979/80

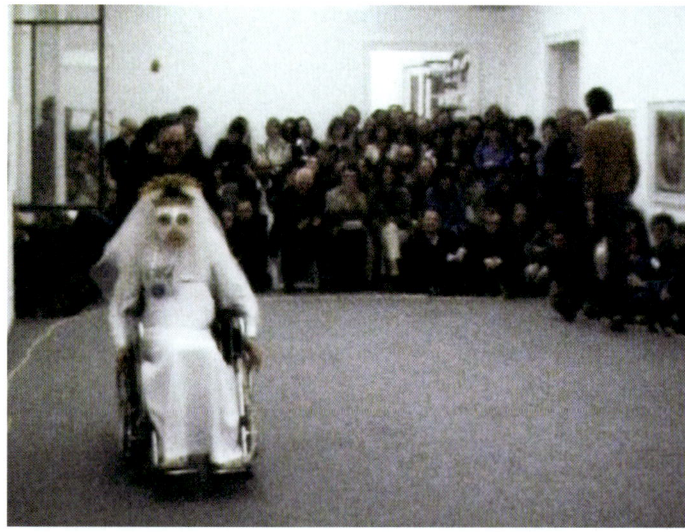

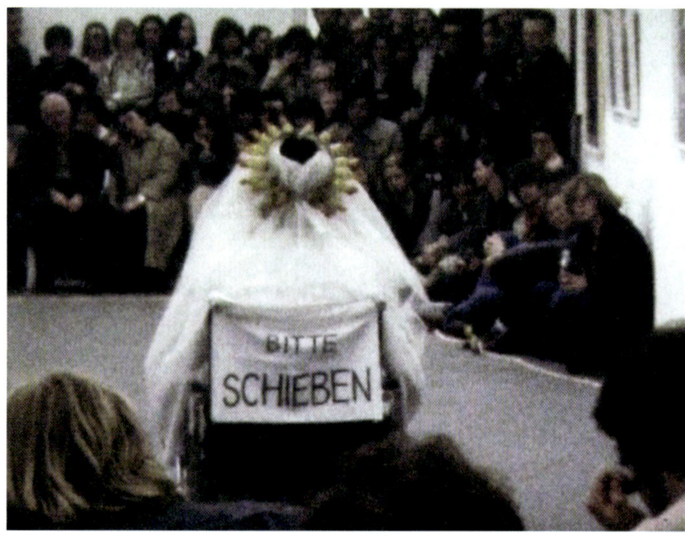

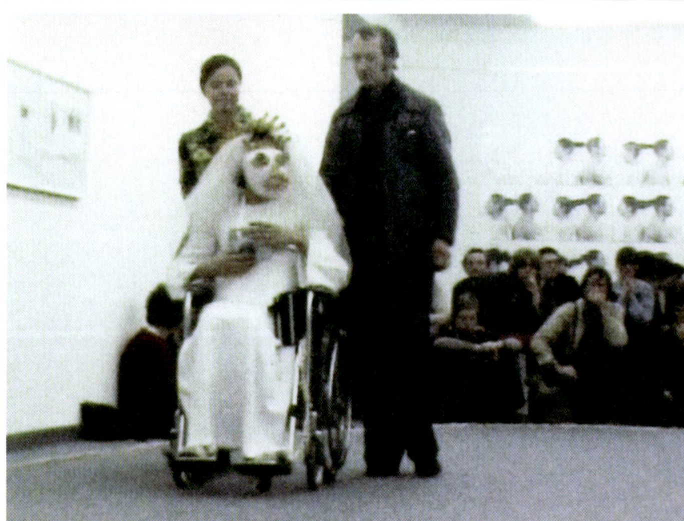

Renate Bertlmann Schwangere Braut im Rollstuhl, 1978

Leihgabe Renate Bertlmann

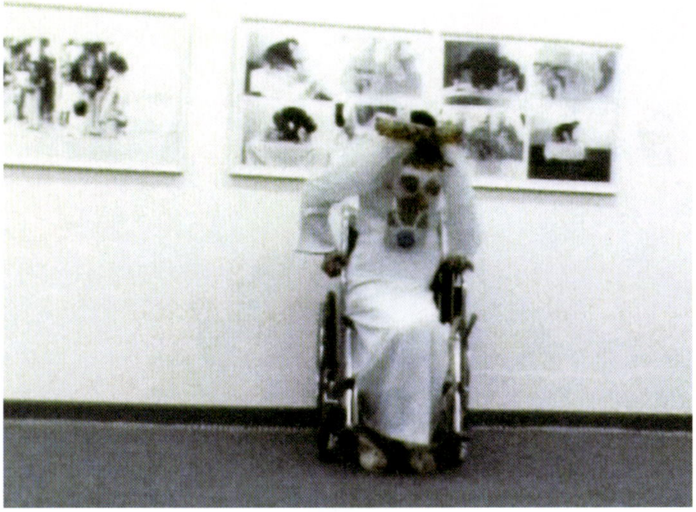

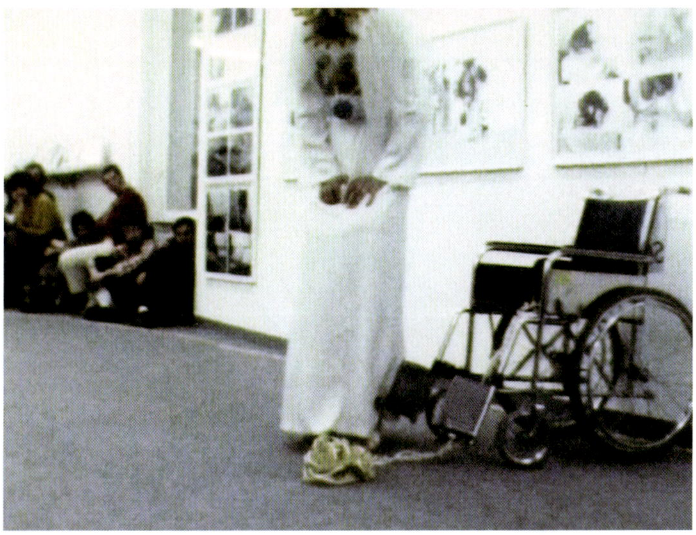

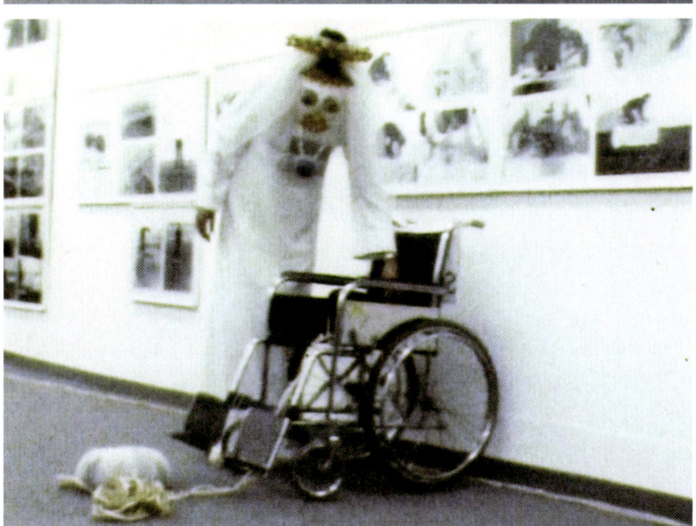

bedingungslose Liebe ist dem Abendland durch biblische Erzählungen und zentrale Werke der Kunstgeschichte identitätsstiftend eingeschrieben.[21] EXPORT überschreibt in ihrer Collage *Die Geburtenmadonna* (1976) dieses Narrativ, indem sie die Pose der »Pietà« von Michelangelo mit einer Figur ersetzt, die anstelle eines verstorbenen Jesu-Leibs ihre Arme offen hält, ihre Beine gespreizt, als würde sie unmittelbar gebären. Damit wendet sie den Blick ab von der Heiligsprechung der Frau als Madonna und richtet ihn auf ihre zeitgenössische Entsprechung: die Überhöhung der Frau als gute Hausfrau und Mutter – die wäscht, gebärt und sich kümmert; auf Knopfdruck, verlässlich, wie eine Maschine. Ein konstruiertes Bild, das EXPORT ad absurdum führt.

Ihre Arbeit stellt sich nicht nur gegen Geschlechterverhältnisse und religiöse Machtdemonstrationen, sondern auch gegen den aufkommenden neoliberalen Kapitalismus mit seiner erstarkenden Konsumkultur: »Auf der einen Seite die katholische Kirche, auf der anderen der konstruierte Konsumkult einer glücklichen Hausfrau«, wie Hettie Judah die Themenbögen von VALIE EXPORT einordnet.[22] So macht EXPORT in ihrer Arbeit deutlich, dass Mutterschaft und häusliche Care-Arbeit keine Räume sind, die von kapitalistischen Zwängen und Marktlogiken befreit wären – ganz im Gegenteil: Seit den 1970er-Jahren prangern feministische Ökonominnen den Trugschluss des kapitalistischen Systems an, bei dem die unbezahlte Sorgearbeit bisher aus der ökonomischen Betrachtung ausgeklammert wurde, während ebendiese, primär von Frauen geleistet, vielmehr die Grundlage des Kapitalismus darstellt.[23] Die heutigen Zahlen untermauern die These längst: »Frauen in Deutschland leisten jährlich 72 Milliarden Stunden unbezahlte Sorgearbeit. Das ist mehr als die Summe aller Arbeitsstunden von Erwerbstätigen in Deutschland. Obwohl die Sorgearbeit einen elementaren Beitrag zur Funktionsfähigkeit unserer Gesellschaft leistet, wird sie wie ein Nebenschauplatz des Wirtschaftslebens behandelt.«[24]Auch Frauen in Österreich leisten rund 43 Prozent mehr unbezahlte Care-Arbeit als Männer;[25] Mütter arbeiten zu 74 Prozent in Teilzeit, Väter nur zu 8 Prozent; Frauen verdienen 17 Prozent weniger, auf ihr Leben gerechnet sogar 51 Prozent weniger als Männer.[26]

Nun könnte man annehmen, dass sich diese Ungleichheiten im Kunstsektor auflösen oder zumindest progressiver gestalten – in jener vermeintlichen Wiege der Avantgarde und gesellschaftlichen Vorreiterstellung. Doch gerade

21 Vgl. Judah 2024.
22 Vgl. ebd., S. 164.
23 Vgl. Silvia Federici: *Revolution at Point Zero: Housework, Reproduction, and Feminist Struggle*, Brooklyn 2012.
24 Prognos: »Der unsichtbare Wert von Sorgearbeit«, 28.02.2024.
25 Vgl. Statistik Austria: »Zeitverwendungserhebung 2021/22«, Wien 2023.
26 Vgl. Bundesministerium für Frauen, Familie und Jugend, Österreich/Statistik Austria: »Gender-Daten-Index: Zeitverwendung 2021/22«.

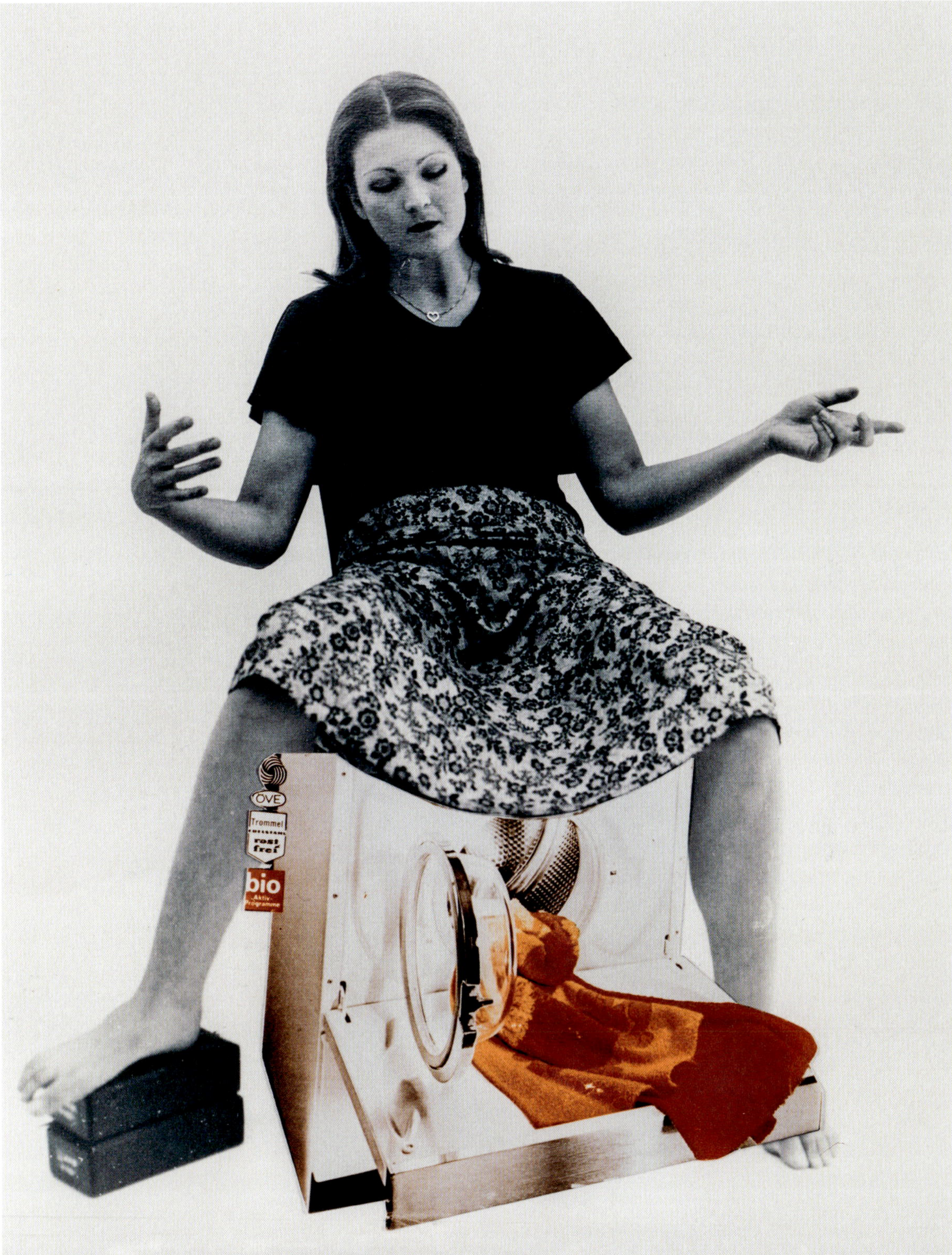

VALIE EXPORT Die Geburtenmadonna, 1976

hier verdichten sich die Disparitäten: Frauen im Kultursektor verdienen in Österreich durchschnittlich rund 37 Prozent weniger als Männer, in Deutschland sind es 25 Prozent weniger.[27] Gelangt ein Werk einer Künstlerin in ein Auktionshaus, erzielt es dort im Durchschnitt rund 47 Prozent geringere Erlöse als das eines männlichen Künstlers. Die Erheber:innen der Studie stellen ernüchtert fest: »Kunst von Frauen scheint sich schlechter zu verkaufen, weil sie von Frauen gemacht wird.«[28]

Dabei stellen seit fünfzehn Jahren rund zwei Drittel der Studierenden in den Fächern der bildenden Kunst Frauen dar[29] – ein wesentlicher Fortschritt, wenn wir uns den einflussreichen Aufsatz »Why Have There Been No Great Women Artists?« (1971)[30] der Kunsthistorikerin Linda Nochlin in Erinnerung rufen. Darin identifiziert Nochlin Kunstakademien als zentrale Orte strukturellen Ausschlusses, die Frauen bis ins 20. Jahrhundert zwar als Aktmodelle, nicht jedoch als Studierende zuließen.[31]

Obwohl Fortschritte in Bezug auf die Gleichberechtigung von Frauen in der Kunst erzielt wurden, ist die faktische Gleichstellung der Geschlechter weiterhin nicht erreicht.[32] Von rechten Positionen wird eine Retraditionalisierung der Geschlechterverhältnisse vorangetrieben: Neben Tradwives gelten nun rechtspopulistische Superreiche wie Elon Musk als Vorbilder: Mit seinen vierzehn Kindern mit vier verschiedenen Frauen inspiriert er in den USA vor allem weiße, reiche Familien dazu, sich ausgiebig zu reproduzieren – wie selbstverständlich unter Rückgriff auf neueste (und ethisch fragwürdige) Technologien zur Optimierung ihrer Fortpflanzung und des Erhalts der traditionellen Werte der Kernfamilie.[33] Mit eingeschlossen in diese Prozesse der Retraditionalisierung ist auch ein »Rückbesinnen« auf das Heim als vermeintlich apolitischen Rückzugsort – der bereits im 19. Jahrhundert als moralisch überhöhter Gegenraum zur profanen Welt des Markts und der Politik galt.[34]

27 Vgl. Bundesministerium für Kunst, Kultur, öffentlichen Dienst und Sport, Österreich: »Gender Report im Bereich Kunst und Kultur 2017–2021«, Wien 2023, S. 5–6; ver.di Kunst und Kultur: »Gender Pay Gap in der Kultur weiter gestiegen«, 03.03.2025.

28 Renée Adams et al.: »Is gender in the eye of the beholder? Identifying cultural attitudes with art auction prices«, in: *CFS Working Paper Series* 595, 2018.

29 Vgl. Bundesverband Bildender Künstler:innen/Stiftung Kunstfonds (Hrsg.): *Von der Kunst zu leben. Die wirtschaftliche und soziale Situation Bildender Künstler:innen in Deutschland*, Studie durchgeführt von Prognos, Bonn 2025, S. 3.

30 Vgl. Linda Nochlin: »Warum hat es keine bedeutenden Künstlerinnen gegeben?«, in: Beate Söntgen (Hrsg.): *Rahmenwechsel. Kunstgeschichte als feministische Kulturwissenschaft*, Berlin 1996.

31 Linda Nochlin: *Women, Art, and Power and Other Essays*, New York 2018.

32 Laut »Global Gender Gap Report 2025« des World Economic Forum dauert es noch 123 Jahre, bis überall Geschlechtergerechtigkeit herrscht, vgl. S. 5.

33 Vgl. Elizabeth Dwoskin/Yeganeh Torbati: »Inside the Silicon Valley Push to Breed Super-Babies«, in: *The Washington Post*, 16.07.2025.

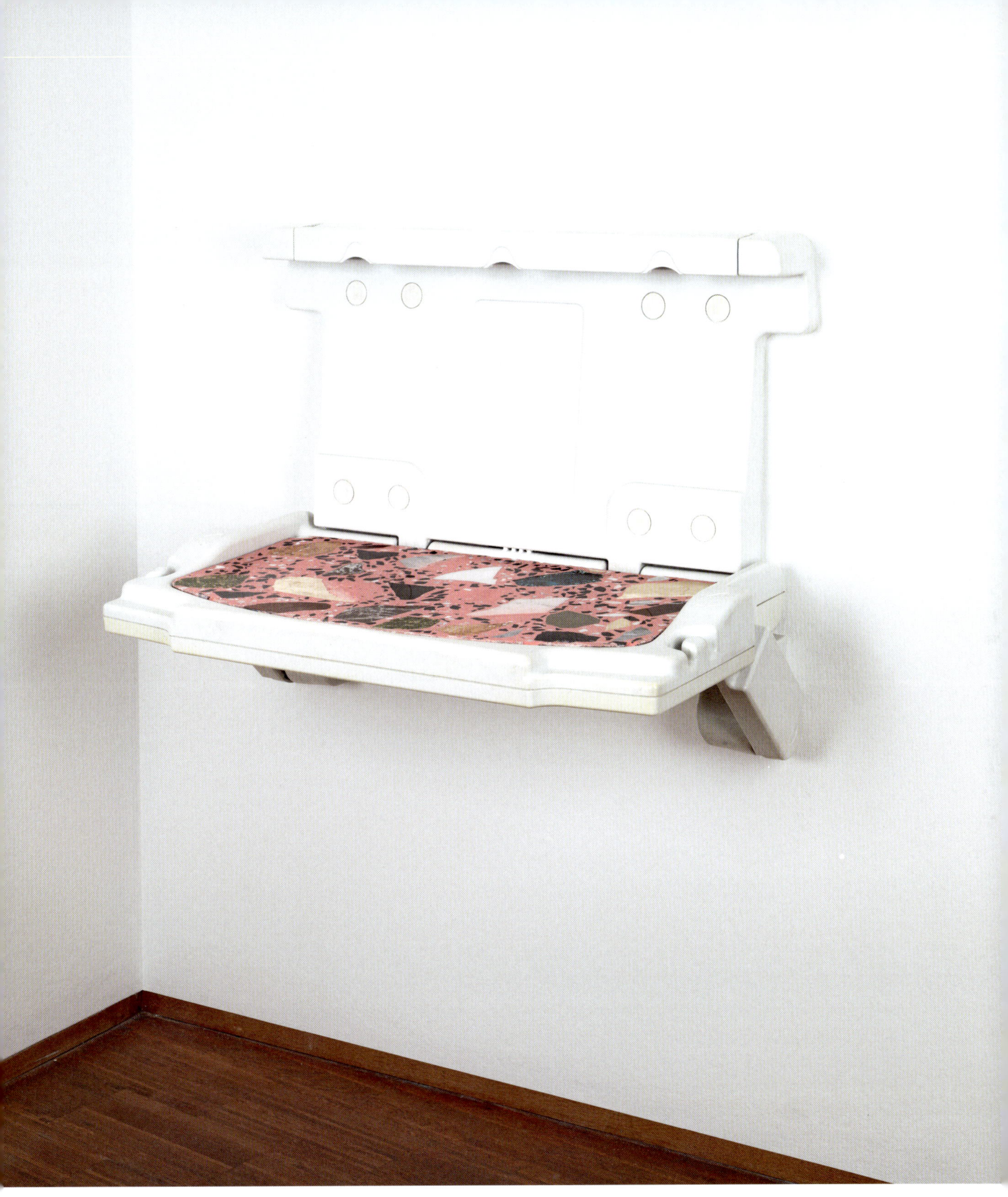

Nicole Wermers Moodboard #9, 2018

Die Künstlerin Nicole Wermers setzt sich mit humoristischer Überspitzung mit diesem Verhältnis von privaten, öffentlichen und vergeschlechtlichten Räumen auseinander. Wickeltische, die auch heute fast ausschließlich bei den Frauentoiletten vorzufinden sind, stellen sich als solche Reibungsfläche von intimem und doch öffentlichem Raum dar. In ihrer Serie *Moodboards* (2016–18, S. 119) präsentiert sie mehrere Wickeltische aus Plastik als Skulpturen, wie wir sie aus öffentlichen Toiletten von Restaurants oder Autobahnraststätten kennen. Im Inneren der aufklappbaren Vorrichtungen befindet sich normalerweise eine weiße Plastikfläche, die mit einer weichen Unterlage für das Wickeln eines Babys personalisiert werden kann. In Wermers' Skulptur erwartet uns hier jedoch eine Fläche aus gegossenem Terrazzo. Der Bodenbelag des Terrazzo verweist nicht nur auf öffentliche Räume, sondern trägt auch die Geschichte seines Materials in sich: Anfang des 20. Jahrhunderts wurde er von venezianischen Bauarbeitern aus Resten hochwertiger Baustoffe – etwa Marmorsplittern – und anderen leicht verfügbaren Materialien improvisiert hergestellt. Der Wickeltisch mit Bodenbelag führt also das Prinzip Wickeltisch – um das Kind vom schmutzigen Boden auf angemessene Höhe zu bringen – ad absurdum. Von seiner primären Bestimmung befreit, wirkt die Skulptur nun eher wie ein Designobjekt, das durch seine austarierte Farbgebung überzeugen möchte (in *Artforum* wird die Arbeit gar als »interior-design porn«[35] beschrieben).

Dabei sollte die Arbeit als tiefgründiger gelesen und vielmehr als Verweis auf den Kern feministischer Praxis und Diskurse verstanden werden: Das Private, das Baby, die Familie, die Sorgearbeit ist eben nichts, was hinter verschlossenen Türen eines WCs geschehen sollte, sondern als ein Bereich erfahrbar werden, der einem öffentlichen Raum gleicht – wie ein überfüllter, mit Terrazzo gepflasterter Platz in einem italienischen Sommer. *Who's in the mood for care-work?*

Wermers' Titel verweist bereits auf die emotionalen und mentalen Komponenten, die Fürsorgearbeit einfordert und die sich über das unbehagliche Spannungsverhältnis von privat–öffentlich erstrecken. Damit schließt sie sich einem Diskurs in der Kunst an, der ebendiese unsichtbare und doch so reale Ebene von Sorgearbeit in den Vordergrund rückt. Ein Beispiel für eine berührende Verhandlung der Ambivalenzen von Für_Sorge ist die Arbeit der US-amerikanisch-mexikanischen Künstlerin Elizabeth Catlett. Ihre Lithografie *Torture of Mother*s (1970/2003) sucht nach einer Bildsprache für die existenzielle Qual des Mutterseins, indem sie jene omnipräsente Für_Sorge um

34 Vgl. Susie L. Steinbach: *Understanding the Victorians*, New York 2012.
35 Elizabeth Mangini: »Review: Nicole Wermers«, in: *Artforum*, April 2017.

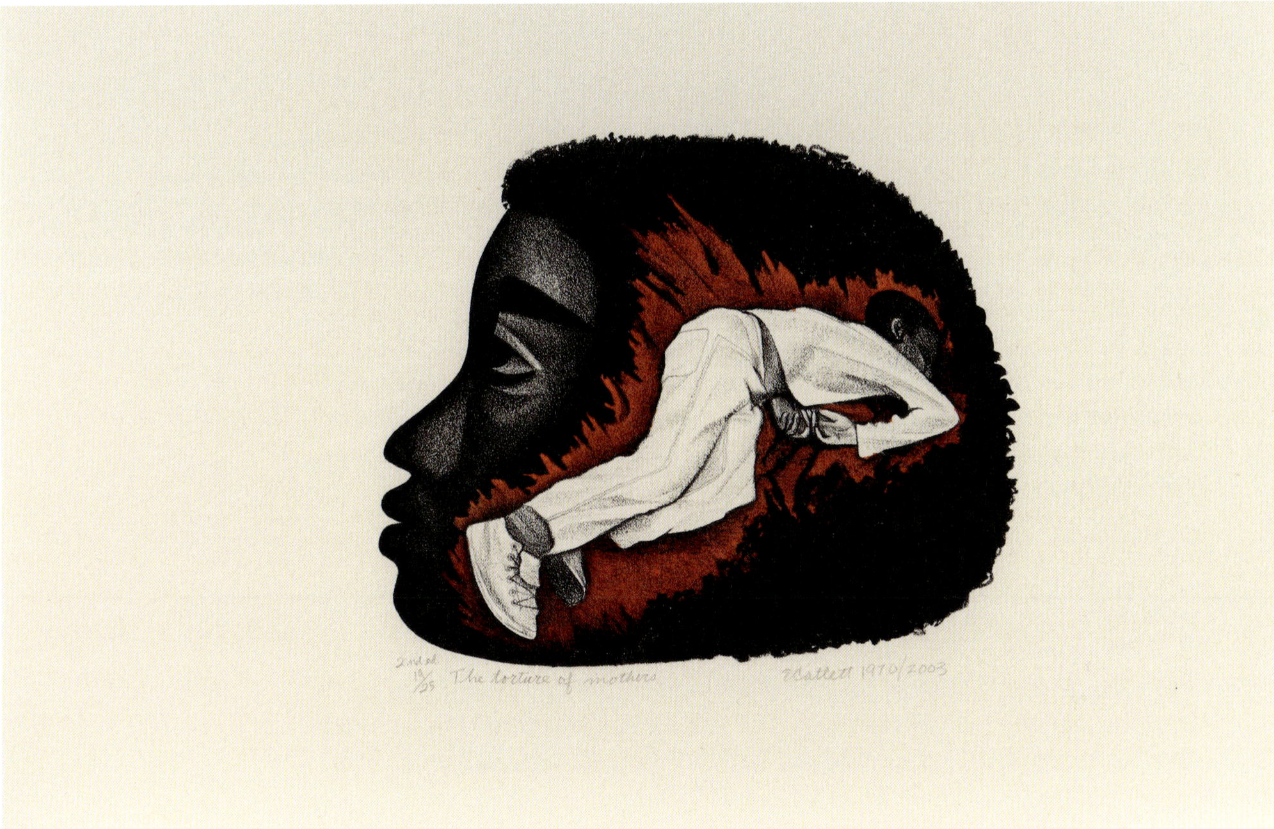

Elizabeth Catlett The Torture of Mothers [Die Qual der Mütter], 1970/2003

das Wohlergehen und den möglichen Verlust eines Kindes visuell greifbar macht. Während im zeitgenössischen Kontext häufig von Mental Load gesprochen wird, muss diese unsichtbare Arbeit des Planens, Denkens und Erinnerns auch aus einer intersektionalen Perspektive betrachtet werden, bei der Rassismus, Gewalterfahrung und strukturelle Ausgrenzung zum Alltag gehören und eine enorme mentale Belastung darstellen. Insbesondere als Schwarze Mutter im Kontext von tief sitzendem Rassismus, Polizeigewalt und Gun Violence in den USA ist die Sorge um ihre Kinder umso ausgeprägter – auch heute noch ist Gun Violence die häufigste Todesursache von Minderjährigen in den USA.[36] Catlett zeigt auf diese Weise auf, dass weder das traute Heim noch öffentliche Plätze wie Schulen oder Straßen von Sorgen befreit sind. Catletts Arbeit lenkt daher unseren Blick unmittelbar auf die Vielschichtigkeiten und Ambivalenzen von Mutterschaft, die politische Realitäten im Wechselspiel von öffentlichem Raum, Schutzbedürfnis, Verwundbarkeit und emotionaler Betroffenheit erfahrbar macht.

36 Johns Hopkins Bloomberg School of Public Health: »Gun-Related Deaths: Firearms Remain Leading Cause of Death for Children and Teens«, 12.09.2024.

Ähnlich berührend ist die Arbeit der norwegischen Künstlerin Frida Orupabo, die mit *Sick at Heart* (2024) eine Collage mit einem Baby aus schwarz-weißen Fragmenten schuf; das Baby wird von dem Teil eines Schwarzen Arms berührt. Das Bild lässt die emotionale Schwere von Fürsorgebeziehungen und deren Abwesenheit spürbar werden. Dadurch ruft Orupabos Arbeit Assoziationen zu weltumspannenden Sorgeketten hervor, in denen weiße, wohlhabende Familien ihre Sorgearbeit an weniger privilegierte Menschen aus dem Globalen Süden auslagern, während die eigenen Angehörigen ohne Fürsorge zurückbleiben.[38] In Orupabos Collage erscheint Care-Arbeit als fragmentierte Realität, als eine entrückte und schmerzhafte Erfahrung, die sich zwischen An- und Abwesenheiten erstreckt.

In vielen Fällen fungiert Mutterschaft auch als *feminist awakening*, als ein Moment der Politisierung: Die Aktionskünstlerin Cesy Leonard spricht beispielsweise davon, dass sie erst Mutter wurde und dann zur Feministin.[37] Auch die Journalistin Lyz Lenz beschreibt die Geburt ihrer Kinder als politisierenden Moment: »Mutter zu sein, machte mich zur Feministin, weil es mir hässliche Wahrheiten über die Gesellschaft vor Augen führte, die ich davor lieber nicht gesehen hatte – Wahrheiten über Frauen, unsere Körper und darüber, wie uns die Gesellschaft bewertet.«[39]

Von dieser Perspektive aus verwundert es nicht, dass viele Bewegungen für soziale Gerechtigkeit und Umweltschutz von Frauen und Müttern getragen werden – nicht weil Fürsorge ihnen »naturgegeben« wäre, sondern weil sie sich häufig in einer sozialen Rolle befinden, in der sie überproportional mit der existenziellen Realität von Ungerechtigkeiten konfrontiert sind. Die »Madres de Plaza de Mayo« versammelten sich in den 1970er- und 1980er-Jahren in Buenos Aires, um gegen die Militärdiktatur und das Verschwinden und Ermorden ihrer Söhne einzustehen,[40] so auch die »Mothers of the Disappeared« in Sri Lanka, die »Cumartesi Anneleri« [Samstagsmütter] in Istanbul oder die südafrikanische Gruppe »Black Sash«. Heute sehen wir die globale Bewegung »Mothers Against Genocide«, die sich gegen die anhaltenden Völkerrechtsverletzungen im Gazastreifen einsetzt, deren Opfer zu siebzig Prozent Frauen und Kinder sind.[41] Die »Mother Rebels*« setzen sich weltweit für das Ausrufen des Klimanotstands ein, um den Planeten für zukünftige Generationen zu bewahren.[42]

37 Vgl. Arlie Russell Hochschild: »Global Care Chains and Emotional Surplus Value«, in: Daniel Engster/Tamara Metz (Hrsg.): *Justice, Politics, and the Family*, New York 2015.
38 Gesa Ufer/Cesy Leonard: »Erst wurde sie Mutter, dann Feministin«, Deutschlandfunk Kultur, 19.10.2025.
39 Lyz Lenz: »How motherhood made me a feminist«, in: *Motherwell*, 06.06.2016.
40 Vgl. Marguerite Guzmán Bouvard: *Revolutionizing Motherhood: The Mothers of the Plaza de Mayo*, Wilmington 1994.
41 Vgl. Reuters: »Nearly 70% of Gaza War Dead Women & Children, UN Rights Office Says«, 08.11.2024, und UN Women: »UN Women estimates over 28,000 women and girls killed in Gaza since October 2023«, 19.05.2025.
42 Vgl. Mothers' Rebellion for Climate Justice, mothersrebellion.com.

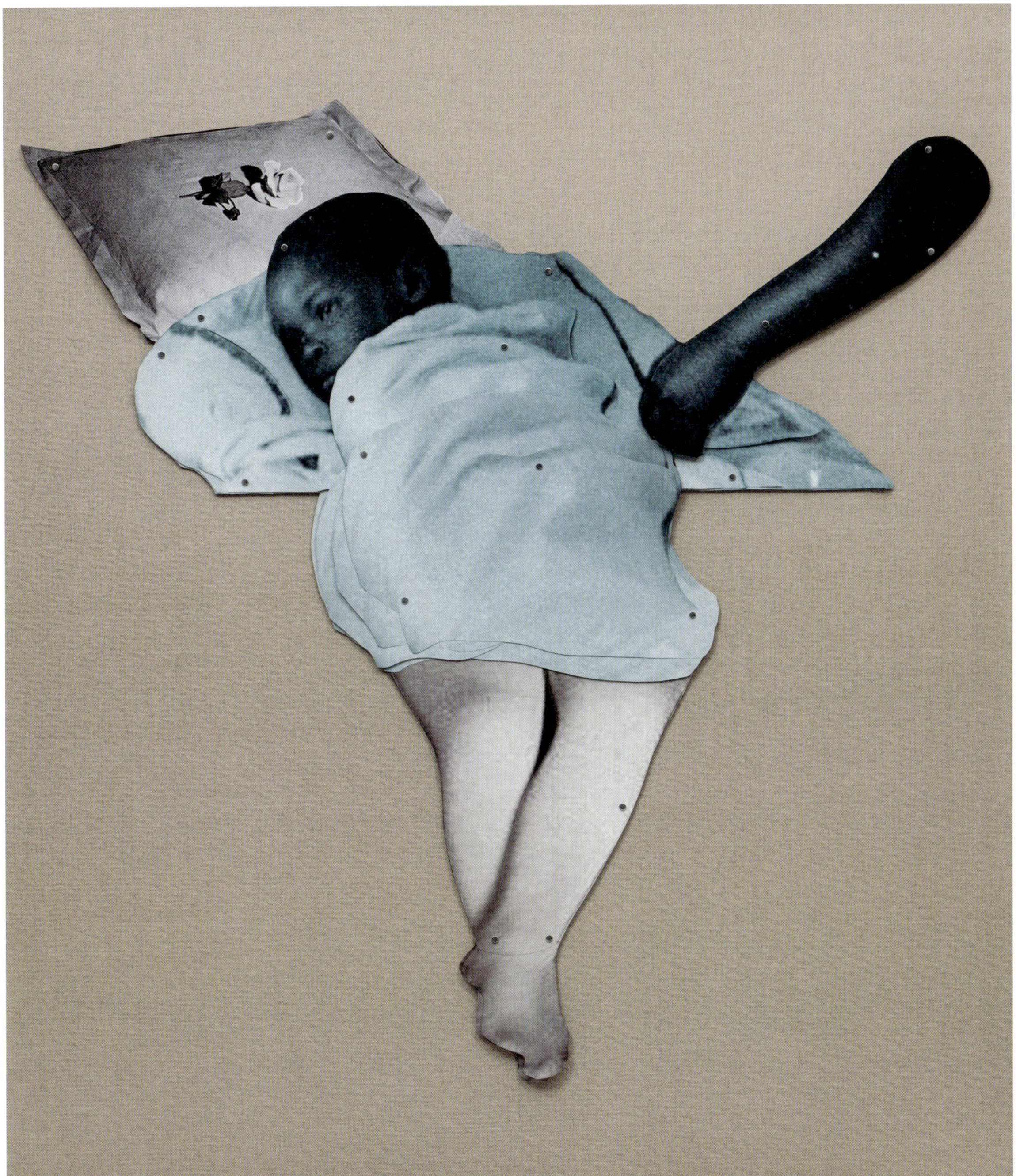

Frida Orupabo Sick at Heart [Herzenskrank], 2024

Ebendiese enge Verknüpfung von Mutterschaft und Fürsorge, in der es um zukünftige Generationen und Umwelt geht, zeigt sich auch in der Installation *Heat it up!* (2020) der Künstlerin Anna Schölß. Eine große Wäschespinne erstreckt ihre Arme in den Raum, an denen bemalte Acrylglasformen hängen, die wie im Wind wehende Geschirrhandtücher und Putzlappen wirken. Dazu erläutert die Künstlerin: »Die geschmolzenen Acrylglastücher beziehen sich auf den Sommer 2017 mit erstmalig von mir sehr intensiv erlebten Hitzetagen um die vierzig Grad. Ich hängte als Mutter die Wäsche auf die Wäschespinne unseres Vermieters im Garten auf, und mir wurde erstmals die Bedrohung des Klimawandels auch in Bezug auf meine kleine Tochter und ihre Zukunft bewusst. Die Wäsche trocknete blitzschnell, und es war gleichzeitig praktisch und bedrohlich. Dieses Gefühl von dauerhaft erlebter Ambivalenz begleitet mich seitdem als Mutter, und ich glaube, es ist ein Gefühl, das auch generell zur Elternschaft gehört.«[43]

Die hier aufgeführten Arbeiten verhandeln also auf unterschiedliche Arten die Ambivalenzen, die sich um (Nicht-)Mutterschaft und Fürsorge entspinnen – sie entlarven, legen offen, verschieben und überschreiben bestehende Narrative. Es geht bei diesen Ansätzen weitaus nicht darum, Mütter als die besseren Menschen oder besseren Künstler:innen zu stilisieren, sondern ihnen als Künstlerinnen mit ihren Erfahrungen, ihren Ängsten, ihren Ambivalenzen rund um Fürsorge einen selbstbestimmten Raum der Repräsentation zu geben.[44] Denn die hier exemplarisch besprochenen künstlerischen Positionen zeigen, wie sie sich – über Generationen hinweg und anhaltender Stigmatisierung zum Trotz – wegweisend mit Fürsorge auseinandergesetzt und damit mindestens an zwei Fronten gekämpft haben: an der thematischen Ausblendung von (Nicht-)Mutterschaft in der Kunstgeschichte und an der strukturellen Benachteiligung von Künstler:innen, die Care-Verantwortung tragen.

III. Artistic Care Revolution Now! Strukturelle Veränderungen und neue Allianzen im Kunstfeld

Die bisherige Recherche zeigt: Solange Care als weiblich gelesene Arbeit verstanden wird, müssen wir Sorgearbeit und Geschlechtergerechtigkeit in Gesellschaft und in den Künsten zusammendenken.[45] Was wir brauchen, sind also Strukturen, die Gleichstellung und Vereinbarkeit in Gesellschaft und Kultur ermöglichen. Es gibt bereits zahlreiche Handlungsvorschläge, die von Initiativen erarbeitet wurden, wie das Manifest »How Not To Exclude

43 Künstlerin Anna Schölß im Gespräch mit Kuratorin Martine Klein zur Ausstellung *I CARE FOR YOU*, Platform München, 2025.
44 Vgl. Bailer 2024, S. 232 ff.
45 Vgl. Sascia Bailer: »Frauen in der Kunst: Viel Care und wenig Kohle«, in: *taz*, 31.05.2025.

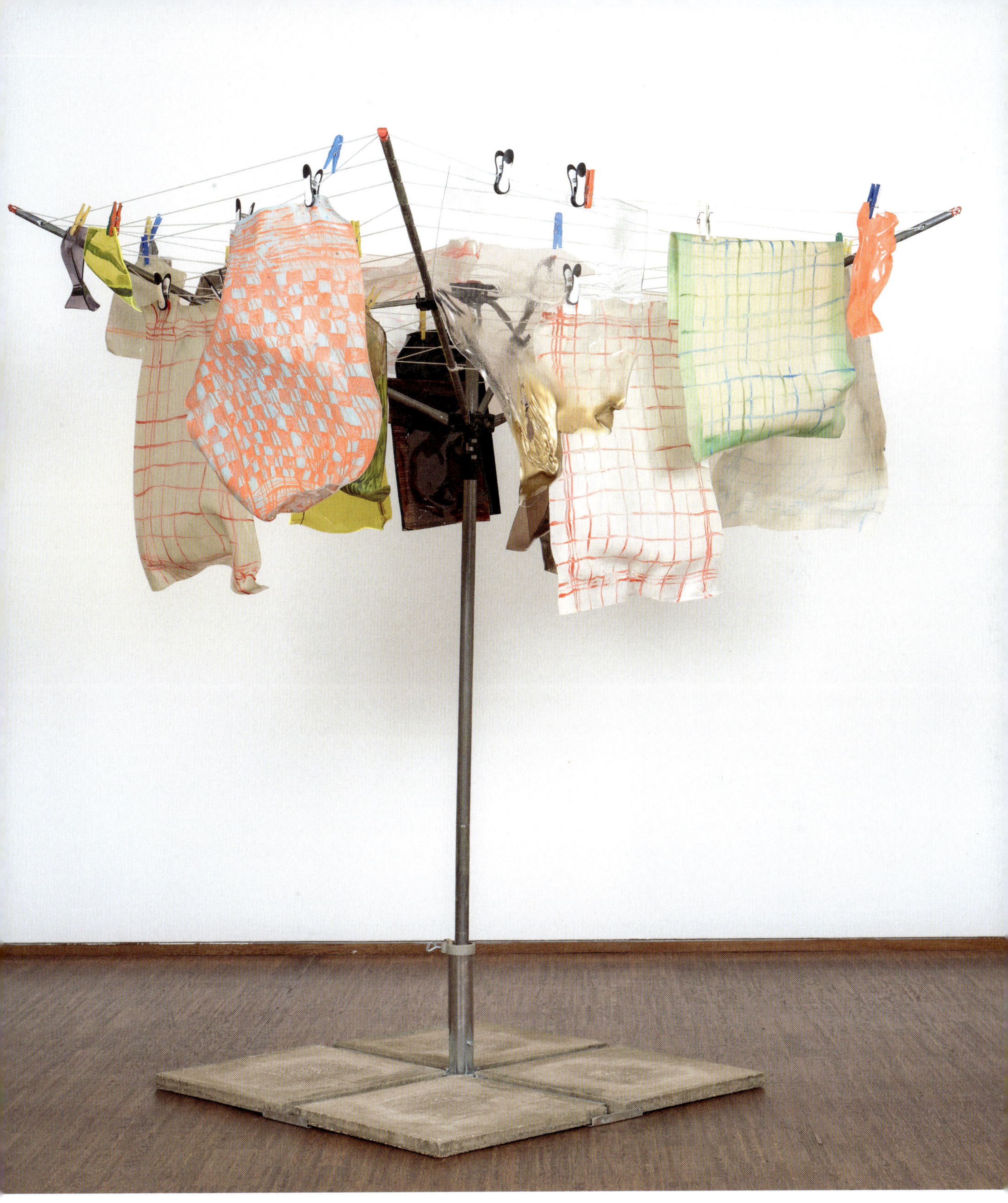

Anna Schölß Heat it up! [Erhitze es!], 2020

Artist Parents: Some Guidelines for Institutions and Residencies«, das von Hettie Judah mit rund dreißig Künstler:innen verfasst wurde.[46] Sie fordern, dass Elternschaft als selbstverständlicher Bestandteil künstlerischer Biografien anerkannt wird und dass Kunstinstitutionen und Residenzen Bedingungen schaffen, die es ermöglichen, Kunst und Fürsorgearbeit miteinander zu vereinbaren. Dazu zählen familienfreundliche Ausschreibungen, flexible Zeitmodelle, finanzielle Unterstützung bei Betreuungskosten und die ausdrückliche Einladung an Künstlerinnen, mit ihren Kindern oder Betreuungspersonen zu reisen. Ebenso soll Elternschaft bei der Vergabe von Stipendien, Preisen und Ausstellungsbeteiligungen weder verschwiegen werden müssen noch als Karrierehindernis gelten dürfen.[47]

Das Manifest reiht sich in einen breiteren Diskurs und eine beginnende soziale Bewegung ein, die sich dafür einsetzt, institutionelle Praktiken zu überdenken und Fürsorge als integralen Bestandteil von Arbeitskulturen im Kunstfeld zu begreifen. Care ist dabei mehr als ein hippes Ausstellungsthema, es fungiert als feministische, ethische Haltung, die es in die Infrastrukturen der Institution zu überführen gilt, als *caring infrastructures*.[48] Mit teils einfachen, aber wirksamen Maßnahmen – von familienfreundlichen Veranstaltungszeiten bis zur Abschaffung von Altersgrenzen – können sich Institutionen Fragen von Gleichstellung und Vereinbarkeit annähern. Ziel ist eine Kunstwelt, die Sorgearbeit nicht länger ins Private verschiebt, sondern die bestehenden Ausschlussmechanismen aufgrund von Care-Verantwortung ernst nimmt – und somit Care als Teil von institutioneller Verantwortung für kulturelle Teilhabe und Inklusion anerkennt.[49]

Diese beginnende Transformation des Kultursektors wird nicht durch einzelne Manifeste oder Akteur:innen erreicht, sondern muss als kollektive Formation verstanden werden. Seit mehr als zehn Jahren haben sich im deutschsprachigen Raum Programme, Initiativen und Netzwerke formiert, die sich für einen geschlechtergerechten und Care-sensiblen Kunstsektor einsetzen: Zwischen 2013 und 2018 veranstaltete die Interessenvertretung der bildenden Künstler:innen in Österreich, IG Bildende Kunst, die Workshopreihe »Kunst & Kind« mit Vernetzungstreffen, um Wissen zu bündeln und Austausch zu ermöglichen.[50] 2015 brachte im Lentos Kunstmuseum Linz die Ausstellung *Rabenmütter. Zwischen Kraft und Krise: Mütterbilder von 1900 bis heute* die Thematik rund um Mutterschaft in der Kunst in die

46 Hettie Judah et al.: »How Not To Exclude Artist Parents: Some Guidelines for Institutions and Residencies«, artist-parents.com.
47 Ebd.
48 Vgl. Bailer 2024.
49 Vgl. ebd.
50 Vgl. IG Bildende Kunst: »Kunst & Kind«, igbildendekunst.at/themen/kunst-und-kind.

Ausstellungsräume.[51] Auch in der freien Szene begannen sich Menschen aktivistisch zu organisieren. In Deutschland gründeten 2018 die Künstlerinnen Anna Schölß und Gabi Blum »K&K – Bündnis Kunst und Kind«.[52] 2019 startete die Hamburger Künstlerin Marcia Breuer die Initiative »Mehr Mütter für die Kunst«; im gleichen Jahr begann ich ebenfalls in Norddeutschland ein partizipatives kuratorisches Programm zum Thema Care, arbeitete mit dem feministischen Kollektiv MATERNAL FANTASIES zusammen und schrieb in meiner wissenschaftlichen Arbeit über die Spannungsverhältnisse von Kunst, Care, Mutterschaft und institutionellem Wandel.[53] 2020, inmitten der Coronapandemie, entstanden das künstlerisch-aktivistische Kollektiv »Mothers*, Warriors & Poets« in Stuttgart, das Literatur-und-Care-Netzwerk »other writers« sowie die Berliner Initiative »fair share! Sichtbarkeit für Künstlerinnen*«.[54] 2021 riefen unsere Schweizer Kolleg:innen das Netzwerk »art+care« ins Leben, und 2022 starteten die »Bühnenmütter*« mit ihrem Netzwerkaufbau für den Bereich der darstellenden Künste.[55] 2021 begann in Wien das Projekt »Mothering Communities«, und Salon HYBRID launchte »Motherboard« in Wien.[56] 2024 formierte sich die österreichisch-deutsche Initiative »Motherhood Art Network«.[57] Unter dem Motto »Artistic Care Revolution Now!« gründete 2025 das CARING CULTURE LAB – als erstes Community-getragenes Kompetenzzentrum für Vereinbarkeit und Gleichstellung in der Kunst – seine digitale Plattform mit einem globalen Mapping der bestehenden Kunst und Care-Initiativen, einer Sammlung an familienfreundlichen Residencys, *better practices* und Handlungsanweisungen.[58] Das Lab zeigt betroffenen Künstler:innen: Du bist nicht alleine, schließ dich uns an. Den Institutionen signalisiert es: Die Lösungen sind vorhanden, auch niederschwellige und kostengünstige, informiert euch und setzt die Barrieren für Eltern in den Künsten herab. Kurzum: Die Kunst-und-Care-Bewegung im deutschsprachigen Raum, aber auch in anderen Ländern wie Großbritannien und den Niederlanden, ist in vollem Gange.

Daraus lassen sich zwei Erkenntnisse ableiten. Erstens: Gäbe es keinen Leidensdruck, würden diese Initiativen nicht wie rebellische Pilze aus dem patriarchalen Humus sprießen. Denn diese Initiativen bedeuten vor allem eins: sehr viel unbezahlte Arbeit. Die Zeit, die Künstlerinnen und andere

51 Vgl. *Rabenmütter. Zwischen Kraft und Krise – Mütterbilder von 1900 bis heute*, Ausstellung im Lentos Kunstmuseum Linz, 2015/16, kuratiert von Sabine Fellner, Elisabeth Nowak-Thaller und Stella Rollig.

52 Vgl. K&K – Bündnis Kunst und Kind München, kundk.xyz.

53 Vgl. Marcia Breuer: »Mehr Mütter für die Kunst«, mehrmütterfürdiekunst.net; Sascia Bailer: »Care for Caregivers: Curating Against the Care Crisis«, in: Elke Krasny/Lara Perry (Hrsg.): *Curating with Care*, London 2023, S. 14–28.

54 Vgl. Mothers*, Warriors & Poets, mothers-warriors-and-poets.net/de; other writers, other-writers.de; fair share! Sichtbarkeit für Künstlerinnen*, fairshareforwomenartists.de/yeswecare.

55 Vgl. art+care Network, artandcare.org; Bühnenmütter*, buehnenmuetter.co.

56 Vgl. Shift Wien, Barbara Mahlknecht: »Mothering Communities«, shift.wien/projekte/motheringcommunities; Salon HYBRID: »Motherboard«, instagram.com/motherboard2.0.

57 Vgl. fair share! Sichtbarkeit für Künstlerinnen*; Motherhood Art Network, instagram.com/motherhood_art_network.

58 Caring Culture Lab, caringculturelab.org/de.

Kulturarbeiterinnen aufbringen müssen, um nicht vom Kulturbetrieb ausgeschlossen zu werden, ist wertvoll, da sie von ihrem kreativen Schaffen abgeht. »Auch wir sollten jetzt eigentlich im Atelier sein und an unseren Werken arbeiten und nicht hier für unsere Rechte einstehen müssen!«, so Gabi Blum und Anna Schölß von K&K bei dem Parlamentarischen Frühstück »Yes, we care!« in Berlin.[59] Diejenigen, die sich ehrenamtlich für einen gerechteren Kultursektor einsetzen, sind zumeist ohnehin schon prekär verortet: kulturschaffende Frauen, Queers, Eltern, Menschen mit Migrationsgeschichte und Menschen mit Behinderungen.[60]

Die Frage, die sich aufdrängt, ist: Wo sind die Männer, wo die Väter? Denn ein Großteil der Netzwerke wird primär von Frauen und Müttern gegründet und geleitet. Es scheint fast so: Der Care-Schuh drückt bei den Vätern (noch) nicht genug, um sich zu engagieren. Die Schriftsteller, Väter und Mitglieder von »other writers« Sebastian Schmidt und Clemens Böckmann begeben sich mit ähnlicher Fragestellung auf die Suche nach literarischen Vorbildern: »Eine Auseinandersetzung mit der Rolle als Vater ist nach wie vor eine Freistelle der deutschsprachigen Literatur. Autoren und Väter, wo seid ihr?«[61]

Auch in der bildenden Kunst mangelt es zwar nicht an erfolgreichen Vätern – man denke nur an Jeff Koons mit seinen acht Kindern –, jedoch ist auch hier eine Leerstelle zu bezeichnen. Warum thematisieren sie in ihrer Kunst nicht die Ambivalenzen als sorgende (oder auch als abwesende) Väter; warum setzen sie sich so selten kulturpolitisch an der Seite von *queer parents* und *artist mothers* für gerechtere Strukturen ein? Es gibt vereinzelt Akteure wie den peruanischen Künstler Hansel Sato, der sich aus seiner Position als Cis-Mann mit Elternschaft beschäftigt und sich aktiv dafür einsetzt, bestehende Rollenbilder aufzurütteln. Ähnlich wie Hannah Cooke inszeniert sich Sato in der Serie *Männer* mit seinem Baby auf einem Bett und blickt ernst in die Kamera (S. 129–131). Begriffe, die mit einem männlichdominierten Wirtschaftssektor assoziiert werden, prangern in nüchternen Lettern über den Fotografien: Führungskompetenz, Leistung, Engagement. Dabei setzt sich Sato gegen die Assoziation von fürsorgenden Männern mit vermeintlicher Schwäche ein und versucht sich herausfordernd an einem Reframing von Männlichkeit. Gleichzeitig zeigt seine Serie die Doppelmoral auf, die vor allem Müttern häufig entgegentritt, wenn sie nach einer Elternzeit zurück in die Erwerbsarbeit möchten: Ihre Sorge-Verantwortung wird ihnen häufig als Nachteil ausgelegt, obwohl in ihrer Sorge um andere viele

59 fair share! Sichtbarkeit für Künstlerinnen*: Parlamentarisches Frühstück »Yes, we care!«, 27.09.2024.
60 Vgl. Bailer 2025.
61 Sebastian Schmidt/Clemens Böckmann: »Vater, der bin ich!«, in: *Frankfurter Allgemeine Zeitung*, 20.10.2024, S. 5.

Für alle hier erwähnten Onlinequellen gilt: abgerufen am 29.10.2025.

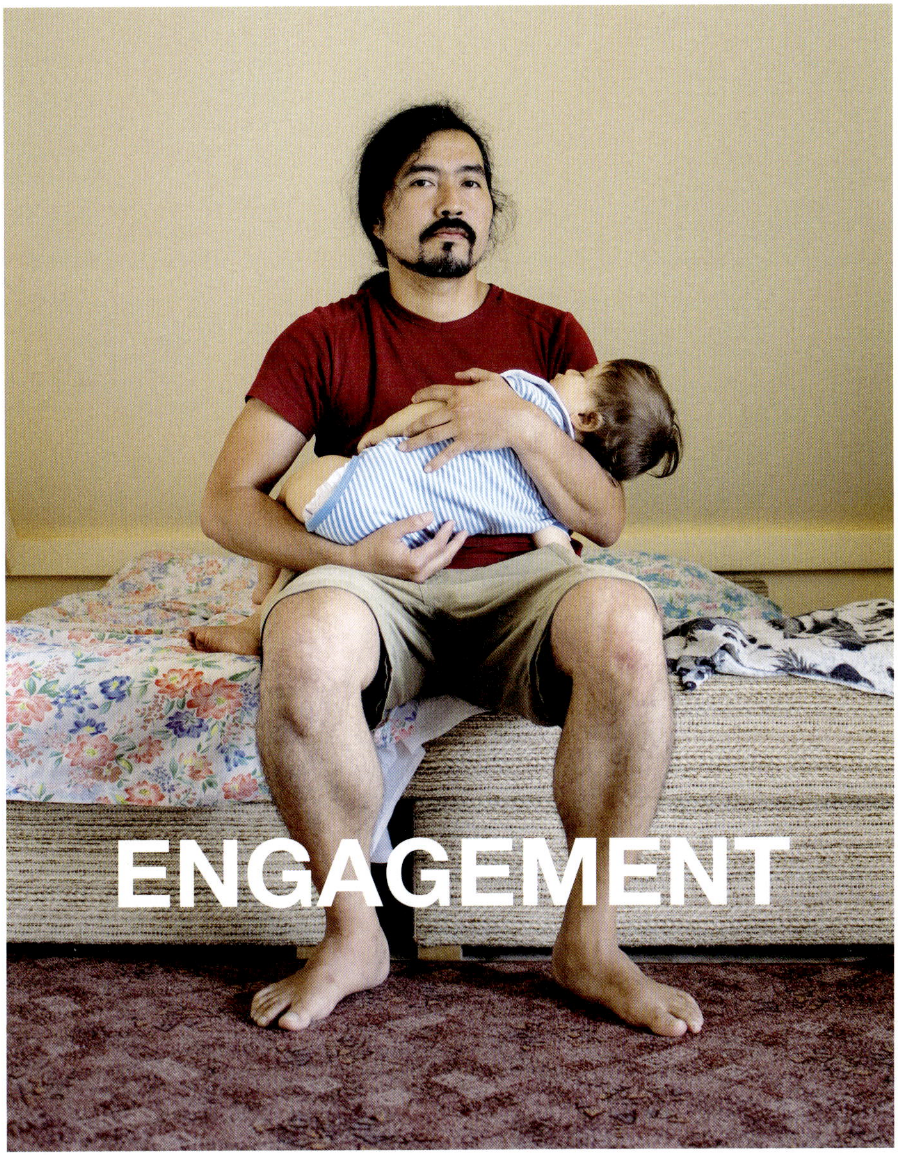

Hansel Sato Engagement aus der Serie *Männer,* 2011/25

zentrale Kompetenzen, die auch im Berufsleben wichtig sind, erlangt oder verstärkt werden. Statt Care mit Kompetenz zu assoziieren, erfahren Sorgearbeitende oft Abneigung oder Ausschluss auf dem Arbeitsmarkt. Positionen wie jene von Sato sind daher eine wichtige Form der Auseinandersetzung mit Caring Masculinities, die auch als eine Form von Allyship zwischen den Geschlechtern verstanden werden können, um gemeinsam Normen und Rollenzuschreibungen aufzubrechen und zu verschieben.

Trotz einzelner wichtiger künstlerischer Positionen sind wir jedoch noch weit von einer breiten männlichen Solidaritätsbewegung entfernt. Solange

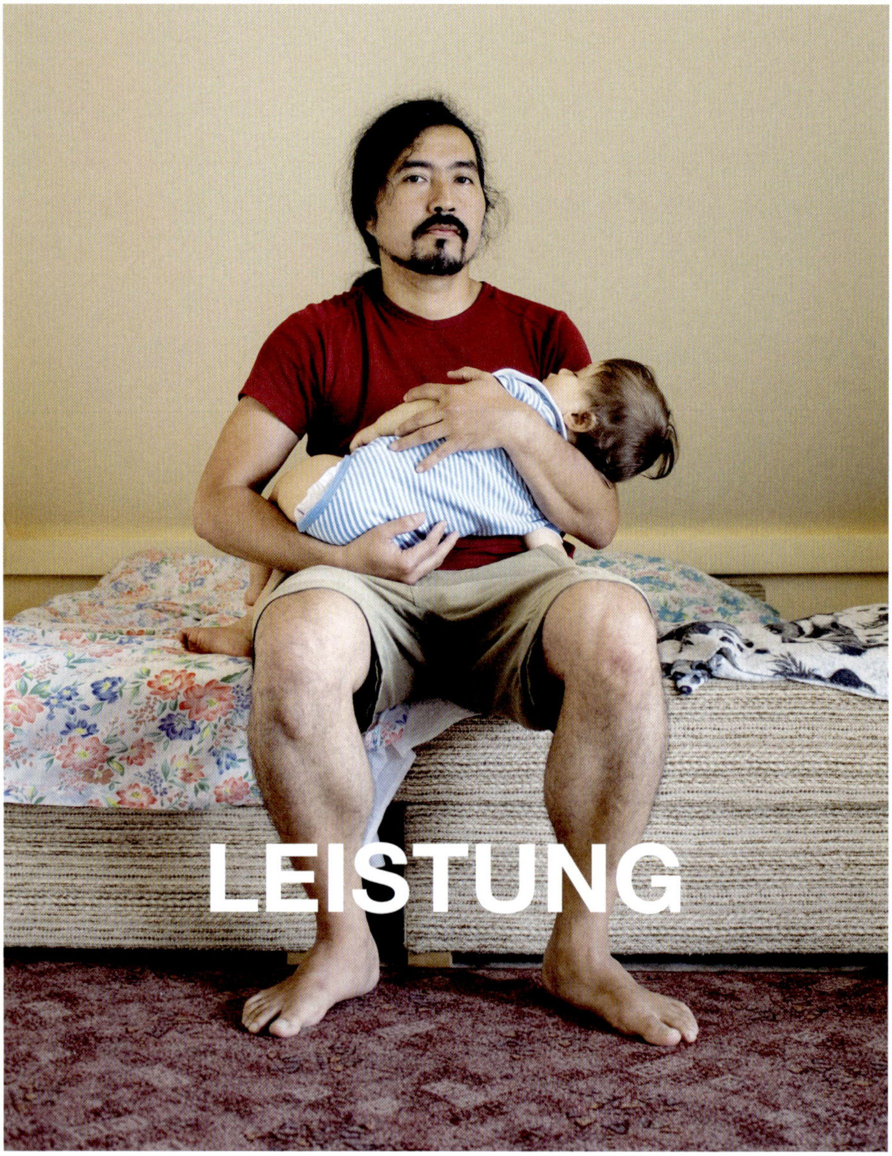

Hansel Sato Leistung aus der Serie *Männer,* 2011/25

Care weiterhin vermehrt auf den Schultern von Müttern lastet, führt dies paradoxerweise für sie zu einem erhöhten Leidensdruck, im Kulturfeld aktiv zu werden, sich zu vernetzen und – trotz ihrer Zeit-und-Geld-Prekarität – aktivistisch zu engagieren.

Das bringt mich zur zweiten Erkenntnis: Trotz bestehender Herausforderungen ist es nicht mehr von der Hand zu weisen, dass sich zurzeit enorm viel tut. Institutionen können sich nicht mehr so leicht davor ducken, ihre Residencys weiterhin nicht für Familien zu öffnen, Stipendien mit Altersbeschränkungen zu versehen, die somit primär Menschen mit Care-Biografien ausschließen,

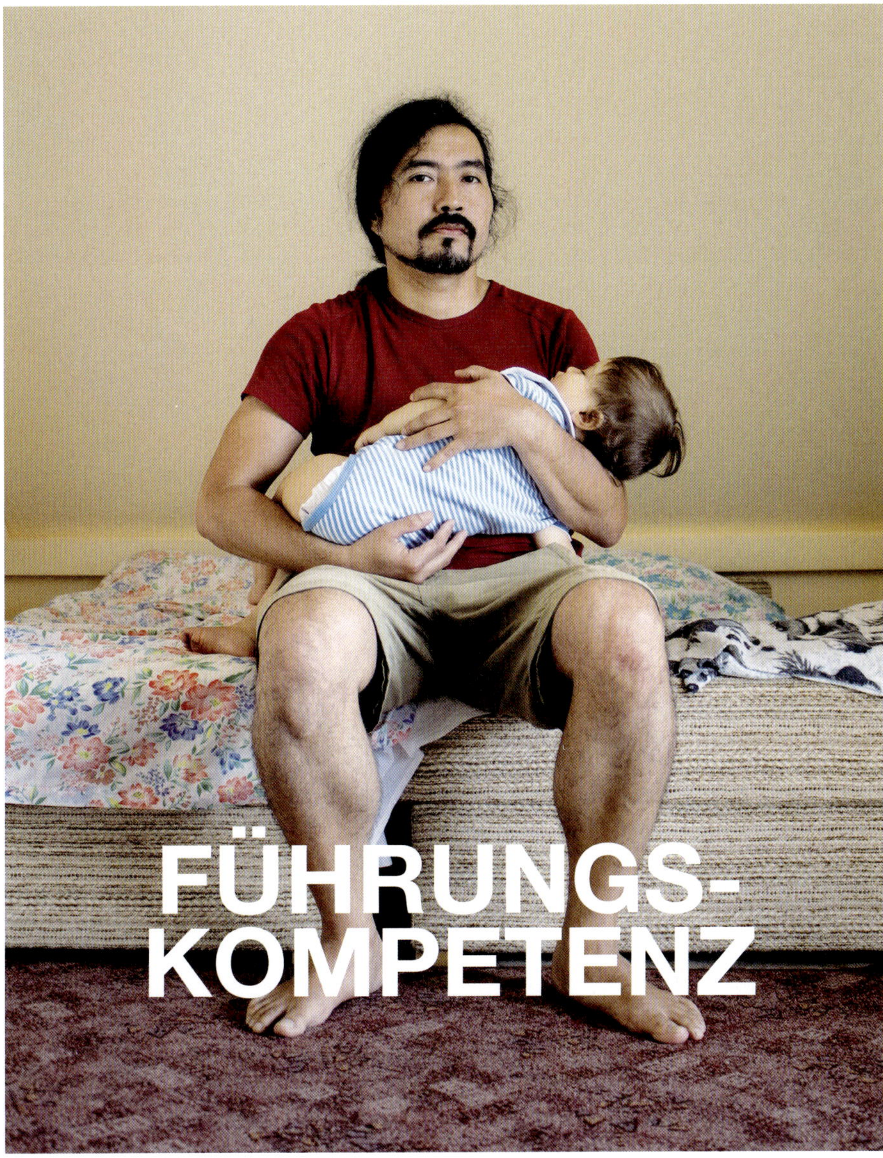

Hansel Sato Führungskompetenz aus der Serie *Männer*, 2011/25

oder all ihre Programme auf abendliche Ins-Bett-bring-Zeiten zu legen. Das bedeutet nicht, dass über Nacht alle Institutionen Care-sensibel geworden wären, aber es bedeutet, dass sich viele Institutionen dem Dialog stellen müssen und dass sich auch junge Künstler:innen in ihrer Elternschaft und in ihrem Anspruch auf Teilhabe empowert fühlen. Bis Mutterschaft und Elternschaft keine Hürde mehr im Kultursektor sind, halten wir es wie Hannah Cooke, die sich eigenwillig in die bestehenden Strukturen einschreibt (S. 106–109). Dabei bedarf Cooke keiner lauten Parolen. Ihr ruhiger, ernster Blick und ihre schiere Präsenz verdeutlichen: *The Mother Artist is Present – and she has come to stay.*

Manifest

Wie wir Künstlerinnenmütter (und andere Elternteile) nicht ausschließen

1. *Die Organisation setzt sich dafür ein, Künstler:innen mit Kind explizit willkommen zu heißen.*
   Stillende Eltern sollen sich wohlfühlen
   Bleiben Sie in Kontakt mit Künstler:innen, wenn sie Eltern werden.
2. *Zu Beginn eines neuen Projekts soll es zum Standard gehören, die Lebensumstände der Künstler:innen in Erfahrung zu bringen, um Strukturen anbieten zu können, die es ihnen ermöglichen, ihren Aufgaben als Eltern ungehindert nachzukommen.*
   Es ist nicht die Pflicht der Künstler:innen, der Institution zu »beichten«, dass sie Eltern sind, es darf nicht sein, dass Künstler:innen fürchten müssen, dass eine solche Information eine eventuelle Künstler:innenresidenz, eine Auftragsarbeit oder eine Ausstellung gefährdet.
3. *Es muss selbstverständlich sein, dass Künstler:innen, die Eltern sind, sowohl mit ihren Kindern als auch mit ihren Partner:innen, ihrem Bezugsmenschen oder einer anderen Betreuungsperson reisen, und dass die Organisation dafür aufkommt.*
4. *Zu Beginn einer Zusammenarbeit sollen die gegenseitigen Erwartungen – inhaltlich und organisatorisch – geklärt werden, um Künstler:innen genug Zeit zu geben, diese in ihre Alltagsplanung zu integrieren.*
   Dringende Last-Minute-Anfragen für Texte, Gespräche oder andere Formate sind zu vermeiden.
5. *Seien Sie bemüht, einen Budgetposten explizit für die Kinderbetreuung von Künstler:innen auszurichten.*
   Es ist wichtig, Betreuungskosten im Voraus mit Künstler:innen zu besprechen und transparent zu kommunizieren, welche Kosten übernommen werden können und welche nicht.
   Künstler:innen müssen diesen Teil ihrer Bezahlung direkt verrechnet bekommen, sodass der Betrag nicht als Einkommen besteuert wird.

6. *Die Programmation von Vernissagen und Events soll Künstler:innen, die Eltern sind, nicht ausschließen.*
Vormittagseröffnungen mit Brunch sind eine gute Alternative zu abendlichen Veranstaltungen, wenn Eltern sich dem Zubettgehen ihrer Kinder widmen.

7. *Es lohnt sich, die Daten der regionalen Schulferien zu berücksichtigen.*
Künstler:innen, die mit Kindern reisen, sollen die Möglichkeit haben, während der schulfreien Zeit Ausstellungen aufbauen zu können.

8. *Altersbeschränkungen für Künstler:innenresidenzen und Preise gilt es zu überdenken oder gleich fallenzulassen, damit sie Künstler:innen nicht ausschließen, deren Karrieren durch Elternzeit und unbezahlte Betreuungsarbeit unterbrochen wurden.*

9. *Es ist wichtig, Künstler:innenresidenzen so anzupassen, dass sie sich nach den Bedürfnissen der Kinderbetreuung richten.*
Die Künstler:innen müssen zum Beispiel ihre Zeit vor Ort in kleinere Portionen einteilen dürfen oder aber, wenn Reisen nicht möglich sind, unterstützt werden, um eine vertiefte Recherche- und Entwicklungsperiode im eigenen Atelier zu gestalten.

10. *Lücken im Lebenslauf zeugen nicht von fehlendem Einsatz oder Engagement.*

Die Karrieren von Künstler:innen sind vielfältig und können oft, aus unterschiedlichen Gründen, nicht durchgehend mit gleichem Einsatz verfolgt werden.
Oft muss mensch Pause machen, um anderen Anforderungen, wie Elternschaft, Platz zu geben. Mensch muss nicht jung sein, um ein »Emerging Artist« zu sein.

Verfasst von Hettie Judah und anderen Müttern.

Übersetzt aus dem Englischen von **Sophie Jung** https://www.artist-parents.com/deutsch [abgerufen am 16.02.2026].

María Laura Rosa

Verkettungen von Abwesenheiten

Identität, Kolonialismus und Unsichtbarkeit weiblicher Arbeit in der feministischen Kunst

»Ein Großteil der westeuropäischen Geschichte hat uns dahingehend geprägt, einfache Gegensätze zu betrachten: dominant/untergeben, gut/böse, oben/unten überlegen/unterlegen. In einer Gesellschaft, in der das Gute über den Profit definiert wird und nicht über die Erfüllung menschlicher Bedürfnisse, muss es immer eine Gruppe geben, der durch systematische Unterdrückung weisgemacht werden kann, sie wäre überflüssig, entmenschlicht und minderwertig. In unserer Gesellschaft besteht diese Gruppe aus Schwarzen, aus Menschen des Globalen Südens, aus der arbeitenden Klasse, älteren Menschen und Frauen.«[1]

Das Paradigma der Häuslichkeit von Frauen in der westlichen Hemisphäre wird von Künstler:innen aus unterschiedenen Teilen der Welt kritisch beleuchtet. Dies gilt ab der zweiten Welle des Feminismus, also ab dem Zeitpunkt, als Carol Hanisch mit ihrem Leitspruch »Das Private ist politisch« die Komplexitäten des privaten Lebensbereichs und deren Auswirkungen auf den öffentlichen zusammenfasst. In diesem Zusammenhang analysieren feministische Künstlerinnen sich aus der Verteilung von Care-Arbeit ergebende Geschlechterproblematiken, die gleichzeitig von Fragen nach Klasse und ethnischer Zugehörigkeit durchzogen sind, und zeigen so, lange bevor der Begriff »Intersektionalität«[2] in die Theorie Eingang fand, die Gleichzeitigkeit verschiedener Unterdrückungsformen auf. Die patriarchalen Strukturen der kanonischen Kunstgeschichte bedingen neben der Radikalität des künstlerischen Schaffens dieser Frauen die Unsichtbarkeit ihrer Werke im System Kunst sowie die Indifferenz, mit der sie betrachtet werden. In den letzten Jahrzehnten arbeiten Forscher:innen auf diesem Fachgebiet nun allerdings an einer Aufwertung feministischer Kunstwerke und deren Einbeziehung in den Diskurs der zeitgenössischen Künste, um ihnen letztlich den Platz einzuräumen, der ihnen zusteht.

1 Audre Lorde: *Sister Outsider »Nicht die Unterschiede lähmen uns, sondern Schweigen«*, München 2023, S. 121.
2 Die erste Verwendung des Begriffs im Jahr 1989 wird gemeinhin der US-amerikanischen Aktivistin und Akademikerin zugeschrieben.

Gemäß dem Zitat von Audre Lorde sind nicht-*weiße* Menschen in anderer Weise von Unterdrückung betroffen als *weiße,* die Auswirkungen derselben sind folglich von wirtschaftlichen Faktoren sowie dem jeweiligen Wohnort abhängig. Hervorzuheben ist jedoch, dass eine geteilte Unterdrückungserfahrung nicht bedeutet, dass diese für alle Klassen und Ethnien gleich wäre, weshalb an Stelle verallgemeinernder Begriffe situativ gezielte Analysen angebracht sind. Hierzu führt die afroamerikanische Schriftstellerin bell hooks beispielsweise im Jahr 1990 an: »Historisch gesehen haben sich Schwarze Frauen der suprematistischen *weißen* Vorherrschaft widersetzt, indem sie arbeiteten, um sich ein Zuhause aufzubauen. Ungeachtet der Tatsache, dass ihnen diese Rolle durch Sexismus zugewiesen wurde.«[3] Folglich können wir nicht sagen, dass die Care-Arbeit in derselben Weise auf so mancher weiblicher Person of Color lastet – hooks bezieht sich auf die Afroamerikanerinnen der zweiten Hälfte des 20. Jahrhunderts –, da der eigene Haushalt und die dortige Arbeit einen Raum konstituieren, der frei von Rassismus ist, wenn auch nicht von Sexismus. Die guatemaltekische Schriftstellerin Aura Cumes äußert sich hierzu in ähnlicher Weise: »Sowohl der Kolonialismus als auch das Patriarchat vermochten es, den Lebenssinn innerhalb der Gesellschaftsordnung, in der wir leben, zu beeinflussen, denn sie greifen in Machtstrukturen ein und formen uns entsprechend unserer Position innerhalb des Systems aus Hierarchien und Privilegien. Sie strukturieren uns von innen heraus um. Die Kolonialisierung unterdrückte die Männer im öffentlichen Raum, verhalf ihnen jedoch zu mehr Macht im privaten Bereich. Die Kolonialisierung rückte *weiße* Frauen in einem rassistischen Pakt näher an die Männer heran, denn obwohl sie geschlechterspezifische Unterschiede voneinander trennen, verbinden sie ethnische Privilegien. Entsprechend könnte sich die interne Umstrukturierung der Gesellschaft ausgehend von der Erkenntnis vollziehen, wie sich in unserem jeweiligen Leben die Machtstrukturen auswirken, die wir uns zu eigen gemacht haben.«[4]

In Bezug auf Abya Yala[5] kommt zu den feministischen Theorien des ersten Jahrzehnts des 21. Jahrhunderts, welche von Frauen aus der urbanen Oberschicht – mehrheitlich *Mestizinnen* oder *Weiße* – entwickelt wurden, das aufgrund seiner Vielfalt an Positionen äußerst reiche und komplexe Gedankengut kommunitärer Feminismen hinzu. Obwohl eine der Charakteristiken dieser Strömungen darin besteht, dass sie sich in der Interpretation der

3 bell hooks: *Yearning: race, gender, and cultural politics*,. Boston 1990, S. 44.

4 Aura Cumes: »Mujeres indígenas, patriarcado y colonialismo: un desafío a la segregación comprensiva de las formas de dominio«, in: *Anuario Hojas de Warmi* 17, 2012, S. 1–16.

5 Diese Bezeichnung wird von Indigenen Organisationen für den amerikanischen Kontinent verwendet. 1977 wurde sie vom Weltrat der Indigenen Völker offiziell eingeführt und kommt aus der Sprache der Guna oder Kuna – einem aus Kolumbien und Panama stammenden Indigenen Volk. »Abya« bedeutet Öffnung des Blutes oder gereifte Mutter und »Yala« Erde oder Territorium.

präkolumbischen Vergangenheit und ihrer Verbindung zum Patriarchat widersprechen, verurteilen sie doch einvernehmlich die dreifache Gewalt durch Patriarchat, Kolonialismus und Ressourcenausbeutung, der Indigene Frauenkörper ausgesetzt sind. Francesca Gargallo Celentani fasst es folgendermaßen: »Für die Frauen von Abya Yala bedeutet ihre ›ethnische Identität‹ eine ebenso große Marginalisierung wie die sexuelle Unterordnung im Bereich der Geschlechterbeziehungen innerhalb ihrer Kulturen. Die Indigenen Feminismen haben verstanden, dass Frauen nicht nur als Menschen weiblichen Geschlechts betrachtet werden können und dass ebenso wenig alle Geschlechterbeziehungen eine gleichartige Marginalisierung der Frauen bedeuten. Hierbei handelt es sich um zutiefst politische Formen des Feminismus: Theorien für eine Bewegung, innerhalb derer Frauen zum Subjekt werden, um die Machtverhältnisse zu verändern. Aus diesem Grunde ist es für Indigene Feministinnen unmöglich, die Geschichte der Völker, denen sie angehören, sowie anderer Indigener Völker, mit denen historische Ähnlichkeiten bestehen, außer Acht zu lassen, ebenso wie die Entwicklung der Nationalstaaten, die sie verleugnen und unterdrücken. Gemeint sind hier jene Gruppierungen von *Weißen* und *Mestizen* (oder nur *Weißen*), die für sich ein Monopol auf die Geschichte Amerikas beanspruchen.«[6]

Die Häuslichkeit bietet, gemeinsam mit all den Problemen, die sich daraus ableiten, einen fruchtbaren Boden für die Arbeit feministischer Künstlerinnen, zumal die Künste einen privilegierten Raum für eine Sensibilisierung für Ungleichheiten und verschiedene Arten der Unterdrückung bieten, welche das Patriarchat auf Cis- und Transfrauen ausübt. Zahlreiche Künstlerinnen, deren Werke sich in der SAMMLUNG VERBUND befinden, behandeln diese Problematik ausgehend von der Vorstellung der künstlerischen Kreation als eine in eine bestimmte Situation eingebundene Tätigkeit, bei der man also nicht isoliert, sondern in einem Kontext arbeitet, in dem Ungleichheiten hinsichtlich Geschlecht, ethnischer Zugehörigkeit, Klasse und Geschlechtsidentität erlebbar sind. Diese bezeichne ich im vorliegenden Text als »Verkettungen von Abwesenheiten«.

Diese verketteten Abwesenheiten wirken innerhalb des Systems Kunst[7] auf das Ziel hin, Betrachter:innen von den wirklichen Problemen, unter denen unsere Welt leidet, abzuspalten. Der Fokus auf Ungleichheiten hat allerdings zur Folge, dass sich feministische Künstlerinnen in einer unbequemen Position wiederfinden, denn indem sie mit dem brechen, was traditionell als

6 Francesca Gargallo Celentani: *Feminismos desde Abya Yala. Ideas y proposiciones de las Mujeres de 607 pueblos en nuestra América*, Bogotá 2015, S. 147.

7 Unter »System Kunst« verstehe ich den Kreislauf aus Kunstinstitutionen wie Museen, Kulturzentren, Stiftungen, Stipendien und Preisen, Galerien und Kunstmarkt, Kunstgeschichte und ihren Narrativen, Kunstkritik und Presse. Die Künstlerinnen und ihre geschlechtsspezifische Dissidenz nehmen eine marginale Stellung innerhalb dieses Systems ein, in dem das Patriarchat mit wirkmächtigen ethnischen und klassenspezifischen Verzerrungen operiert.

politische – das heißt, den Staat und das Gemeinwohl betreffende – Kunst galt, werden wir gezwungen, über Fragen zu diskutieren, die alle Menschen betreffen. Dies bedeutet den Schritt von makroskopischen zu mikroskopischen Alltagsproblematiken, die uns unmittelbar angehen, unser Bewusstsein herausfordern und uns mit Fragen konfrontieren. Die Verkettungen alltäglicher Abwesenheiten, bei denen die künstlerische Erzählung von Ungleichheit und gesellschaftlicher Unzufriedenheit ansetzt, stellen die Nachhaltigkeit unseres alltäglichen Wohlergehens infrage, da die öffentliche Debatte im Sinne tatsächlicher Veränderungen fehlt.

Sandra Eleta, Natalia Iguiñiz Boggio, Letícia Parente, Laura Ribero, Mary Sibande, Lorna Simpson und Nicole Wermers gehören unterschiedlichen Generationen und Ländern an, und doch eint sie das Bestreben, gesellschaftliche wie wirtschaftliche Problematiken der Care-Arbeit sichtbar zu machen. Einige ihrer persönlichen Erfahrungen prägen auch ihre Werke, darunter Rassismus, Klassismus, Sexismus, Frauenfeindlichkeit; Fragen, die an den Leitspruch aus den 1970er-Jahren anknüpfen: »Biologie ist kein Schicksal«. Dieser Leitspruch steht für die Ablehnung biologistischer Erklärungen für Geschlechterungleichheit und insistiert darauf, dass das Argument, Geschlecht sei ein »Produkt der Natur«, selbst Ergebnis gesellschaftlicher, politischer und historischer Kräfte ist. Die genannten Ungleichheiten gewinnen besondere Bedeutung auf dem Gebiet der Care-Arbeit: Diese wird häufig gar nicht oder schlecht vergütet, und es wird auf auf Arbeitnehmer:innen aus der Schicht der Arbeiter und Bauern zurückgegriffen, die häufig Indigen oder Schwarz sind.

Das Konzept des Nullpunkts

»Reproduktive Arbeit ist [...] die Arbeit, in der die Widersprüche, die der ›entfremdeten Arbeit‹ inhärent sind, am explosivsten zutage treten, und das ist der Grund, warum es sich dabei um den Ground Zero *der revolutionären Praxis handelt, auch wenn es durchaus noch andere gibt. Denn es gibt nichts anderes, das auf unser Leben so bedrückend wirkt, wie die Verwandlung der Tätigkeiten und Beziehungen, die unsere Bedürfnisse befriedigen, in Arbeit. Umgekehrt können wir durch diese alltäglichen Tätigkeiten unser Dasein hervorbringen und unsere Fähigkeit zur Kooperation entwickeln und nicht nur dieser Entmenschlichung widerstehen, sondern auch lernen, die Welt als einen Raum des Nährens, der Kreativität und der Fürsorge neu zu erschaffen.«*[8]

8 Silvia Federici: *Revolution at Point Zero: Hausarbeit, Reproduktion und feministischer Kampf*, Münster 2021, S. 21.

Nach Silvia Federicis Verständnis schafft die Care-Arbeit einen günstigen Ausgangspunkt, um einen radikalen gesellschaftlichen Wandel anzustoßen. Tatsächlich stellt nach den Ausführungen der italienisch-US-amerikanischen Theoretikerin in *Revolution at Point Zero: Hausarbeit, Reproduktion und feministischer Kampf* (2021) die reproduktive, die häusliche und die Care-Arbeit die Grundlage dar, auf der sich die produktive Arbeit und damit der Kapitalismus aufrechterhalten kann. Die Umwandlung dieses im Patriarchat verwurzelten Prinzips und seine konsequente Verortung im Zentrum des gesellschaftlichen Kampfes, weg von der Vorstellung, dass es sich dabei um eine spezifische Frauenproblematik handelt, wird einen unausweichlichen radikalen Wandel gesellschaftlicher Organisationsformen herbeiführen.

Etliche künstlerische Arbeiten ebnen den Weg für theoretische Betrachtungen wie jene von Federici, da sie kritische feministische Positionierungen vorwegnehmen oder gleichzeitig mit ihnen entstehen. In diesem Sinne sind Sandra Eleta und Letícia Parente, beide Künstlerinnen aus Abya Yala, Pionierinnen bei der Reflexion von Fragen ethnischer Zugehörigkeit und Klasse in Verbindung mit Care-Arbeit in ihren jeweiligen Heimatländern.

In ihrer Serie von Porträtfotografien *La servidumbre* [Die Dienstbarkeit] von 1978–89 untersucht die Panamaerin Sandra Eleta stille Formen des Widerstands mittels häuslicher Arbeit und reflektiert dabei Machtverhältnisse, Klassen- und ethnische Gesellschaftsgefüge. Die zwischen Madrid und Panama entwickelte Serie verharrt bei den täglichen Spannungen, die das Leben jener prägen, die historisch gesehen den Platz der Bediensteten einnehmen. Hierzu kommentiert Eleta: »Zu keinem Zeitpunkt habe ich irgendeine Absicht verfolgt, es war vielmehr eine Notwendigkeit, die Situationen der mir nahestehenden Menschen um mich herum festzuhalten. In Madrid, wo ich wohnte, gab es Hausangestellte, die schon lange dort lebten, und andere, die eben erst angekommen waren. Mich hat interessiert, wie sich diese Menschen ihrer dienenden Rolle stellten.«[9] Eleta untersucht die Veränderungen dieser Arbeit im Laufe der Generationen: Junge Frauen bringen mehr Autonomie mit, ältere führen ihre Arbeit im Stillen aus oder verschwinden beinahe im Hintergrund des Hauses. Mit der imponierenden, hochmütigen und herausfordernden Darstellung von *Edita, la del plumero* [Edita (die mit dem Staubwedel)] (1978) bricht sie mit dem Stereotyp der unterwürfigen Hausangestellten, indem sie einen aufsichtigen Bildwinkel wählt, der die Hausarbeiterin über die Kameraperspektive erhebt und somit das von Unterwürfigkeit geprägte kollektive Bildgedächtnis unterläuft. Tonia Andresen merkt dazu an: »Der Staubwedel, der zusammen mit ihrer

9 Gespräch der Autorin mit Sandra Eleta, 2017.

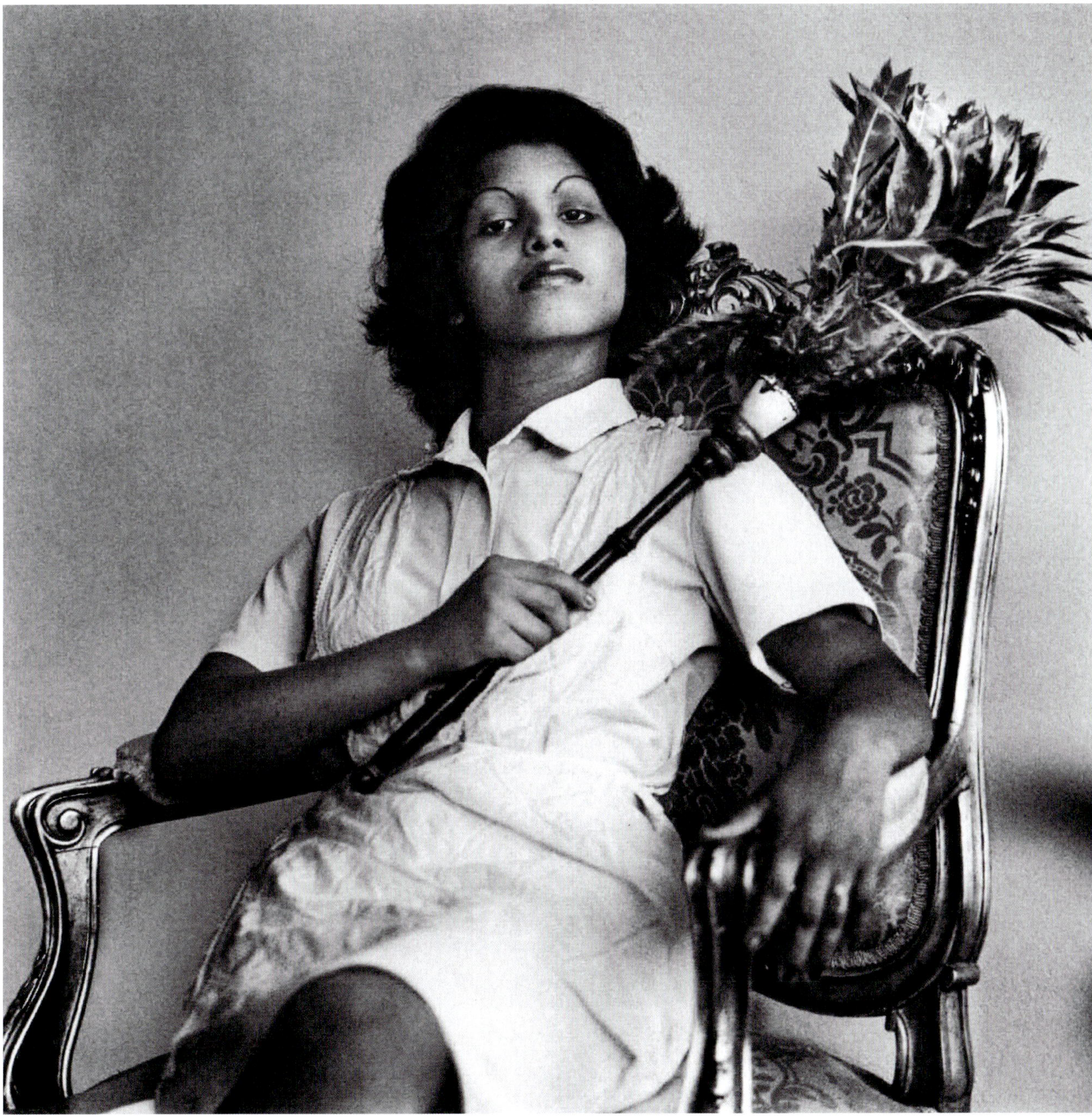

Sandra Eleta Edita (la del plumero), Panamá [Edita (die mit dem Staubwedel), Panama]
aus der Serie *La servidumbre* [Die Dienstbarkeit], 1978–89

Kleidung die einzigen Attribute bildet, die sie als Hausarbeiterin ausweisen, wird gehalten wie ein Zepter.«[10] Dabei übergeht das Werk keinesfalls die rassistischen Themen *weißer* Vorherrschaft: Edita ist eine afropanamaische *Mestizin*, deren makellos weiße Arbeitskleidung in Kontrast zu ihrer Hautfarbe steht. Ihr geglättetes und sorgfältig frisiertes Haar ist kein unbedeutendes Detail in einem Land, in dem rassistische Zuschreibungen und Stereotype alltäglich sind. Das despektierliche Sprechen über Personen of Color ist hier an der Tagesordnung, indem beispielsweise von »pelo malo« beziehungsweise »schlechtem Haar« die Rede ist, wenn es um das stark gelockte Haar afrodeszendenter Menschen geht.

Die Künstlerin Letícia Parente, eine Pionierin im Bereich experimenteller Videokunst in Brasilien, spricht von Rassismus und von Sexismus innerhalb der Care-Arbeit. Sie kam in Salvador de Bahía im brasilianischen Nordosten zur Welt, einer Region, in der Personen of Color einen Anteil von über achtzig Prozent der Gesamtbevölkerung ausmachen. Im Dienst der Zuckerproduktion, die nur mittels Arbeit versklavter Menschen möglich war, wurde zu Zeiten der portugiesischen Kolonialherrschaft eine extrem hohe Anzahl Menschen aus Afrika gewaltsam in diesen Teil des Landes verbracht. Heute leben in Salvador die meisten afrikanischstämmigen Menschen außerhalb Afrikas, was die sozialen Hierarchien und das rassistische Gedankengut verstärkt. Ihr ganzes Leben lang lehrt Parente an der Universität – vor ihrer künstlerischen Laufbahn verfolgt sie zunächst eine akademische Karriere –, weshalb sie selbst Hausangestellte beschäftigt, um die Betreuung ihrer fünf Kinder sowie den Familienalltag organisieren zu können. Vor diesem Hintergrund zeigt ihr Werk *Tarefa I* (1982) eine Frau of Color dabei, wie sie die bäuchlings auf einem Bügelbrett liegende Künstlerin in der beengten und oppressiven Waschküche im hinteren Bereich des Hauses bügelt. Die in diesem Werk eingefangene Gewalt erinnert an die Worte Simone de Beauvoirs: »In ihre Häuslichkeit eingeschlossen, kann die Frau nicht selbst ihre Existenz unterbauen. Sie hat nicht die Mittel, sich in ihrer Sonderheit zu behaupten. Eine solche wird ihr infolgedessen auch gar nicht zuerkannt.«[11] Dementsprechend beschreibt Katia Maciel den Haushalt in Parentes Werken als Gefängnis: »Die Videos, welche die Künstlerin zwischen 1975 und 1982 produzierte, zeigen Bilder von Frauen, die niemals das Haus verlassen. [...] Mit dem Bügeleisen ordnet sie die Positionierung von Chefin und Angestellter sowie von Kleidung und Körper neu. Das Haus steht dabei für Familie, Religion, Land – es steht für alles und alle gleichzeitig.

10 Tonia Andersen: »Küchenpolitik als Klassenpolitik. Care-Arbeit in der Kunst aus Abya Yala seit den 1980er Jahren«, in: *Kochen, Putzen, Sorgen. Care-Arbeit in der Kunst seit 1960*, hrsg. v. Friederike Sigler/Linda Walther, Berlin 2024, S. 226.

11 Simone de Beauvoir: *Das andere Geschlecht. Sitte und Sexus der Frau*, Reinbek beim Hamburg 1968, S. 509.

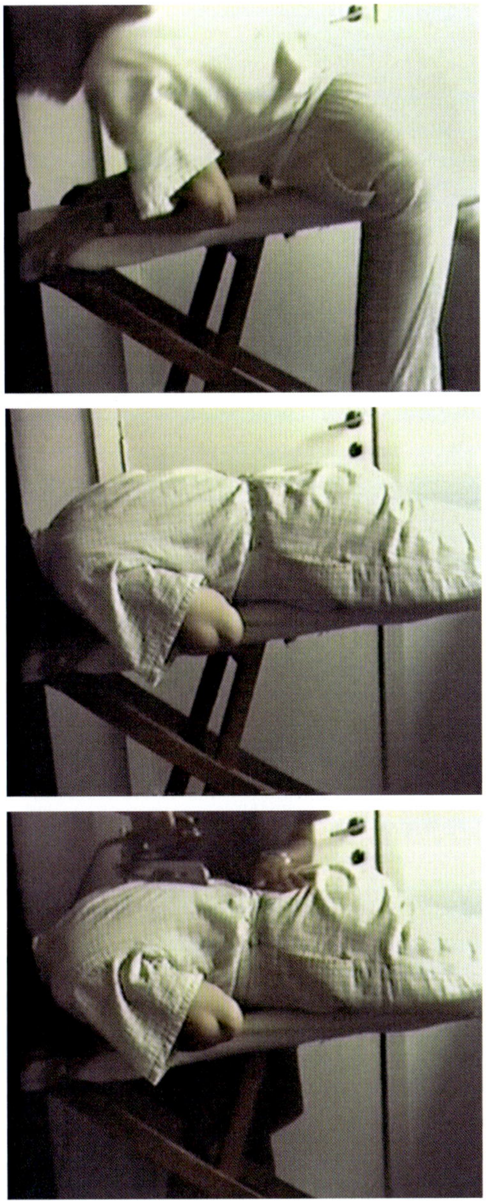

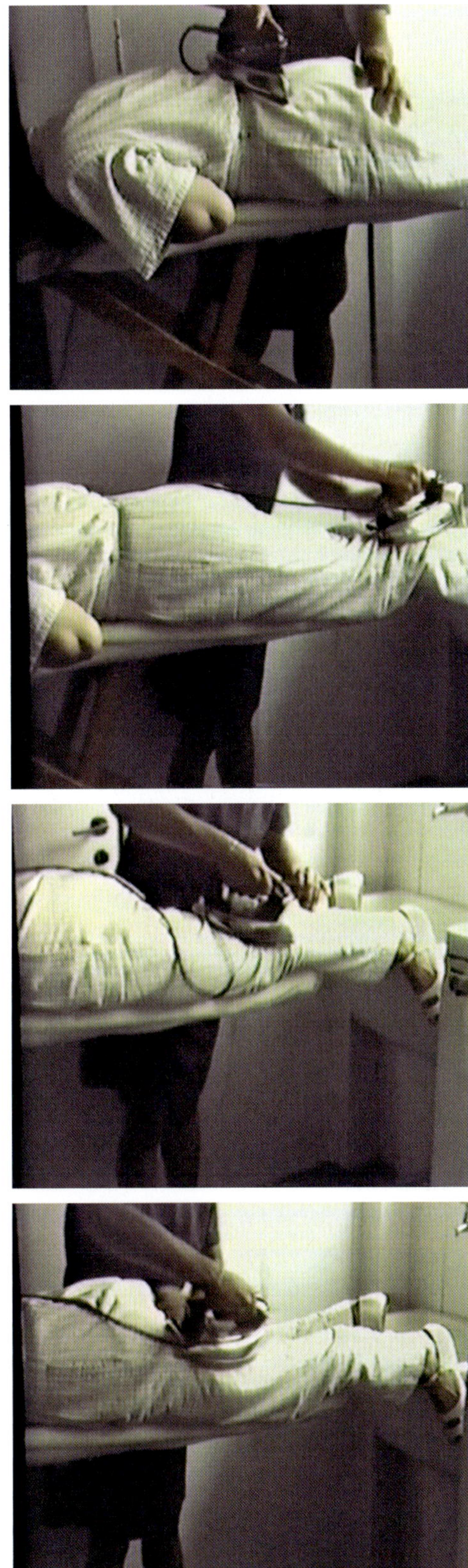

Letícia Parente Tarefa I [Aufgabe I], 1982

Was wir sehen, ist roh, ungeschönt, ohne Hintergedanken.«[12] Zugleich verbindet sich die häusliche Unterdrückung mit der übertriebenen Verehrung der »Hausengel«[13], den das De-facto-Regime, das während der Entstehung von *Tarefa I* in Brasilien herrschte, hervorgebracht hat. Der Identitätsverlust der Hausangestellten – ihr Gesicht befindet sich außerhalb des Bildausschnitts – rückt den Körper als das Element in den Vordergrund, in dem sich die Arbeitskraft konzentriert – vor allem in Armen und Händen. Dabei erzählt es vom Verborgenhalten der Sorgearbeit, die nicht selten in abgeschiedenen Bereichen des Hauses außer Sichtweite der anderen stattfindet, und dies bei unzureichendem Lohn und unterbewertetem Status. Das Gesicht, das in der westlichen Tradition mit Identität assoziiert wird, bleibt außerhalb des Bildausschnitts, was seinerseits die Objektivierung der nicht-*weißen* Hausangestellten verdeutlicht und so eine direkte Verbindungslinie zum tief verwurzelten brasilianischen Rassismus zieht.

Ebenso verhält es sich in manchen Breiten von Abya Yala, wo sich viele Schwarze und Indigene Frauen gezwungen sehen, ihre eigenen Haushalte zu verlassen, um Care-Arbeit für andere zu übernehmen und sich damit in Vollzeit in das Leben von Familien zu integrieren, die ihnen sowohl kulturell als auch ethnisch fremd sind. Eine ähnliche Situation herrscht in Afrika. Die südafrikanische Künstlerin Mary Sibande reflektiert die Verbindungen zwischen Kolonialismus und Rassismus. Sie gibt einer Schwarzen Hausangestellten, die sie in einer Werkserie darstellt, den Namen Sophie. Diese Figur steht innerhalb der gesamten Serie als Symbol für die Resilienz Südafrikas nach dem Ende der Apartheid. Hierzu erläutert die Künstlerin: »Die Figur der Sophie ist mein Alter Ego, sie lebt Fantasien der Frauen aus, die in meiner Familie mütterliche Rollen innehatten. Ich habe es mir zur Aufgabe gemacht, diese mythische Figur zu erschaffen, und baute sie auf Grundlage der Geschichten auf, die meine Vorfahren früher mit mir geteilt haben. Diese Geschichten wurden aus dem politischen System der Apartheid gespeist, das für eine besonders verarmte gesellschaftliche Stellung und für ganze Lebensgeschichten in ausbeuterischen Dienstverhältnissen verantwortlich war. Sophie ist als Kulmination des kollektiven Eskapismus dieser Frauen entstanden, den ich in diesem Werk einsetze, um mittels Skulptur, Kleidung

12 Katia Maciel: »A medida da casa é o corpo. Sinais, estereótipos e costuras de Letícia Parente«, in: *Arqueologia do cotidiano: objeto de uso*, Rio de Janeiro 2011, S. 25.

13 »Hausengel« ist ein Begriff, mit dem historisch betrachtet die idealisierte Frau gemeint war, die sich um die häuslichen Aufgaben kümmert, die Organisation des Heims und die emotionale Versorgung der Familie. Dieses Konzept verbreitete sich im 19. Jahrhundert und verband die Frau mit dem privaten und häuslichen Bereich als ihrem biologischen Bestimmungsort, im Gegensatz zur öffentlichen Rolle des Mannes.

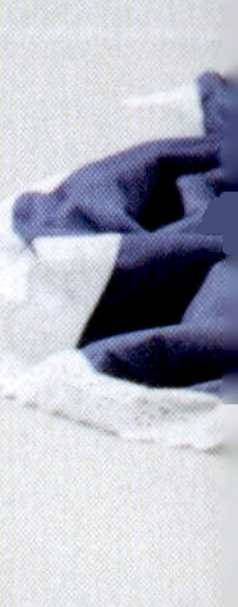

Mary Sibande They don't make them like they used to
[Sie machen sie nicht mehr so wie früher], 2008

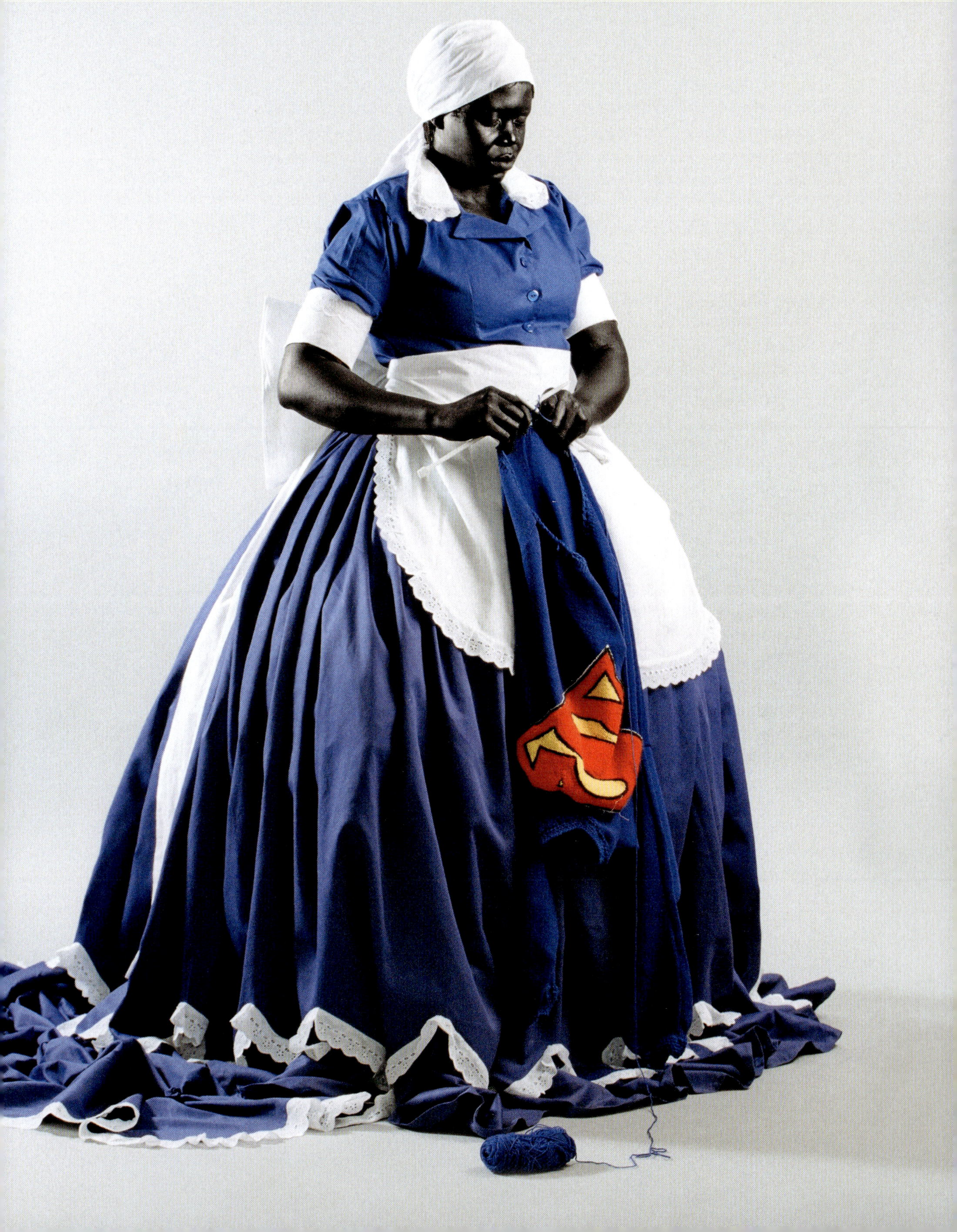

und Installation Geschichten zu erzählen. Ich habe mein eigenes Gesicht und meinen Körper abgeformt, um Gesten festzuhalten und die Kleider zur Geltung zu bringen, die teilweise aus Arbeitsuniformen von Hausangestellten bestehen, deren blauer Stoff sinnbildlich für diese Art der Arbeit in völliger Abhängigkeit steht. Die Machart dieser Kleidungsstücke verweist allerdings auf die Mode der Kolonialzeit. Sophie ist keine statische Figur; ihre Geschichte geht weiter.«[14]

Die Verkettungen der Abwesenheiten decken über Kolonialismus und Rassismus gemeinsame Bindeglieder zwischen Abya Yala und Afrika auf. Zum Namen Sophie, den Sibande auswählt, merkt Zethu Matebeni an: »*Weiße* Frauen geben ihren Schwarzen Hausangestellten diese Namen, um die Identität Schwarzer Frauen auszulöschen und sie in ihre *weiße* Welt einzupassen. Diese koloniale Logik der Benennung ist eine Form der Gewalt, die Schwarze Frauen ihrer Identität, ihrer Geschichte und ihres kulturellen Hintergrunds beraubt.«[15] In *They don't make them like they used to* von 2008 (S. 143) träumt die Hausangestellte Sophie mit geschlossenen Augen von einer anderen Welt und näht dabei – in ironischer Anspielung auf den *weißen*, heterosexuellen, mächtigen Mann und Retter der schwachen *Weißen* – ein Superman-Kostüm. Nicht nur die Hautfarbe, auch die Kleidung, die man trägt, und die Arbeit, der man nachgeht, bestimmen den eigenen Platz in der Gesellschaft. Über den verwendeten Stoff sagt die Künstlerin: »Die häufig voluminösen Textilien, die ich verwende, haben einen symbolischen Wert, insbesondere für das südafrikanische Publikum. Sie bestimmen die soziale Klasse und haben eine vergleichbare Funktion in Bezug auf die Markierung der gesellschaftlichen Stellung der Menschen.«[16] Sibande reflektiert in ihren Werken das Fortbestehen der kolonialen Hierarchien, deren Bewusstwerdung Formen des Widerstands und der Subversion anstoßen sollen.

Die Künstlerinnen legen ihr Augenmerk ebenfalls auf die komplexen, von kolonialen Tendenzen durchdrungenen Beziehungsgeflechte zwischen Hausherrin und Angestellter. Ein Beispiel hierfür ist die Fotoserie *La Otra* (2001, S. 145–147) der peruanischen Künstlerin Natalia Iguiñiz Boggio. Die Schwierigkeiten bei der Abbildung dieser Art Beziehung wurden bereits während des Arbeitsprozesses deutlich, und so erläutert die Künstlerin:

14 Shraddha Nair: »South African artist Mary Sibande discusses Sophie, her alter ego«, in: *stir*, 17.10.2020, https://www.stirworld.com/see-features-south-african-artist-mary-sibande-discusses-sophie-her-alter-ego [abgerufen am 11.10.2025].

15 Zethu Matebeni: »Stich für Stich: Care-Arbeit Schwarzer Frauen in Südafrika«, in: *Kochen, Putzen, Sorgen. Care-Arbeit in der Kunst seit 1960*, hrsg. v. Friederike Sigler/Linda Walther, Berlin 2024, S. 172.

16 Nair 2020.

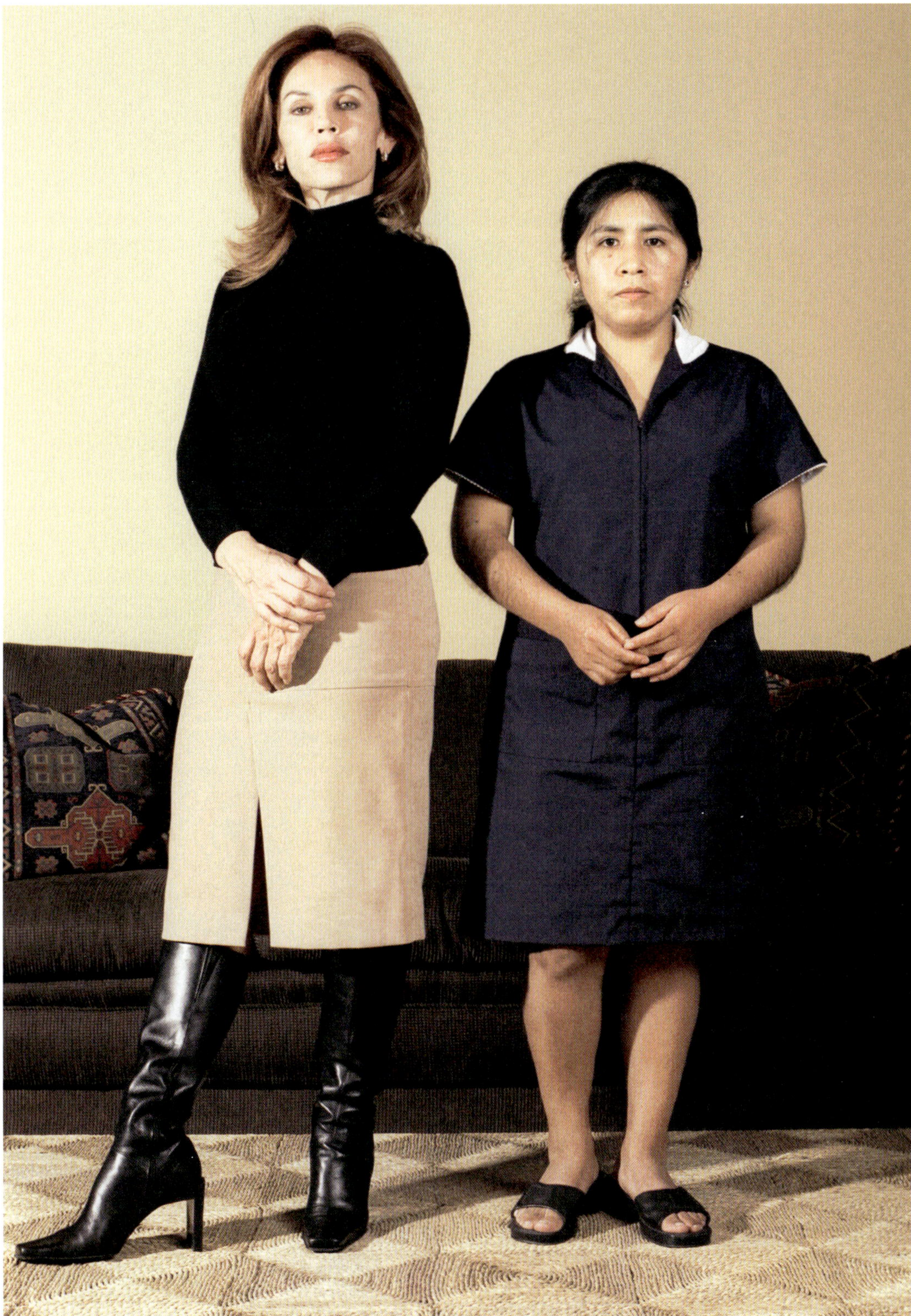

Natalia Iguiñiz Boggio Charo und Rosario aus der Serie *La Otra* [Die Andere], 2001/26

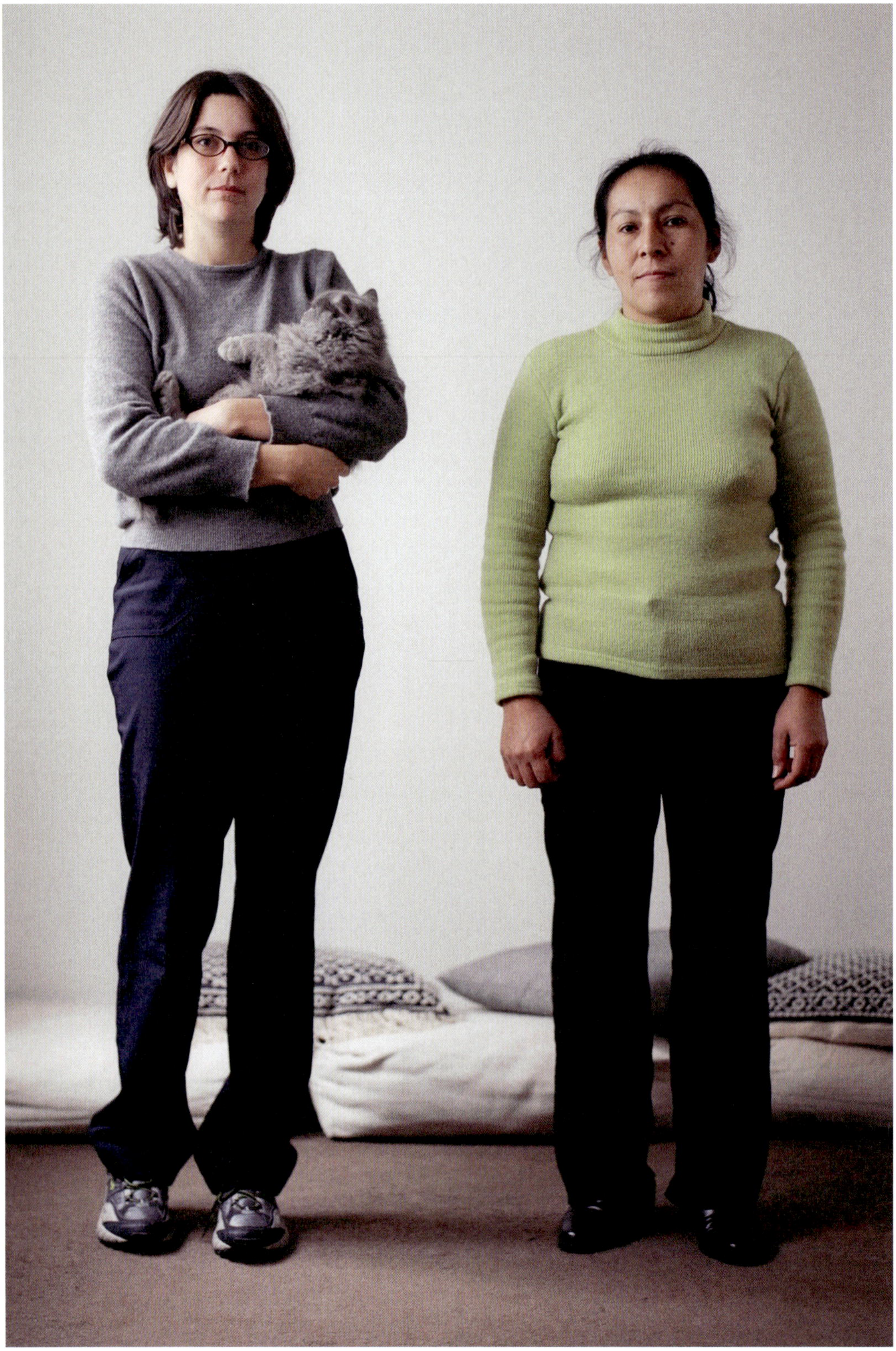

Natalia Iguiñiz Boggio Natalia und Charo aus der Serie *La Otra* [Die Andere], 2001/26

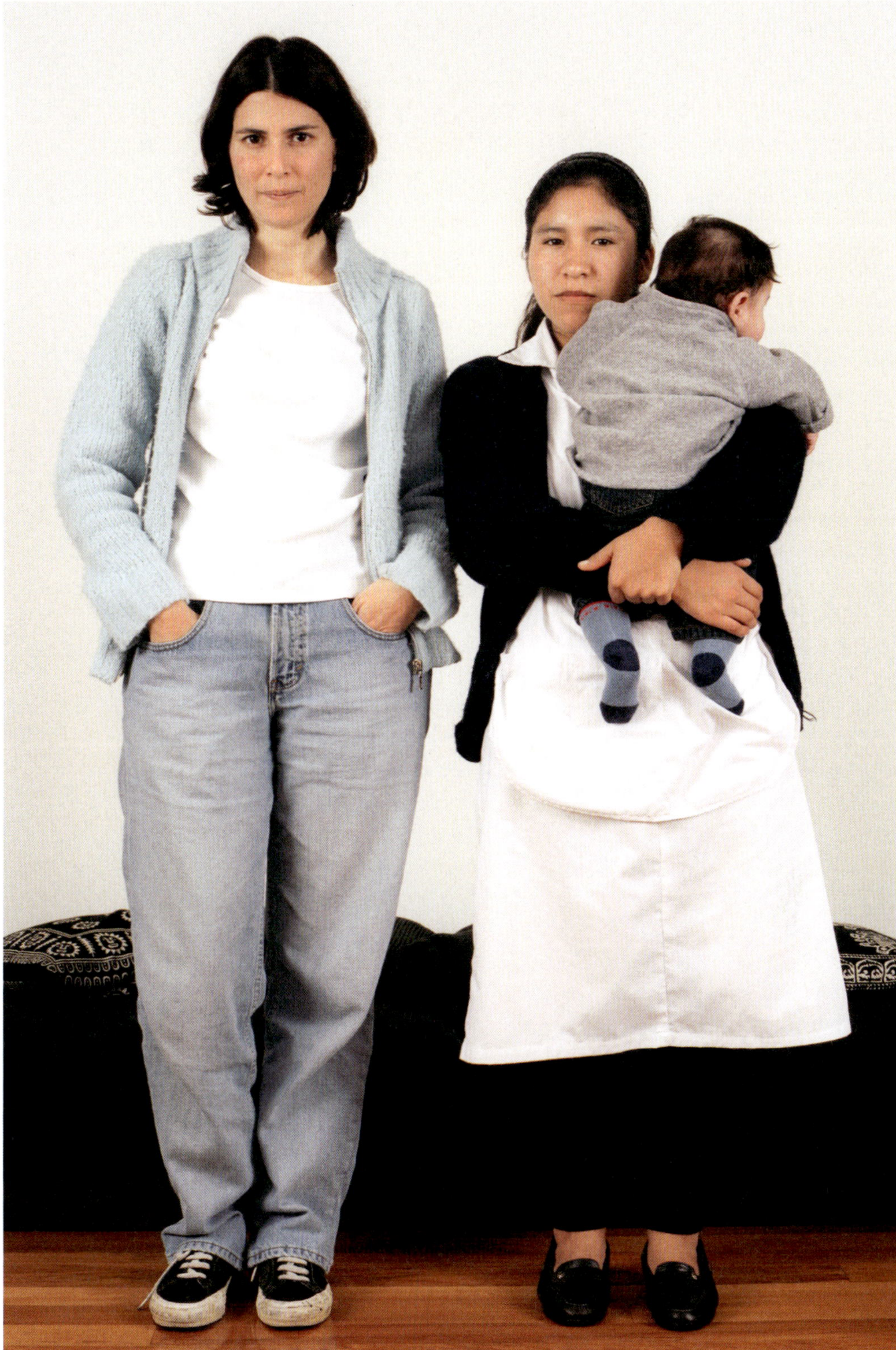

Natalia Iguiñiz Boggio María Elena und Maribel aus der Serie *La Otra* [Die Andere], 2001/26

»Bei der Umsetzung dieser Serie reichte es nicht aus, die Hausangestellten um Erlaubnis zu bitten; ich musste auch die Arbeitgeberinnen ansprechen, die mir hinsichtlich ihrer Stellung innerhalb der Gesellschaft tatsächlich meist näherstanden. Ich empfand es als wichtig, dieses Machtungleichgewicht in einem als ›privat‹ verstandenen Umfeld, das aber in Wirklichkeit auf der gesellschaftlichen Stufenleiter ein ›anderes‹ ist, offenzulegen. [...] Das war nicht einfach, denn abgesehen davon, dass die koloniale Ausbeutung andauert, ist es heute schwieriger, sie als gerecht zu empfinden, auch wenn man mit Begrifflichkeiten jongliert, um ihr Fortbestehen zu rechtfertigen.«[17] Die Position, die sie bei der Darstellung ihrer Figuren wählt – im Wohnzimmer vor dem Sofa stehend –, gehe auf das Studium einiger Typologien der kanonischen Kunstgeschichte zurück, so die Künstlerin: »Vorbilder waren für mich jene typischerweise lebensgroßen Ölgemälde, wie die der europäischen Königsfamilien oder der als Helden verehrten Militärgrößen in Amerika. Was mich interessierte, war, diese ›andere‹ Beziehung auf das Feld des Hegemonialen mit all seinem feierlichen Größenwahn zu überführen. Ich wollte ein Arbeitsverhältnis, das sich auf der untersten Stufe der Machtpyramide befindet und dessen Inhalt alle übrigen trägt, mit der höchsten Stufe der politischen Öffentlichkeit in Beziehung setzen.«[18] In *María Elena y Maribel* (S. 147) lässt sich die Hierarchisierung einerseits an Alltags- beziehungsweise Arbeitskleidung erkennen sowie an den jeweiligen ethnischen Gesichtszügen von Hausherrin und Haushaltshilfe. Obgleich sie dem Alter nach wohl der gleichen Generation angehören, stehen die moderne Kleidung und Schuhe, die Frisur und der Gesichtsausdruck von María Elena in heftigem Kontrast zur schüchternen Konzentriertheit und der Arbeitskleidung von Maribel, die María Elenas Kind in den Armen hält. Die Szene stellt einen Zusammenhang her zwischen der reproduktiven Arbeit der Mutter, welche durch produktive Arbeit der Haushälterin gestützt ist. In diesem Sinne fügt sich auch die Künstlerin selbst in ihre Serie ein und inszeniert ihr eigenes Verhältnis zu ihrer Hausangestellten rein optisch als das ausgewogenste der Serie. Und tatsächlich bringt die Kleidung auf der Fotografie *Natalia y Charo* (S. 146) die beiden einander näher, obgleich das Bild auch einen klaren Hinweis auf die Problematik der künstlerischen Arbeit enthält: Natalia greift auf Charo zurück, um selbst arbeiten zu können, auch wenn in diesem Werk Charo zugleich zu einem Teil von Natalias Kunst erhoben wird. Hier liefert die Künstlerin außerdem ein großes Augenzwinkern zum Thema Mutterschaft, denn Natalia hält ihre Katze so im Arm, als wäre sie ein Kind.

17 Tonia Andresen: »Natalia Iguiñiz y el trabajo de cuidados«, in: *Artishock*, 14.02.2024, https://artishockrevista.com/2024/02/14/natalia-iguiniz-y-el-trabajo-de-cuidados-en-el-arte [abgerufen am 11.10.2025].

18 Ebd.

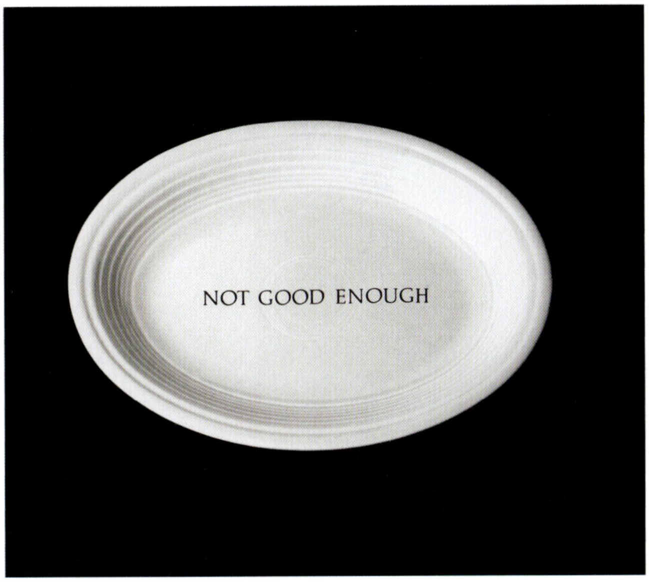

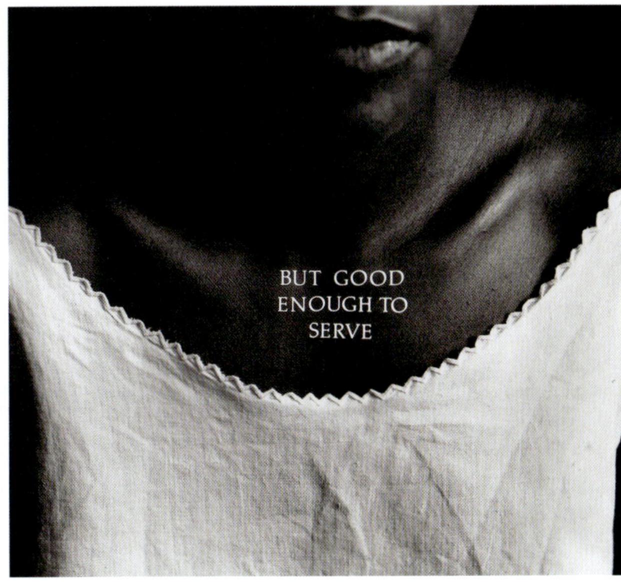

Lorna Simpson C-Ration, 1991

Die vertikale Ausrichtung der stehend abgebildeten Figuren symbolisiert die in der Serie zum Ausdruck kommenden Machtstrukturen, weshalb einige der Hausherrinnen die Privilegien ihrer Klasse überspielen wollen, indem sie versuchen, sich durch Gesten und Körperhaltung ihren Angestellten anzunähern. Die Künstlerin bemerkt hierzu: »Ich deute das als klassenspezifisches Schuldgefühl, denn es wird jeden Tag schwieriger, die Kluft zwischen Arbeitnehmerrechten und Einkünften zu rechtfertigen.«[19]

Die kolonialen Privilegien wirken in der Gegenwart fort und, wie weiter oben im Zitat von Aura Cumes deutlich wird, werden diese von *weißen* Frauen im Bündnis mit *weißen* Männern ausgeübt. In diesem Sinne ist Kunst fundamental wichtig, um auf diese stillen Übereinkünfte aufmerksam zu machen. Die afroamerikanische Künstlerin Lorna Simpson nimmt die Mittel der Sprache zu Hilfe, um die festgefahrenen rassistischen Probleme der Hausarbeit zu analysieren. In ihrer fotografischen Arbeit *C-Ration* von 1991 lesen wir in schwarzen Buchstaben »NOT GOOD ENOUGH« [NICHT GUT GENUG], geschrieben auf einen weißen Teller vor einem vollständig schwarzen Hintergrund ohne einen Hinweis darauf, worauf dieser ruht. Daneben ist die Fotografie einer Schwarzen Frau zu sehen, abgebildet ist ein Ausschnitt ihres Gesichts sowie ihres Oberkörpers.

19 Ebd.

Auf ihrem dunklen Dekolleté ist in weißen Buchstaben zu lesen: »BUT GOOD ENOUGH TO SERVE« [ABER GUT GENUG, UM ZU DIENEN]. Das Werk nimmt Bezug auf versklavte Frauen, die auf dem Land oder als Dienstmädchen arbeiten, eine Situation, die sich seit Abschaffung der Sklaverei durch die in ihrem Land herrschenden rassistischen Strukturen bis in die Gegenwart fortsetzt. Der Name der Arbeit spielt außerdem auf die abgepackten Verpflegungsrationen an, welche US-amerikanische Soldaten im Zeitraum seit dem Zweiten Weltkrieg bis zu den Kriegen in Korea und Vietnam erhielten. Simpson bedient sich hier der doppelten Bedeutung des Worts »dienen« oder »to serve«, um den tiefen Rassismus und damit die Ungerechtigkeiten, die mit dem Dienst in der Armee einerseits und dem Dienst im Haushalt andererseits einhergehen. In diesem Werk prangert sie die doppelte Diskriminierung an, die Schwarze Frauen aufgrund ihres Geschlechts und aufgrund ihrer Hautfarbe erleben, und macht dabei Schwarze Frauen zu ihren Protagonistinnen. In *Eating Disorder* (1989) folgt sie derselben Logik. Auf dem Gesicht einer Schwarzen Frau ist in weißen Buchstaben zu lesen: »they'll consume all that you do and despise what you are« [sie werden alles verschlingen, was du tust, und verachten, was du bist]. Auf beiden fotografischen Arbeiten ist das Gesicht der Frau knapp oberhalb ihrer Lippen abgeschnitten, wodurch das Publikum zum Nachdenken darüber angeregt wird, wie rassistisches Gedankengut letztlich auf den Verlust von Identität hinwirkt. Hierzu die Künstlerin: »Das Thema, zu dem es mich am häufigsten hinzieht, ist die Erinnerung. Doch neben dem eigentlichen Sujet dient mir meine Beziehung zum Medium Text und das Nachdenken über Repräsentation als roter Faden für meine Arbeit.«[20]
So stellen die Werke eine Verbindung zwischen Ernährung und Rassismus her, indem sie den Finger auf das heutige Erbe der Sklaverei legen. In der Vergangenheit genossen die Sklavenhalterin und der Sklavenhalter eine vielseitigere und reichhaltigere Kost, während die Versklavten unzureichende Rationen von geringerem Nährwert erhielten, wodurch ihre Ernährung stark davon abhing, was sie zusätzlich selbst für sich anbauen konnten, um die mangelhaften Rationen zu ergänzen. Tatsächlich war bis zur Abschaffung der Sklaverei die Ernährung versklavter Menschen qualitativ schlechter als die von Soldaten und Seeleuten. Letztlich drängt sich die Frage auf, wie viel davon bis heute fortwirkt, ohne dabei die geschlechtsspezifischen Probleme außer Acht zu lassen, die stets eine Rolle spielen. Armut hat ein weibliches Gesicht.

20 Thelma Golden: »Thelma Golden in conversation with Lorna Simpson«, in: *Lorna Simpson*, London 2002, S. 11.

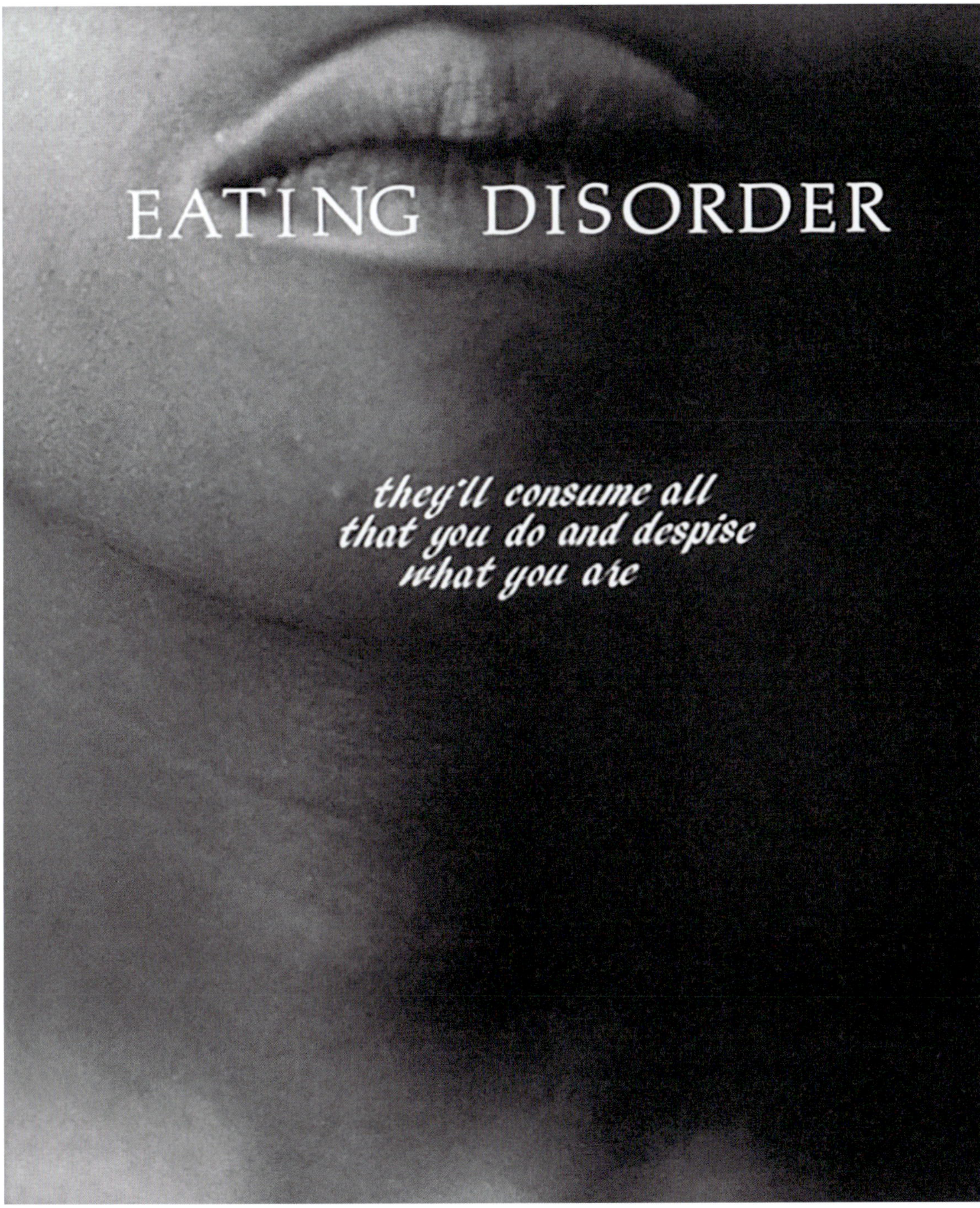

Lorna Simpson Eating Disorder [Essstörung], 1989/93

Care-Arbeit betrifft das Kollektiv der Frauen in seiner Gesamtheit, auch wenn bei der Analyse der Auswirkungen dieser Tatsache zwischen *weißen* und Indigenen oder Frauen of Color differenziert werden muss. In Bezug auf *weiße* Frauen reflektiert die deutsche Künstlerin Nicole Wermers geschlechterspezifische Hierarchien im System Kunst und in der Sorgearbeit. In *Reclining Female #6* (2024, S. 6) platziert sie auf einem Reinigungswagen, wie er häufig in Hotels verwendet wird, die altbekannte liegende Frau aus der Kunstgeschichte, hier aus Gips geformt. Die sinnliche Frauenfigur fordert uns zum Nachdenken heraus, indem sie daran erinnert, wer über Jahrhunderte das System der Darstellung steuerte. Denn es waren stets Männer, die darüber verfügten, wer in das visuelle System des Westens Eingang fand und wer nicht, Frauen blieben als Protagonistinnen außen vor und durften nur als Modell teilnehmen. Es steht fest, dass das Posieren als Aktmodell dem weiblichen Kollektiv zukommt, was Frauen in der Position eines darzustellenden Objekts hält. Die Künstlerin verdeutlicht: »Die Beliebtheit des Motivs der liegenden Frau hat mit der männlichen Faszination für weibliche Passivität zu tun. Das Interessante daran ist jedoch, dass es sich bei den historisch dargestellten Frauen meist um ›arbeitende Frauen‹ handelte, also um Prostituierte oder bezahlte Aktmodelle. Somit ist der Aspekt der Arbeit, den die Reinigungswagen repräsentieren, ebenfalls ein fester Bestandteil des tradierten Motivs der liegenden Frau. Für mich war es wichtig, dass meine Figuren erhöht präsentiert werden und somit jeglicher Assoziation von Unterwerfung entgehen, vielmehr sollen meine Figuren uns auf Augenhöhe entgegenblicken oder uns sogar aus einer privilegierten Position von oben betrachten und den Raum dominieren.«[21] Auf ähnliche Weise untersucht die Künstlerin geschlechterspezifische Probleme der Care-Arbeit in Werken wie *Moodboard #9* (2018, S. 119), bei denen sie Terrazzo, ein Baumaterial aus Italien, auf Wickeltischen verlegt. Auch hier analysiert sie die Haltung von Frauen, wenn es um die Erledigung der geschlechtsspezifisch besetzten Sorgearbeiten geht, wie etwa das Wickeln von Säuglingen. Indem sie die Oberfläche des Wickeltischs mit einem harten, widerstandsfähigen Material abdichtet, das mit männlichen Tätigkeiten assoziiert wird, bricht Wermers mit dem Zweck, der dem Objekt zugedacht ist, um die gewichtige Ungleichheit in der Care-Arbeit ins Bewusstsein zu rücken.

In diesem Sinne steht der zuvor zitierte Leitspruch »Biologie ist kein Schicksal« in Wermers' Schaffen erneut im Zentrum, wie es auch bei der kolumbianischen Künstlerin Laura Ribero der Fall ist. Ribero lässt sich in

21 Ellen Mara De Wachter: »Invisible Labour. Nicole Wermers interviewed by Ellen Mara De Wachter« in: *Art Monthly* 474, 2024, S. 3.

ihrer Fotoserie *Electro-doméstica* (2003/04, S. 154–157) von Johannes Vermeer, der flämischen Barockmalerei und der dortigen Darstellung von Innenräumen inspirieren, in denen Frauen Sorgearbeit erledigen. Gleichzeitig referiert die Künstlerin auch auf die Rolle der lateinamerikanischen Telenovelas bei der Zementierung der Bilder der Häuslichkeit und der romantischen Liebe. Die Fotografien zeigen Szenen, in denen Ribero in der Arbeitskleidung einer Hausangestellten in verschiedenen Zimmern einer wohlsituierten Wohnung auftritt, wobei die Bilder nicht verhehlen, dass sie an Sets und in Filmstudios inszeniert wurden. Die Wohnräume sind in ein feines, von Vermeer inspiriertes Licht getaucht und rufen die Ästhetik der 1950er-Jahre auf, als die Vorstellung des »Hausengels« aufkam, die hier wiederum durch die offene Inszeniertheit der fotografischen Szenen als künstliches Konstrukt entlarvt wird. Die Frau posiert, höchst konzentriert auf ihre häuslichen Aufgaben, und wirkt, als wäre sie gefangen in einer tiefen Melancholie. So spielt die Künstlerin auf die seelischen Folgen von Hausarbeit an, die aus reiner Wiederholung besteht, ohne jede Aussicht auf persönliche Verwirklichung. Hierzu merkt Ribero an: »Das Dienstmädchen, das ich darstelle, ist [...] immer das arme, aber gute Mädchen im Haus reicher Leute. Sie weiß, dass das Haus nicht ihr gehört, träumt jedoch insgeheim von einer besseren Zukunft und davon, von einem Prinzen gerettet zu werden. Dies gilt auch für Lateinamerika. Wir träumen von einer besseren Zukunft außerhalb. Das, was weit entfernt ist, Amerika und Europa, ist besser für uns.«[22]

Abschließend lässt sich sagen, dass diese feministischen Künstlerinnen mittels ihrer Kunst das Bewusstsein für Ungleichheiten und Ungerechtigkeiten schärfen wollen, denen Cis-, Trans-, arme und rassifizierte Frauen ausgesetzt sind. Sie haben es sich zum Ziel gesetzt, das gesellschaftliche Zusammenleben zu verbessern und diesen Frauen ein würdigeres Leben zu ermöglichen. Daher ist es dringend notwendig, uns im Hinblick auf unsere menschlichen Bedürfnisse neu zu definieren und die Verkettungen von Abwesenheiten zu sprengen, die uns unterdrücken.

22 Laura Ribero: »Electro-doméstica. Gabriele Schor im Gespräch mit Laura Ribero«, in: *Held Together With Water, Kunst aus der Sammlung Verbund*, hrsg. v. Gabriele Schor, Ostfildern 2007, S. 182.

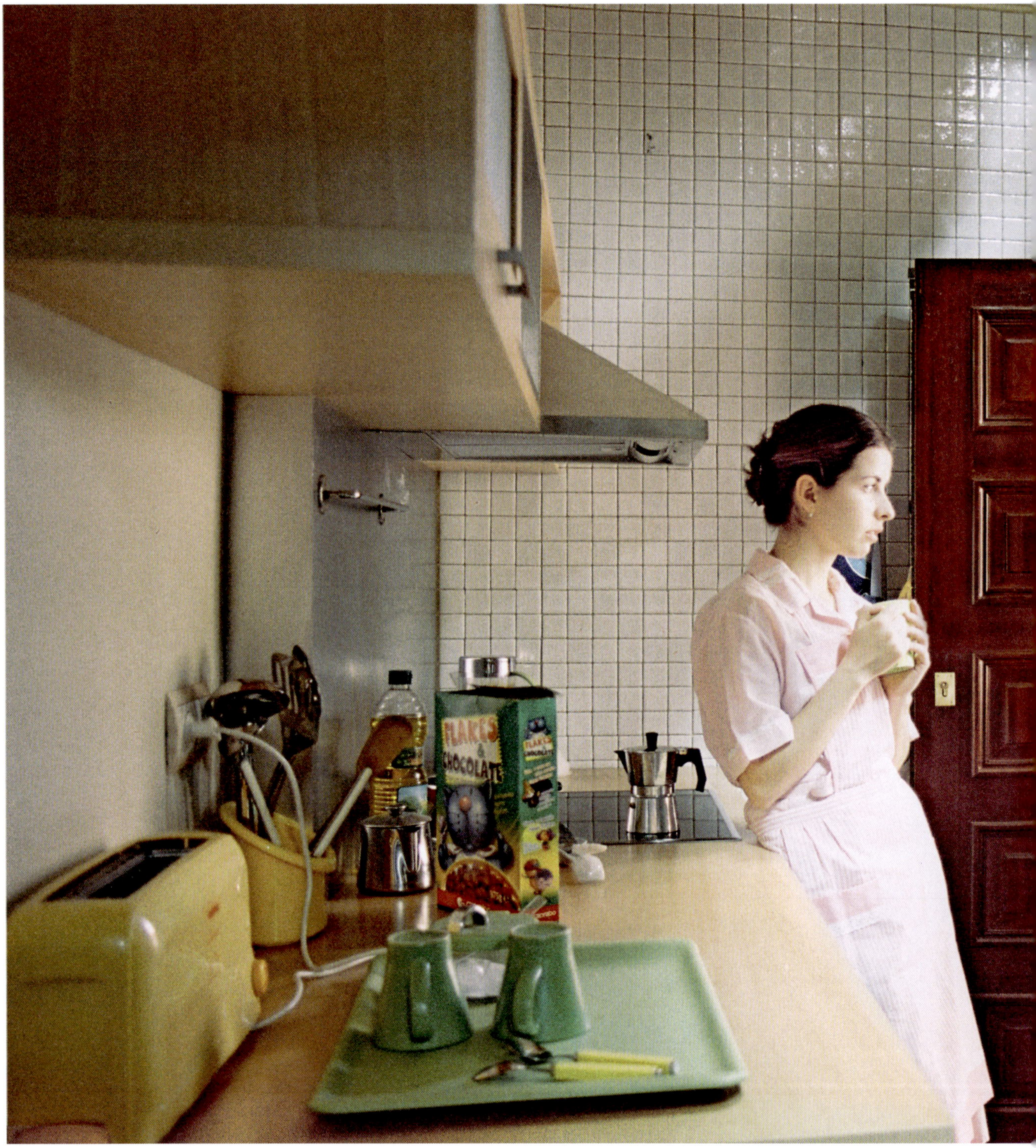

Laura Ribero Electro-doméstica, 2003/04

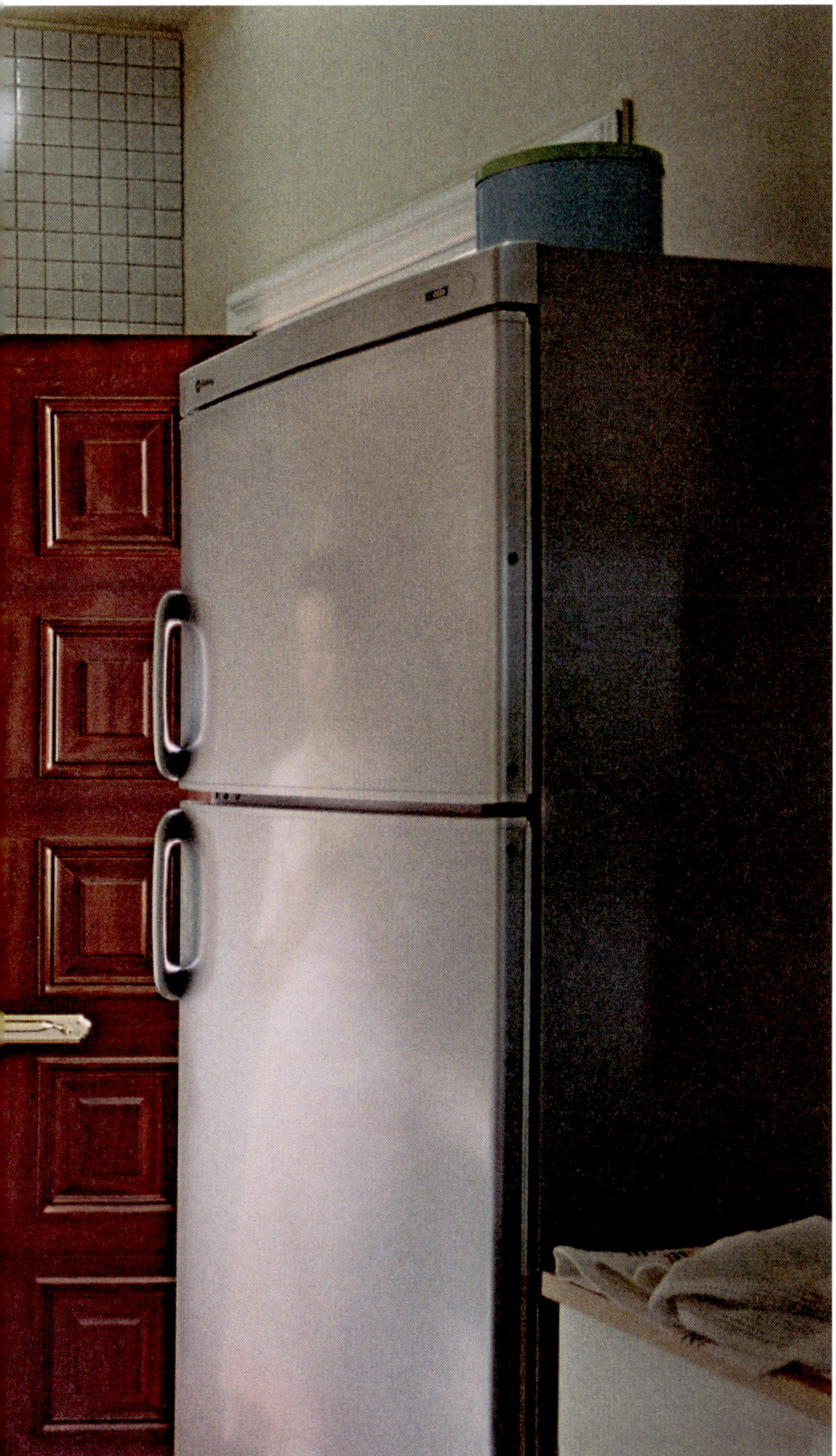

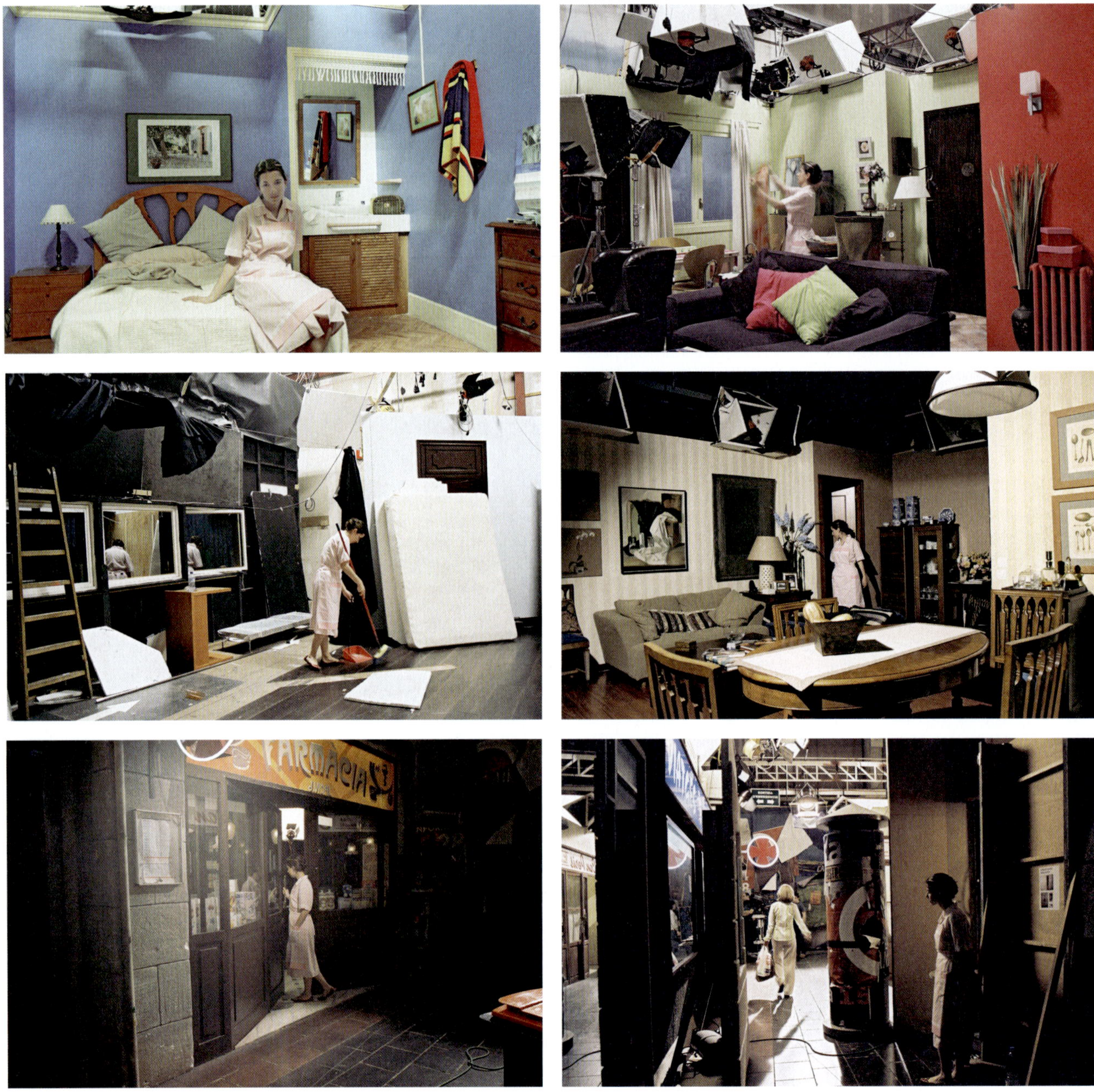

Laura Ribero Electro-doméstica, 2003/04

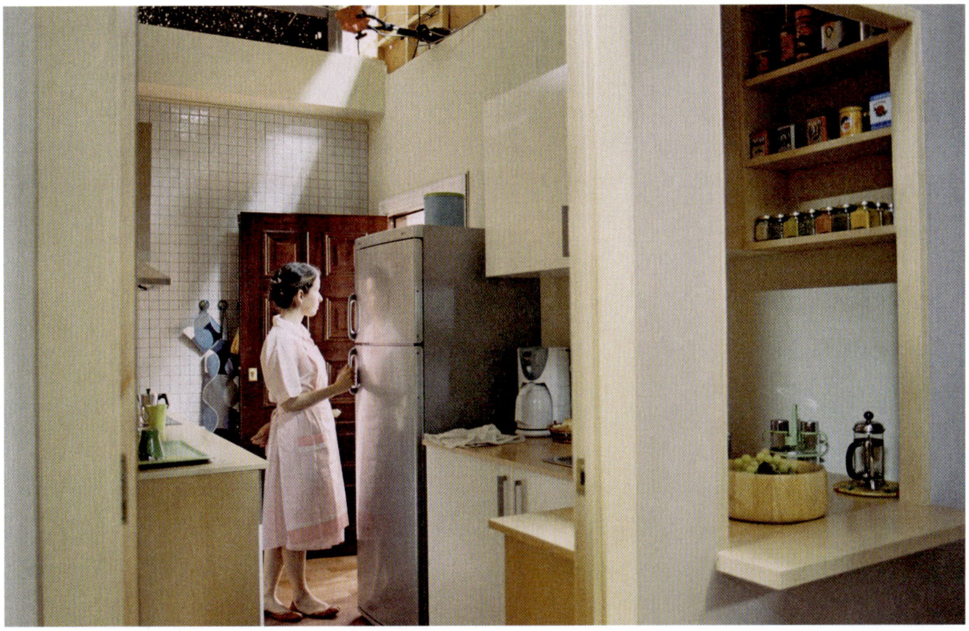

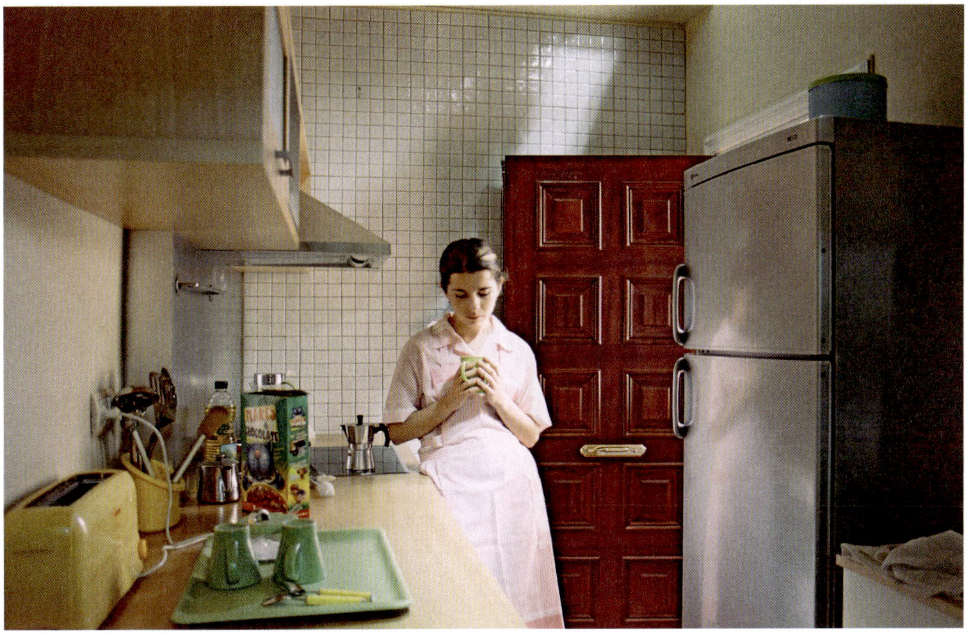

Martina Genetti

Bildpolitiken der Zuwendung und Zuneigung

Relationalität in der Altenpflege und Caring Community

Wenn ich an Bilder von Sorge denke, erscheinen vor meinem inneren Auge Szenen liebevoller Berührungen, aber auch müder Körper, in klinisch hellen Räumen ebenso wie in holzvertäfelten Stuben. Manche dieser Bilder wurden gemacht, um gesehen zu werden, ihnen ist die Forderung nach Sichtbarkeit eingeschrieben. Andere entstammen Erinnerungen und gehen fast untrennbar in Bilder von Familie über. Gemeinsam ist ihnen die subtile und doch beständige Präsenz von Händen – als wären es erst ihre Gesten, an denen sich Sorge überhaupt festmachen lässt.

Auch in Akihito Yoshidas Fotoserie *The Absence of Two* (2017, S. 161–165) scheinen zunächst die Hände zu erzählen. Während jene der Großmutter Yukimi ihrem Enkel Daiki über die Wange streichen, schneiden seine die Nägel, wechseln Verbände und verabreichen Augentropfen. Gemeinsam kochen, essen, waschen, kämmen, zeigen, würfeln und blättern sie. Nur in wenigen Momentaufnahmen bleiben sie ruhend, geschlossen. Es sind Gesten des Alltags, der Zuwendung und der Stütze.

Obwohl emotionale Arbeit ein zentraler Teil dessen ist, was Sorge ausmacht, erfährt sie nach wie vor gesellschaftlich und ökonomisch kaum Anerkennung. Nähe, Liebe und Bindung werden in patriarchalen und kapitalistischen Regimen instrumentalisiert, um Sorge zu individualisieren und als selbstverständlich erscheinen zu lassen. Auch transgenerationelle Altenpflege ist Teil jenes Ordnungsmodells, das Fürsorge im Namen der Familie privatisiert, zumeist geschlechtlich codiert und ökonomisch unsichtbar hält. Sowohl das idealisierte Bild der Großfamilie, die Pflege und soziale Einbettung im Alter zu garantieren verspricht, als auch das kapitalistische Projekt der bürgerlichen Kleinfamilie verlagern Verantwortung um den Preis von Mehrfachbelastung, eingeschränkten Lebenswegen und reduziertem sozialem Umfeld auf einzelne Schultern.

Diese systemische Logik wirkt auch bildpolitisch und hat eine visuelle Tradition hervorgebracht, in der Liebe als ideologische Folie fungiert, die Sorgearbeit im familiären Kontext naturalisiert, von Produktionsverhältnissen entkoppelt und die Beziehung betont, um den Arbeitsaspekt zu unterschlagen.[1] Zugleich aber spielt Liebe als ethische und politische Praxis eine zentrale Rolle in feministischen Theorien von der Fürsorge.[2] Ich frage mich: Wie lässt sich in Bildern von Care, in denen das Subjektive und das Strukturelle untrennbar ineinandergreifen, liebevolle Zuneigung und Nähe lesen, ohne erneut in jene privatistischen und familiarisierenden Logiken zurückzufallen, die Sorge entpolitisieren?

Angewiesenheit

In Yoshidas Fotografien wird die Zuwendung zwischen Enkel und Großmutter in flüchtigen wie in andauernden Augenblicken sichtbar. In den humorvollen, routinierten und oft wartenden Momenten, die sie neben- und miteinander verbringen, zeigt sich Sanftheit und Vertrautheit und eine Nähe, die zugleich arbeitend, verletzlich und vergänglich erscheint. Aus den zahlreichen Momentaufnahmen wächst eine stille Aufmerksamkeit für das gemeinsame Dasein und Beisammensein, aber auch für die damit einhergehenden Formen von Abhängigkeit. Dort, wo diese Abhängigkeit auf den ersten Blick asymmetrisch erscheint – etwa zwischen pflegenden Händen und pflegebedürftigem Körper –, signalisieren fragmentarische Ausschnitte aus dem Familienalbum, dass Sorge relational eingebettet bleibt: Daiki lebte seit seiner Kindheit bei seiner Großmutter, weil seine Eltern arbeiteten. Sie wurde seine erste Bezugsperson, er ihr späterer Pfleger. Beide erscheinen zugleich als Empfangende und als Quellen emotionaler Fürsorge.

In der Offenlegung dieser Interdependenz verweigert die Serie ein Verständnis von Abhängigkeit als Defizit oder Abweichung und zeigt sie vielmehr als grundlegende Bedingung sozialen Lebens. Sorge erscheint hier nicht als Dienstleistung *für* eine zweite Person, sondern als alltägliche Praxis eines geteilten Lebens, als Beziehungsgeflecht, das von Gegenseitigkeit und Gemeinsamkeit getragen wird.

1 Simon Nagy: *Zeit abschaffen. Ein hauntologischer Essay gegen die Arbeit, die Familie und die Herrschaft der Zeit*, Münster 2024, S. 133. In ihrem Kurzfilm *Invisible Hands* von 2022 kommentieren Lia Sudermann und Simon Nagy die (scheinbar) unsichtbaren Hände, die sich hinter Konzepten von »Liebe«, »Alltag« und »Freizeit« verbergen.

2 Siehe bell hooks: *All About Love: New Visions*, New York 2000; María Lugones: *Toward a Decolonial Feminism*, Cambridge 2010; María Puig de la Bellacasa: *Matters of Care. Speculative Ethics in More than Human Worlds*, Minneapolis 2017; Eva Feder Kittay: *Love's Labor. Essays on Women, Equality, and Dependency*, New York 1999.

Indem sie gegenseitige Angewiesenheit offenlegen und darin sowohl geteilte Verbundenheit als auch geteilte Verletzlichkeit sichtbar machen, rücken Yoshidas Fotografien vor allem jene Momente in den Vordergrund, in denen Nähe, Zweisamkeit und Endlichkeit ineinandergreifen. Die Bilder bewahren Erinnerungen an gemeinsam verbrachte Zeit und tragen zugleich das Wissen um ihr Verschwinden in sich. Yukimi ist 86, als Yoshida sie fotografiert, Daiki 23. Kurze Zeit darauf verstirbt zunächst Daiki und später auch Yukimi. Der Titel der Serie verweist auf diese doppelte Abwesenheit, die in den Fotografien spürbar bleibt. Besonders eindrücklich wird dies im letzten Bild, das Yukimi allein in einem weiten Feld zeigt (S. 165). Die Umgebung wirkt still, beinahe unbewegt, und die Figur scheint in dieser offenen Landschaft zugleich verankert und verloren. Die Einsamkeit, die sich hier widerspiegelt, trägt auch das Nachhallen einer Beziehung in sich, die eben erst geendet ist.

Abwesenheit

Die im Titel formulierte Abwesenheit lässt sich auch strukturell und mit Blick auf die Frage lesen, was geschieht, wenn Sorgearbeit ausfällt. In Österreich wird rund achtzig Prozent der Altenpflege von Angehörigen erbracht,[3] ein System, das durch demografischen Wandel und zunehmenden Pflegekräftemangel längst unter Druck geraten ist. Trotz öffentlicher Zuschüsse bleibt ein erheblicher Teil der Verantwortung bei den Familien, während mobile Dienste und stationäre Einrichtungen angesichts massiver Personal- und Ressourcenengpässe den Bedarf nicht decken können. Die entstehende Versorgungslücke wird weitgehend von migrantischen Arbeiterinnen in der sogenannten 24-Stunden-Betreuung geschlossen, wobei sich Belastungen und Probleme in ausgelagerten und neuen Formen der Prekarität fortsetzen, sichtbar in niedrigeren Löhnen, Scheinselbstständigkeit sowie unsicheren und von Machtasymmetrien durchzogenen Arbeitsbedingungen.[4]

3 Angabe des Bundesministeriums für Arbeit, Soziales, Gesundheit, Pflege und Konsumentenschutz, siehe: oesterreich.gv.at/de/themen/pflege/5/Seite.360524 [abgerufen am 11.12.2025].

4 Der Dokumentarfilm *Mâine Mă Duc* [Morgen fahr ich] von Maria Lisa Pichler und Lukas Schöffel aus dem Jahr 2024 begleitet die zwischen Österreich und Rumänien pendelnde 24-Stunden-Pflegerin Maria und findet gerade in der Wiederholung des An- und Abreisens Bilder für die mehrfache Sorgearbeit und emotionale Belastung von migrantischen Care-Arbeiter:innen: Fürsorge von und für die eigene Familie fällt aus, während zugleich eine quasi familiäre, dauerhaft erwartete Zuwendung, Trost, ständige Ansprechbarkeit und Geduld am Arbeitsplatz gefordert werden.

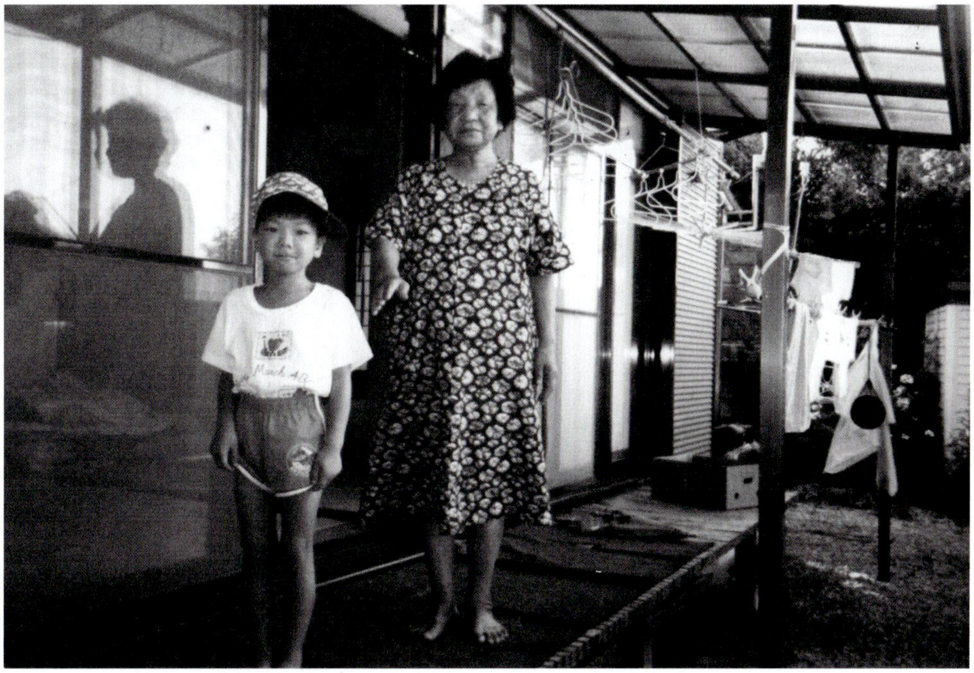

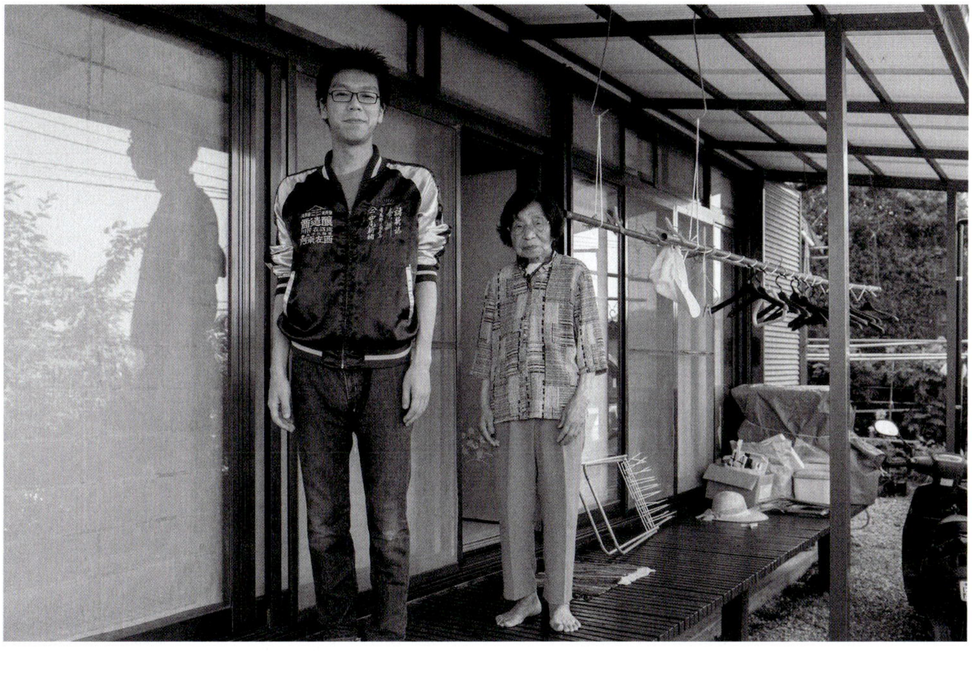

Akihito Yoshida The Absence of Two [Die Abwesenheit von zwei], 2017/26

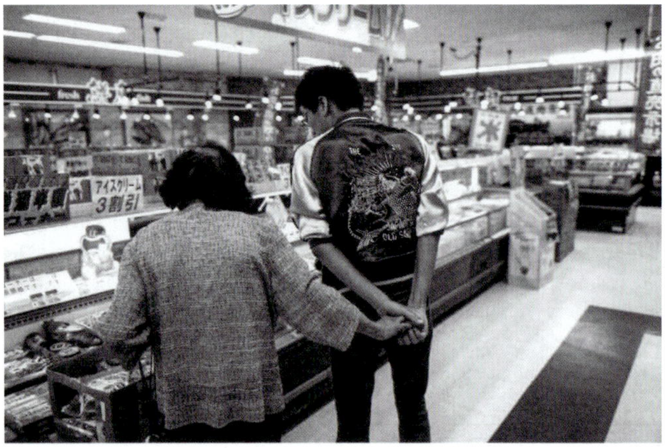

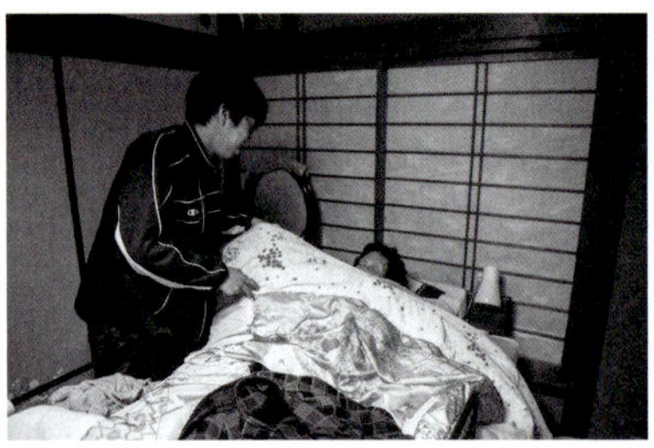

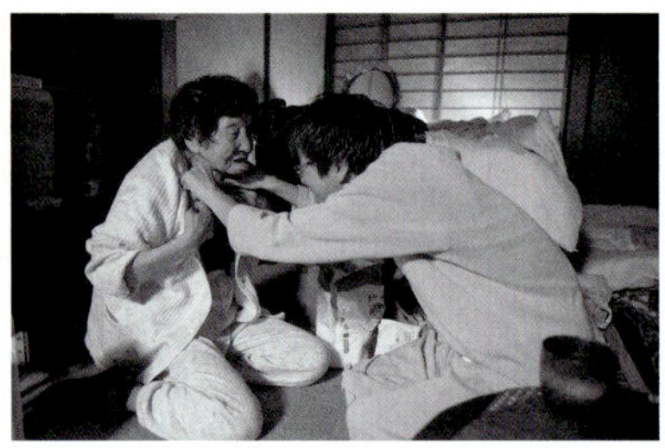

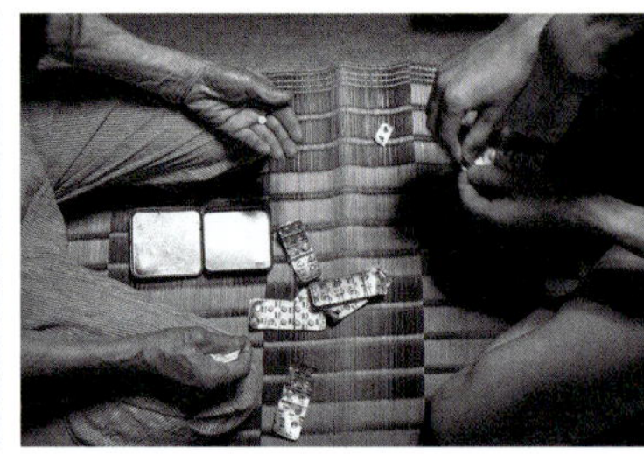

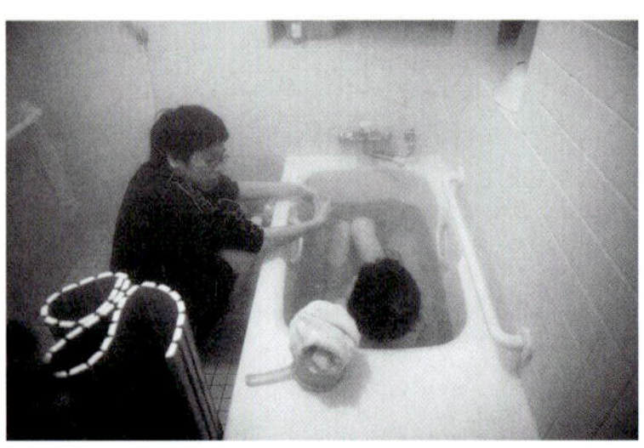

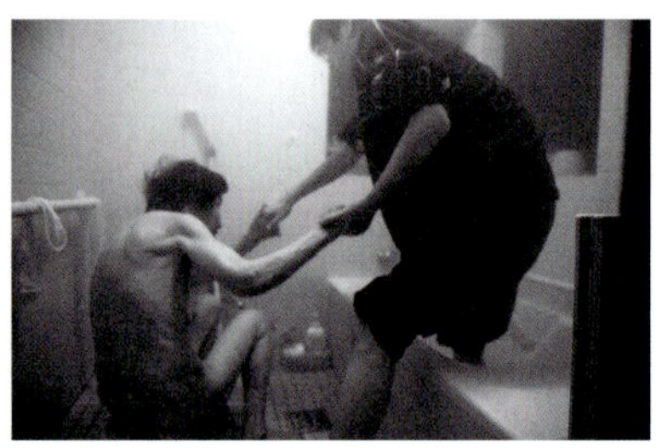

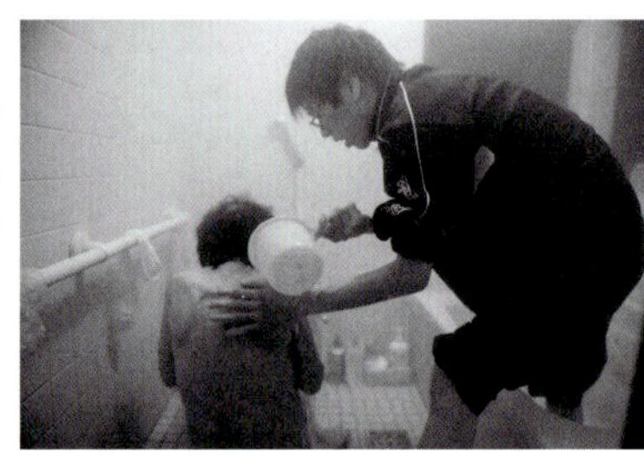

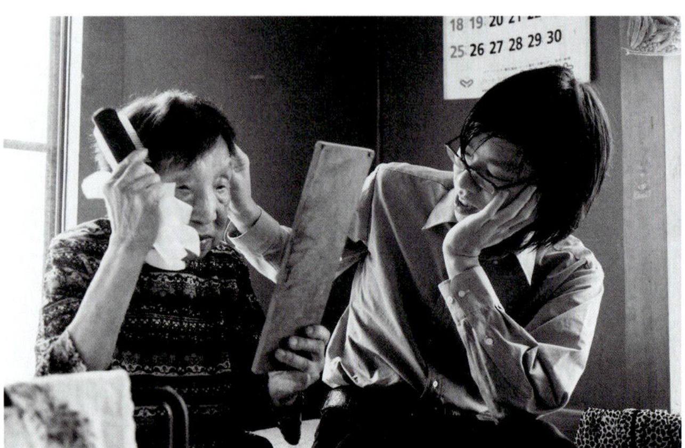

Akihito Yoshida The Absence of Two [Die Abwesenheit von zwei], 2017/26

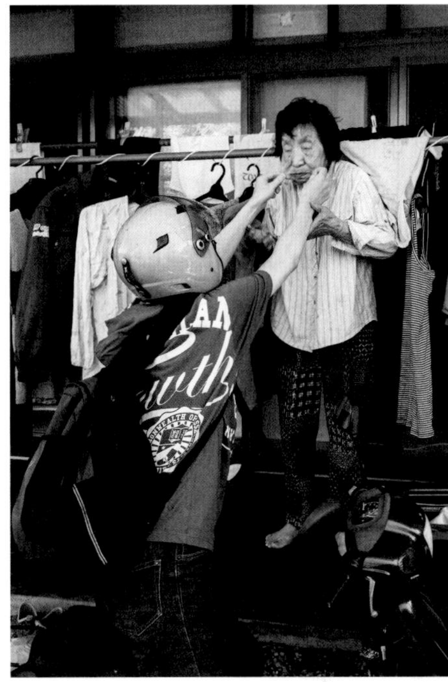

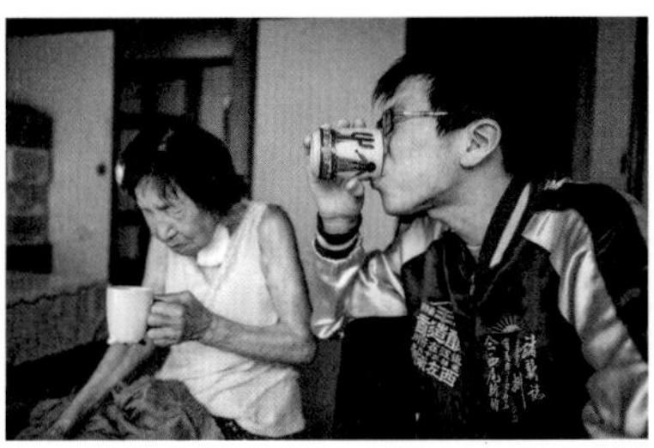

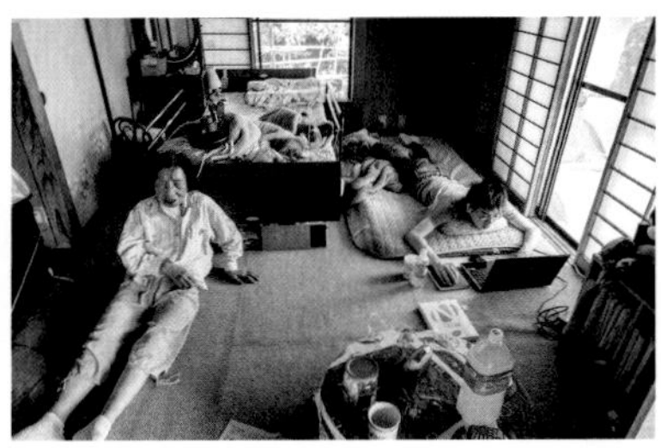

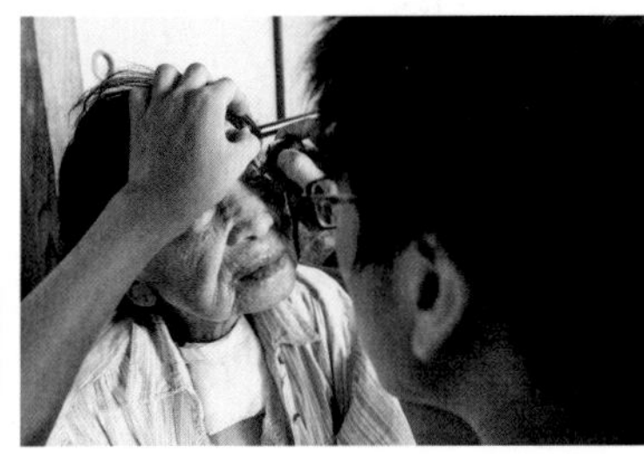

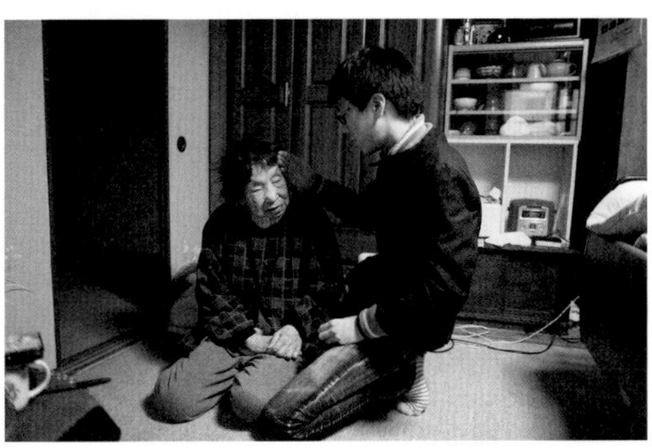

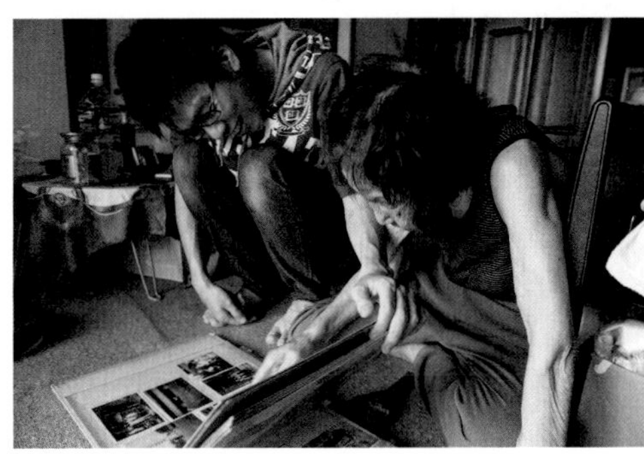

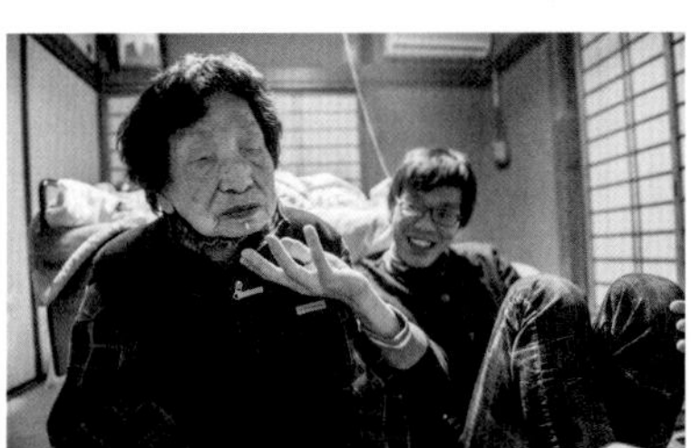

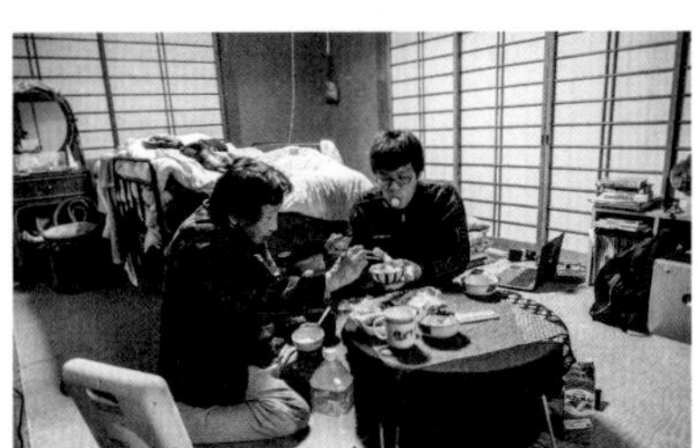

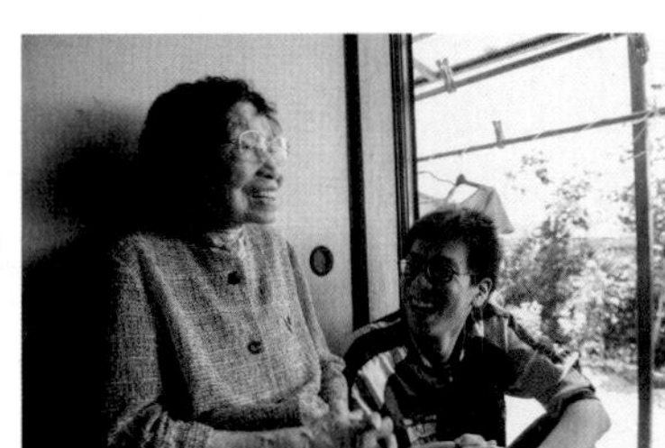

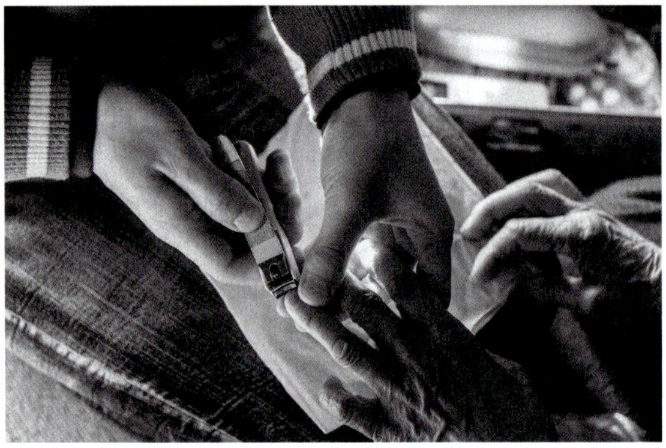

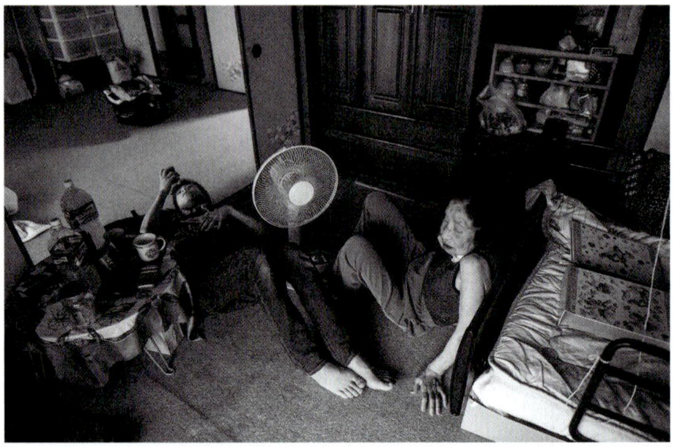

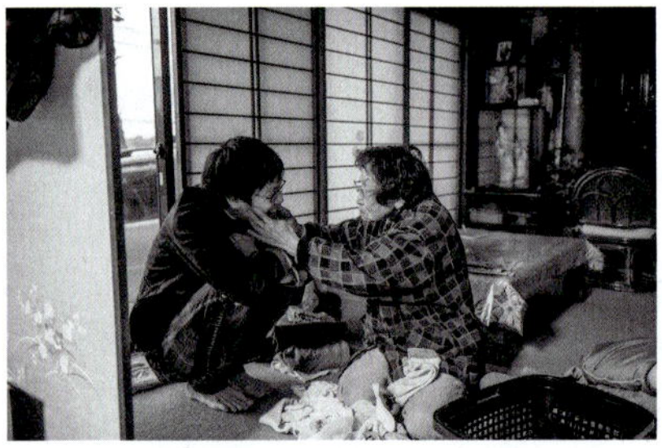

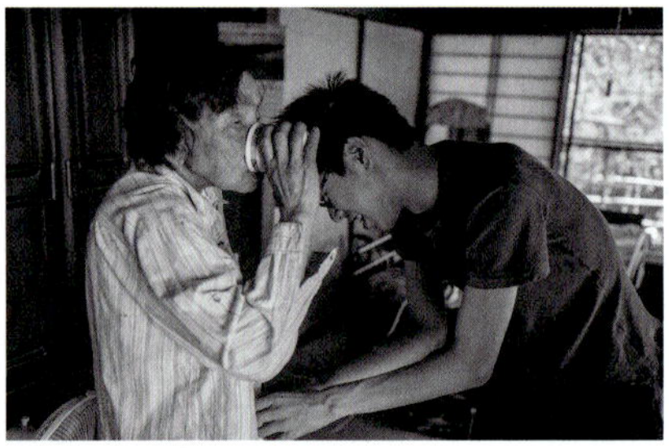

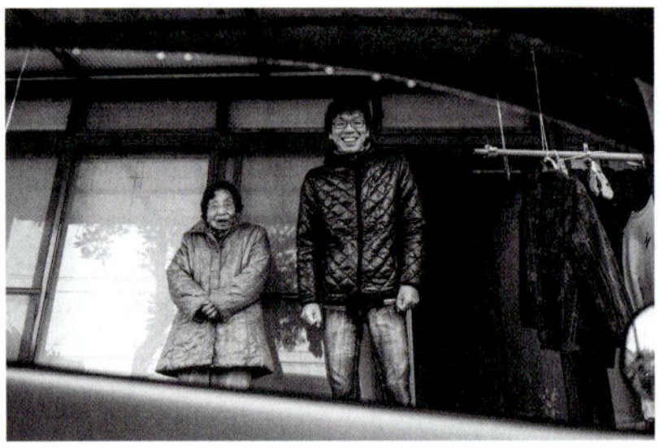

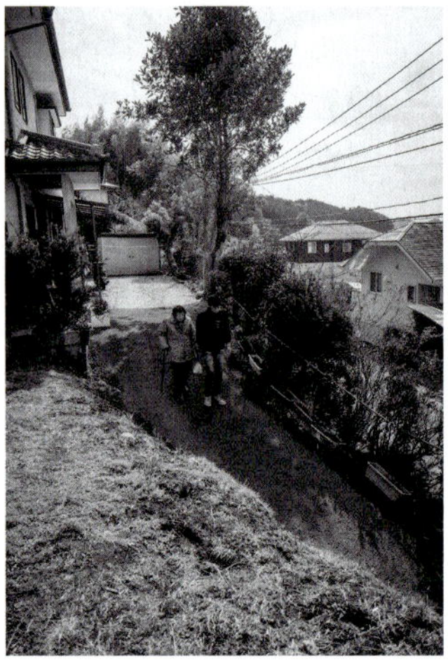

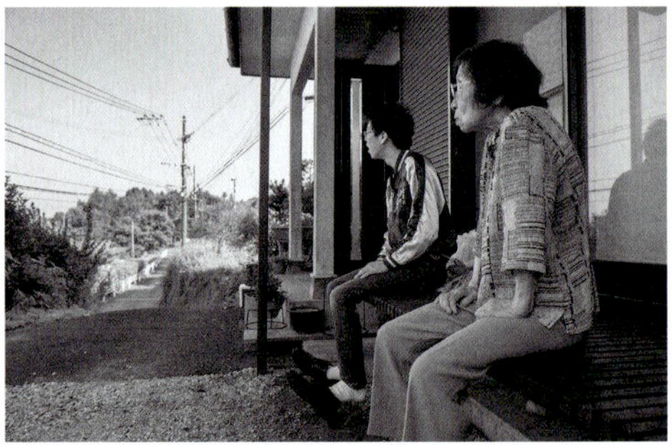

Akihito Yoshida The Absence of Two [Die Abwesenheit von zwei], 2017/26

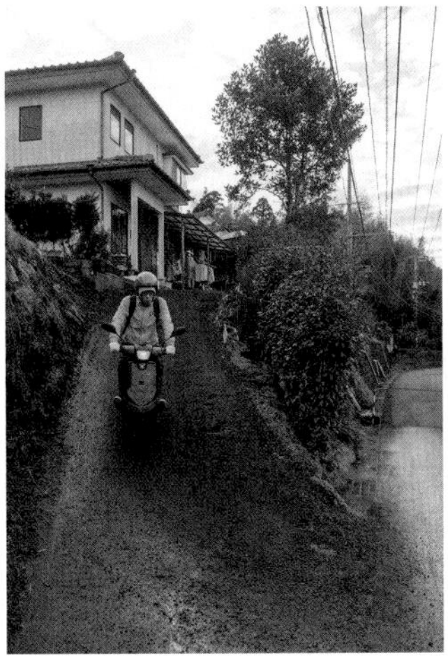

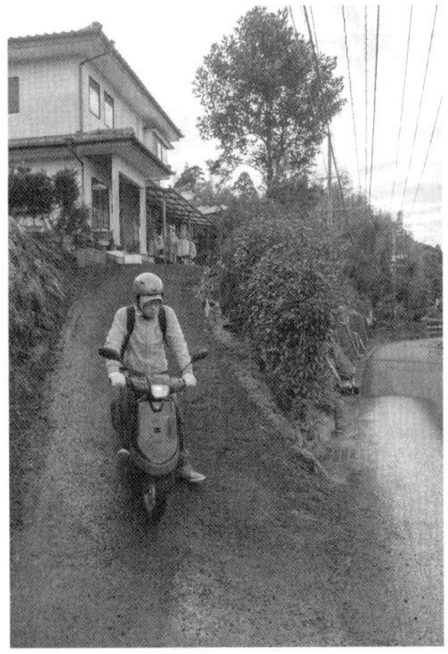

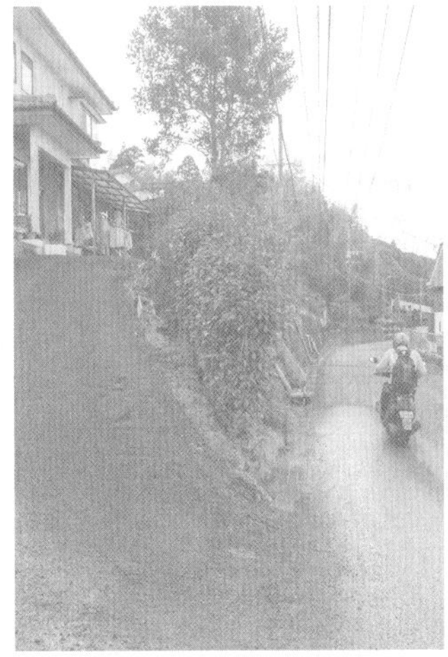

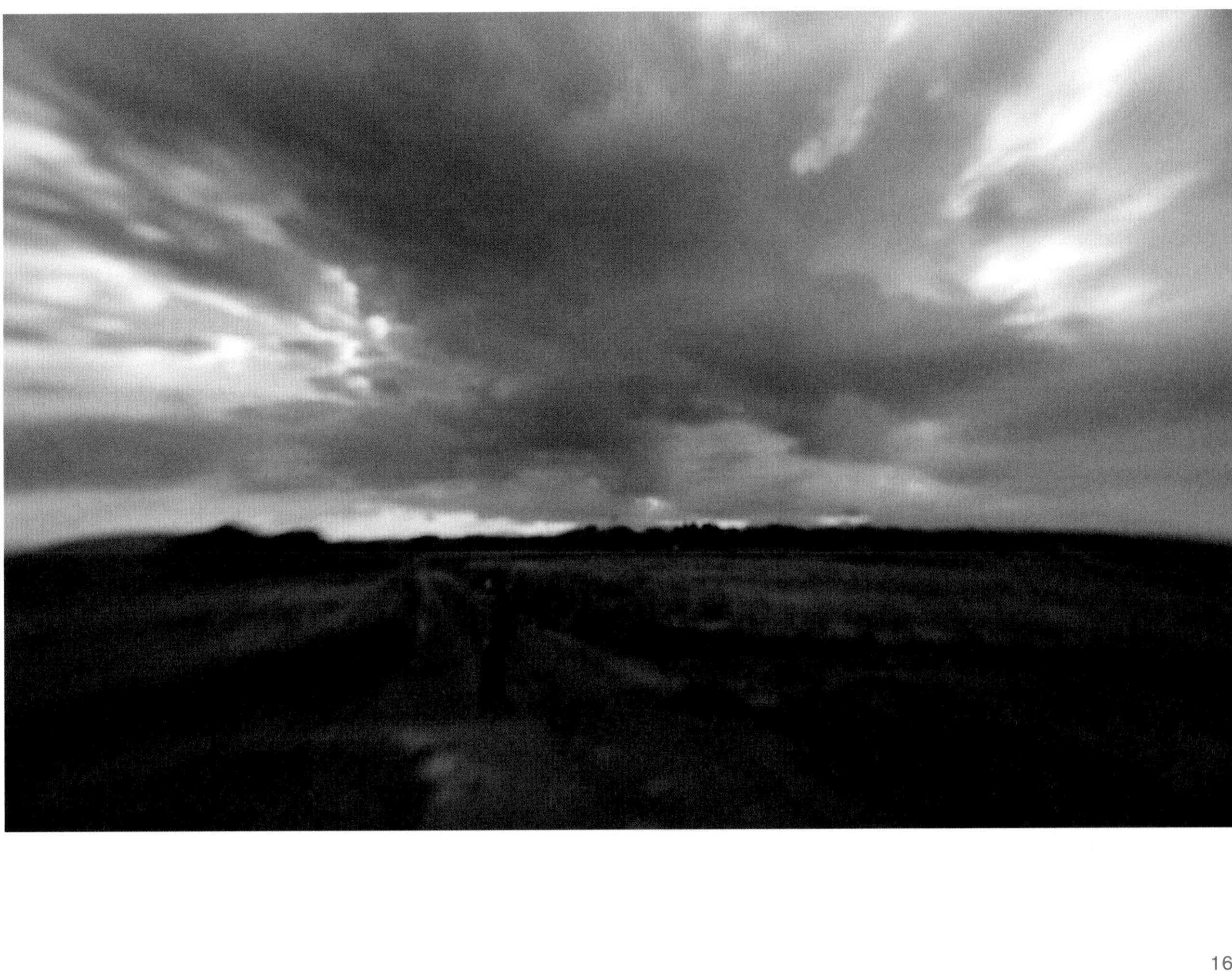

Altenpflege wird damit auf mehreren Ebenen ausgelagert: durch die Tätigkeit selbst, durch die Verschiebung der Verantwortung ins scheinbar Private sowie durch die gesellschaftliche und mediale Zentrierung der gepflegten und die gleichzeitige Marginalisierung der pflegenden Körper. Diese Peripherisierung wirkt nicht nur sozialpolitisch, sondern auch bildpolitisch. Unsichtbarkeit entsteht aus visuellen Ordnungen, die festlegen, welche Körper, Beziehungen und Tätigkeiten überhaupt erscheinen dürfen und welche aus dem Bild – und damit aus dem öffentlichen Blickfeld – gedrängt werden. Diese Logik trifft auf Sorge als relationale Abhängigkeit und Näheverhältnis, wie es in Yoshidas Arbeit sichtbar wird, in mehrfacher Weise zu. Solange Sorge in familiär isolierten Arrangements individualisiert bleibt, ist sie einerseits aufgrund ihrer Gleichzeitigkeit von Arbeit und Beziehung kaum bestreikbar und damit in ihrer Unterbrechung kaum zeigbar.[5] Andererseits verhindern systemische Trennungen von öffentlich und privat, Intimität und Ökonomie, Liebe und Arbeit, Abhängigkeit und Autonomie nicht nur verbindende Kämpfe und Solidaritäten, sondern auch deren kollektive Sichtbarkeit.[6]

Yoshidas *The Absence of Two* macht erfahrbar, dass diese Sphärentrennungen im gelebten Alltag kaum Bestand haben. In jeder Berührung und in jeder Geste liebender und arbeitender Hände offenbart sich Sorge als relationale Praxis. Was im neoliberalen Regime genutzt wird, um Sorge abwertbar zu machen – Beziehung, Nähe, Zuneigung –, rückt *Absence of Two* ins Zentrum und lädt ein, über ein Verständnis von Sorge nachzudenken, das sich nicht entlang systemischer Trennungen organisieren lässt, sondern in Beziehungen aufgeht, die Menschen miteinander tragen.

Helping Hands

Mit Blick auf die Relationalität von Sorge lässt sich auch die im selben Raum ausgestellte Arbeit *Helping Hands* von 2022 von Frida Orupabo lesen. Die überlebensgroße Collage zeigt drei fragmentierte Körper, deren Arme und Torsi sich überlagern und ineinandergreifen. Die Figuren sind in Bewegung begriffen; ob sie einander balancieren, stabilisieren oder ins Schwanken bringen, bleibt unklar. Gesichter fehlen oder sind ebenso wie ihre Körper abgewandt. Viel eher sind es die gestikulierenden Arme, die den Blick leiten und Beziehungen zwischen den Körpern herstellen. Im Zentrum steht die

5 2026 erscheint der Film *Who Cares* [Wen kümmert es] von Ina Ivănceanu, der sich der strukturellen Unsichtbarkeit und der Unstreikbarkeit von Care-Arbeit annimmt und aktuelle Krisenlagen zum Ausgangspunkt nimmt, um (u. a. gemeinsam mit Silvia Federici) den Blick auf die alltäglichen Schauplätze und politischen Bedingungen von Sorgearbeit zu richten und dort auch widerständige Bilder von Mut, kollektiver Imagination und gemeinschaftlichen Formen des Sorgens in Österreich zu finden.

6 Sophie Lewis: *Die Familie abschaffen. Wie wir Care-Arbeit und Verwandtschaft neu erfinden*, Frankfurt am Main 2023.

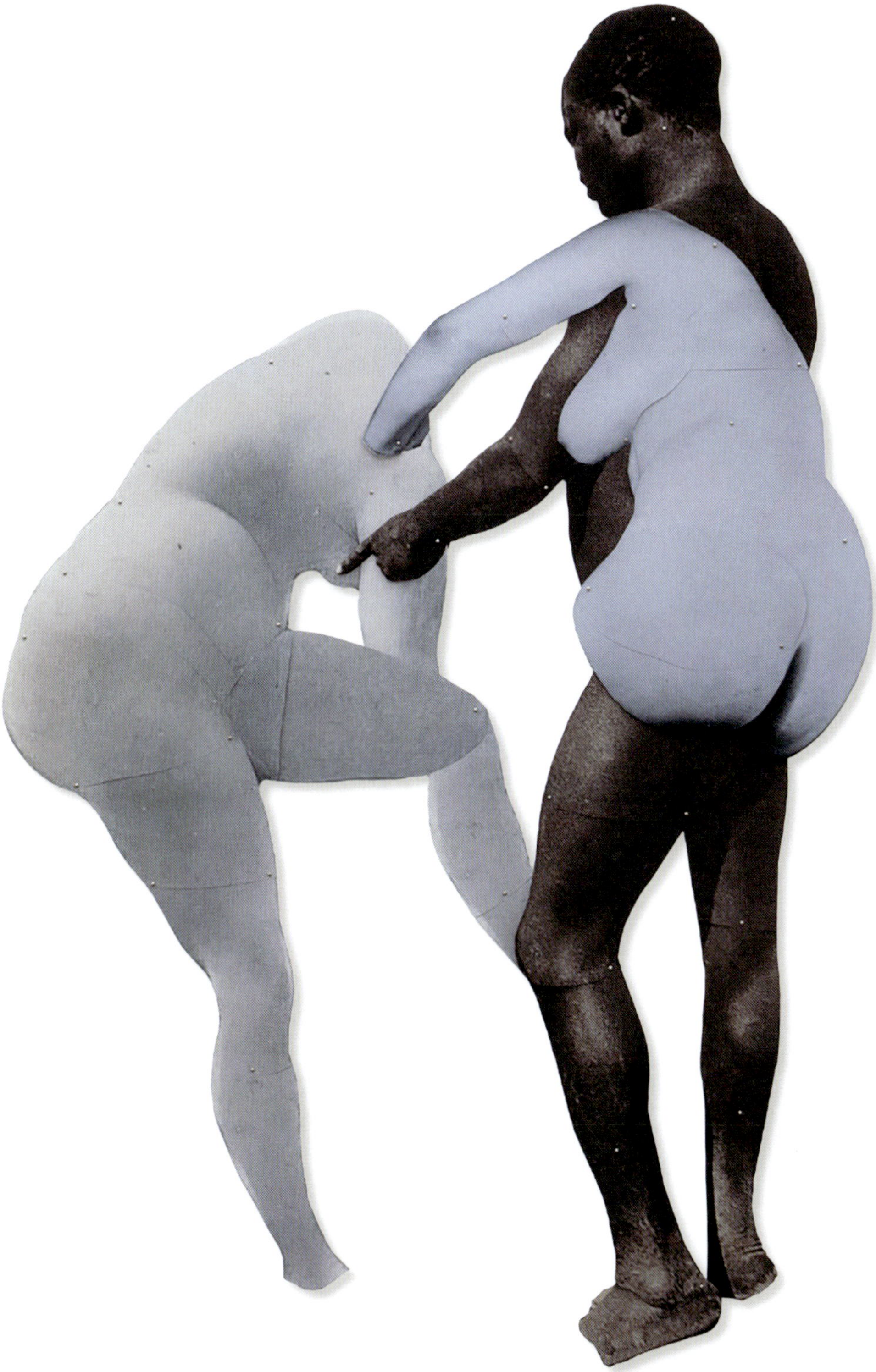

Frida Orupabo Helping Hands [Helfende Hände], 2022

ausgestreckte, zeigende Hand einer Schwarzen Figur, vielleicht eine jener helfenden, auf die der Titel anspielt. Sie weist auf eine der weißen Figuren, die sich von ihr abwendet.

Die Ausschnitte einzelner Körperglieder sind mit Klammern fixiert. Sie stammen aus unterschiedlichen Bildquellen, die – ähnlich wie in Orupabos Instagram-Archiv *@nemiepeba* – Materialien aus kolonialen Archiven mit popkulturellen Internetbildern zusammenführen, deren genauer Ursprung unbekannt bleibt und die dort ebenso poetisch wie schmerzvoll neu geschnitten und arrangiert werden.

Trotz ihrer Kontextlosigkeit lassen sich die Fragmente von *Helping Hands* dennoch als »historisch« lesen: Die weißen Körper wirken marmorn und erinnern an antikisierende Frauenstatuen, deren künstlich verdrehte Posen zumeist der Virtuosität des (männlichen) Bildhauers dienten und zugleich auch eine rundum verfügbare Betrachtung durch den *male gaze* ermöglichen. In der Collage entziehen sie sich den Blicken. Die stehende Schwarze Figur ist die einzige, die beinahe vollständig sichtbar ist, und erinnert an die gewaltvolle historische Hypervisibilität des nackten Schwarzen Körpers, die tief in koloniale Bildpolitiken verankert ist. Ein weißer Torso mit ausgestrecktem Arm ist über sie gelegt und markiert dadurch nicht nur eine gestische Unterbrechung des Blickzugriffs, sondern verweist auch auf die lange Geschichte der Negation Schwarzer Subjektivität durch weiße kulturelle und visuelle Ordnungen.

Die in der Collage neu zusammengesetzten Fragmente greifen kolonial- und kunsthistorische Konnotationen auf, nur um sie im selben Moment zu unterlaufen. Sie aktivieren kollektive Bildarchive, hegemoniale Darstellungsregime, Sehgewohnheiten und Konnotationen, ohne sie zu reproduzieren. Indem sie sich diesen Bildlogiken konsequent entziehen, verkomplizieren sie bestehende Lesarten und bringen zugleich neue hervor. In diesem Sinne helfen die ausgestreckten Hände vielleicht weniger einander als vielmehr dem *Sehen* selbst, indem sie dessen Gewohnheiten bloßlegen. Die Figuren selbst entziehen sich diesem Zugriff: Sie drehen sich weg, wenden sich ab oder einander zu und *kümmern* sich um sich selbst.

Re-membering

Entgegen der (bild-)historischen Fragmentierung Schwarzer Körper und der fortgesetzten Gewalt ihrer Herstellung und Zirkulierung entwerfen Orupabos Collagen ein radikal anderes Bild. Die montierten Ausschnitte werden im doppelten Sinn *re-membered*: Körperteile, aber auch Erfahrungen, Geschichten und Wissensformen, die durch koloniale Praktiken der Enteignung, Entmenschlichung und epistemischen Gewalt verdrängt oder ausgelöscht wurden, werden zusammengefügt und zugleich wieder »zugehörig« gemacht. In dekolonialen Theorien gilt *re-membering* deshalb als Form der Care-Praxis: als Sorge um unterbrochene genealogische Linien, um Sprache, Wissen und Beziehungen.[7]

Mit Blick auf den Titel stellt sich zugleich die Frage, wie koloniale Vorstellungen in heutigen Politiken und Praktiken der Fürsorge fortwirken. Orupabo selbst spricht ausgehend von ihren Arbeiten darüber, wie sich dies auch in ihren eigenen Erfahrungen spiegelt, als Schwarze in einer vorwiegend weißen Familie und Umgebung in Norwegen aufgewachsen zu sein und auch in medizinischen Pflegekontexten Andersbehandlung erlebt zu haben.[8]

In der Collage sind Trauma und Heilung gleichzeitig präsent: Die sichtbaren Bruchstellen der Fragmente und die Klammern, die sie zusammenhalten, markieren zugleich Verletzung und Reparation. *Re-membering* erscheint hier als reparative Handlung, die politisch wie fürsorglich wirksam wird.

Darüber hinaus lässt sich *re-membering* in *Helping Hands* auch als gemeinschaftlich verstandenes Neuzusammensetzen, Rekontextualisieren und Widerständigmachen denken: Aus der Neukomposition entstehen nicht nur neue Subjektformationen, sondern auch neue Relationen zwischen den Figuren. Sie wirken einander stützend, tastend, vielleicht in Transformation begriffen und gerade dadurch offen für Verschiebungen. In ihrer Dynamik zeigen sich Formen von Bezogenheit, aber auch Abgrenzung, von Verletzlichkeit und Abhängigkeit – ein Sein-in-Relation.

7 Sabelo J. Ndlovu-Gatsheni: »Memory, Knowledge and Freedom: From Dismemberment and Re-Membering«, in: Muxe Nkondo (Hrsg.): *Social Memory as a Force for Social and Economic Transformation*, Pretoria 2021, S. 70–78. Siehe auch Boaventura de Sousa Santos: *Epistemologies of the South: Justice Against Epistemicide*, New York 2014.

8 Kat. Ausst. *Frida Orupabo: Hours After*, Johannesburg Stevenson 2020, hrsg. v. Stevenson, Johannesburg 2021, S. 7–10.

Das daraus entstehende Beziehungsgeflecht erinnert an die von bell hooks formulierten Vorstellungen von Gemeinschaft: als Räume für Heilung, Erzählen, Erinnern und Wieder-zugehörig-Werden, in denen verletzte Identitäten, Körper und Geschichten erneut verankert werden und neue Formen von Verbundenheit entstehen. Liebe – im Sinne von Verantwortung, Anerkennung und Hingabe füreinander – ist darin nicht weniger als die Grundlage sozialer Gerechtigkeit.[9]

Sorgegemeinschaften imaginieren

In Zeiten, die von zunehmenden Krisenerfahrungen geprägt sind, wird es umso dringlicher, Sorge in dieser Hinsicht neu zu denken: im gemeinsamen Heilen, im Schenken von Mut, Trost und Hoffnung, im Sich-widerständig-Machen ebenso wie in konkreten Pflege- und Sorgesituationen.

Gemeinschaft erscheint hier als Möglichkeit eines epistemischen Neujustierens von Sorge als verbindende Praxis und dadurch auch als Antwort auf die zunehmende Peripherisierung von Sorge und die systemische Sphärentrennung, Vereinzelung und Hyperindividualisierung, die die neoliberale Ordnung hervorbringt.

Ein solches relationales, sorgendes Gefüge mag abstrakt klingen. Doch Modelle wie die Caring Community, die im Bereich der Altenpflege professionell und informell Pflegende, Angehörige, Freund:innen und Nachbar:innen zusammenführt,[10] oder Ansätze der Commoning Care, in denen Sorge als gemeinsames, selbst organisiertes Hervorbringen, Verwalten und Verantworten von Beziehungen, Wissen und Strukturen praktiziert wird,[11] weisen auf konkrete Wege hin, wie Sorge weg von globalisierten Pflegeketten und hin zu translokalen Sorgegemeinschaften als kollektive, geteilte Praxis neu gedacht und organisiert werden kann.

Dass solche Formen von Fürsorge oft schwer zu denken und noch schwerer zu begehren sind, liegt nicht zuletzt vielleicht auch daran, dass ihre Bilder fehlen oder von hegemonialen Bildtraditionen überlagert werden.[12]

9 hooks 2000.
10 Allan Kellehear: *Compassionate Cities: Public health and end-of-life care*, London/New York 2005.
11 Manuela Zechner: *Commoning Care & Collective Power*, Wien 2021.
12 Über die Schwierigkeiten dieses Begehrens schreibt Simon Nagy in *Zeit abschaffen. Ein hauntologischer Essay gegen die Arbeit, die Familie und die Herrschaft der Zeit*, Münster 2024, S. 149.

Vor diesem Hintergrund markieren die Arbeiten von Akihito Yoshida und Frida Orupabo eine entscheidende Öffnung: Sie verschieben den Blick auf Sorge als Beziehungspraxis und machen es möglich, diese als relationales, gemeinschaftliches und epistemisches Projekt zu sehen. Yoshidas Fotografien veranschaulichen, wie Zuneigung und Arbeit in der alltäglichen Pflege miteinander verschränkt sind, ohne sich in romantisierende Familialisierung aufzulösen. Orupabos Collagen wiederum schaffen Beziehungen und Verbundenheit dort, wo gewaltvolle Geschichte Bruchstellen hinterlassen hat. Beide machen nachvollziehbar, dass Sorge nur relational gedacht werden kann, als geteiltes Tun und geteiltes Wissen, und öffnen einen visuellen Raum, in dem Fürsorge als gemeinsame, widerständige und zukunftsgewandte Praxis auch imaginierbar wird.

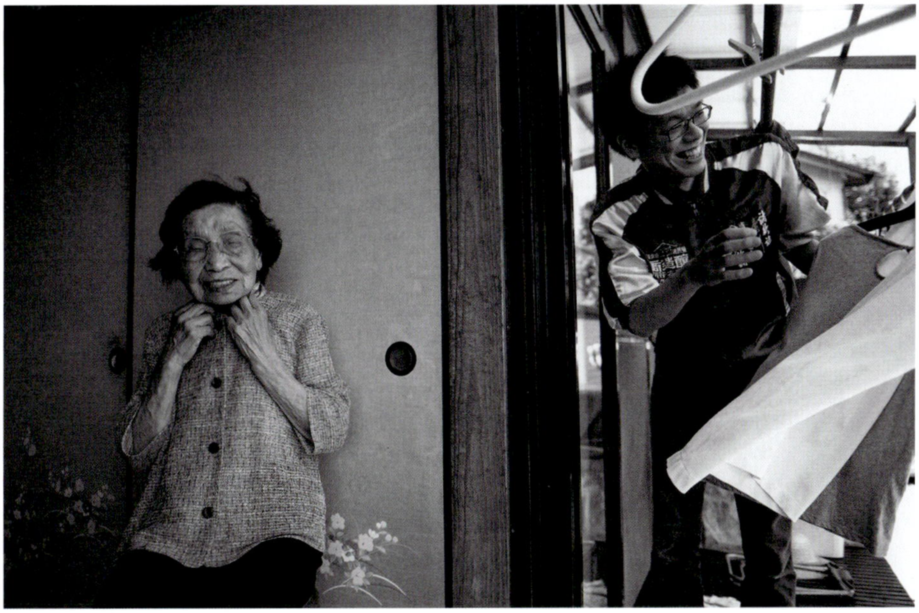

Akihito Yoshida The Absence of Two [Die Abwesenheit von zwei], 2017/26

Nina Schedlmayer

Wenn die Küche rebelliert

Kunst, Care und Widerstand

»Am Abend gehen wir nach Haus geschwind, / Wir tragen unser Korn und unser Kind; / Erschöpft, und wie! Doch klagen lohnt sich kaum, / Noch auszuruh'n an jedem Tor und Zaun; / Wir eilen, denn wenn wir nach Hause kommen, / So hat die Arbeit, ach, erst recht begonnen, / So vieles ruft nach unsrer Gegenwart – / Mit zehn Händen wäre es noch hart. / Die Kinder betten wir, bereiten Euren Schmaus, / Und richten alles ein, denn Ihr kommt bald nach Haus; / Ihr esst und trinkt und geht dann früh zur Ruh', / Und schlummert ein, ganz friedlich und im Nu; / Doch wir, oh weh, ganz wenig Schlaf nur haben, / Weil unsre Kinder lärmen, toben, klagen.«[1]

Eine der größten Leistungen des Patriarchats bestand darin, die kräftezehrende Arbeit in Heim und Haus in seinen künstlerischen Produktionen fast vollständig zu ignorieren. Denn das Unsichtbare bleibt wertlos – und genau das war die Absicht. Zu den wenigen Ausnahmen zählt das hinreißende Gedicht »The Woman's Labour«. Darin schildert die britische Dichterin und Wäscherin Mary Collier die bis heute virulente Mehrfachbelastung von Frauen. In größerem Ausmaß fand die Care-Arbeit erst spät Eingang in die Kunst. Wenn Schriftstellerinnen sich ihr widmeten, erging es ihnen wie Marlene Streeruwitz,[2] deren brillanter Debütroman *Verführungen* vom Literaturkritiker Marcel Reich-Ranicki verspottet wurde. In der TV-Sendung *Das Literarische Quartett* qualifizierte er das Buch ab mit der Begründung, dass ihn der dort erzählte Alltag einer Alleinerzieherin schlicht nicht interessiere. Ähnlich reagierten Teile der Jury des Ingeborg-Bachmann-Preises 2014, als Gertraud Klemm aus ihrem später preisgekrönten Roman *Aberland* las, der eine Kleinfamilie im Muttertagswahnsinn beobachtete.

Auch wenn Kunst über Care-Arbeit permanent ins Lächerliche gezogen wurde, ließen sich Künstlerinnen aller Sparten nicht davon abhalten, das Waschen, Kochen, Putzen und die Kinderversorgung zu beleuchten – und ihren Widerstand gegen die herrschenden Verhältnisse zu artikulieren. Vor allem seit den 1970er-Jahren kam das Thema immer wieder auf, wie zahlreiche Werke der SAMMLUNG VERBUND beweisen. Dieser Text betrachtet einige davon im Kontext gesellschaftspolitischer Diskurse.

I. Druck machen: Kein Sozialismus ohne Feminismus

»Die Frau ist also frei, und Kinder, die sie besitzt, verkürzen ihr diese Freiheit nicht. Pflegerinnen, Erzieherinnen, befreundete Frauen, die heranwachsende weibliche Jugend stehen ihr in Fällen, in welchen sie Hilfe braucht, zur Seite.«[3] So stellte sich der Sozialist August Bebel die Care-Arbeit in der idealen Gesellschaft vor. In seiner Schrift *Die Frau und der Sozialismus* (1879) artikulierte er zwar als Ziel »die volle Emanzipation der Frau und ihre Gleichstellung mit dem Mann«,[4] forderte er »das Heraustreten der Frau aus dem engen Kreise der Häuslichkeit und ihre volle Teilnahme an dem öffentlichen Leben«.[5] Die Kinder sollten sie dennoch ohne männliche Unterstützung versorgen. Ansonsten fielen dem Revolutionär auf den Hunderten Seiten seines Buchs zu dem Thema bloß Zentralküchen und -waschanstalten sowie die »große technische Revolution« als Lösung für die leidige Hausarbeit ein.

Nicht ganz hundert Jahre später, 1976, inszenierte sich die dänische Künstlerin Kirsten Justesen in einem loftartigen Raum in Szene. Jedoch ist sie umgeben von allerlei Haushaltsgerätschaften – allerlei Geschirr in einer Küchenzeile, einem Staubsauger. In einem Stuhl zurückgelehnt, mit Lockenwicklern im Haar, hält sie eine Zigarette in der Hand und liest in einer Zeitung, auf der die überdimensionale Schlagzeile »Klassekampen« (S. 175) prangt. Kein Klassenkampf ohne Frauenkampf, kein Frauenkampf ohne Klassenkampf: An diesen Schlachtruf erinnert Tania Ørum in einem Text über diese Arbeit.[6] »Wie das Bild jedoch zeigt, bestand eine ständige Spannung zwischen dem Kampf von Frauen und dem Klassenkampf«, schreibt die Literaturwissenschaftlerin. Der Klassenkampf finde im öffentlichen Raum statt, aber die Frau verharre im Privaten. In ihrer »schludrig-intimen Aufmachung, die sowohl die private Natur der Hausarbeit als auch die Vorbereitungen zum Herausputzen des Körpers anzeigt, nackte Beine in Hausmuttipantoffeln und aufgedrehtes Haar, ist diese Frau weit entfernt von den Barrikaden des Klassenkampfes«, so Ørum.

1 Mary Collier: »The Woman's Labour: An Epistle to Mr. Stephen Duck«, London 1739, S. 10 f. Übers. von Alexandra Berlina.
2 Siehe Text »Besitz. Verhältnisse.« von Marlene Streeruwitz in diesem Band, S. 33–46.
3 August Bebel: *Die Frau und der Sozialismus*, Stuttgart 1919, S. 479.
4 Ebd., S. 482.
5 Ebd., S. 240 f.
6 Kat. Ausst. *Kirsten Justesen. Re Kollektion*, Nordjyllands Kunstmuseum 1999, hrsg. v. Kirsten Justesen u. Nina Hobolth, Aalborg 1999, S. 87.

Justesens Arbeit wirft ein Licht auf die weißen Flecke in den sozialistischen und linken Strömungen der 1960er- und 1970er-Jahre in Europa und den USA. Denn die Frauen, so kristallisierte sich spätestens nach dem berühmten »Tomatenwurf« in Deutschland heraus,[7] würden ihren Kampf selbst führen müssen. »Die sogenannten 68er setzten [...] eine Tradition fort, die sich auch in den Frauenbewegungen um die Jahrhundertwende gezeigt hatte: trotz vielfältigen politischen Engagements, das die Akteurinnen auszeichnete, blieben die spezifischen Probleme, die Frauen aufgrund ihrer Zuständigkeit für Haus- und Sorgearbeiten hatten, wie auch ihre sexuellen und reproduktiven Rechte, lange Zeit kein zentrales Thema«, schreibt die Historikerin und Sozialwissenschaftlerin Gisela Notz. Analog zur dänischen Frauenbewegung betonte die deutsche Gruppe Brot und Rosen, zu der auch die feministische Filmemacherin Helke Sander zählte, »dass es keinen Feminismus ohne Sozialismus geben kann und keinen Sozialismus ohne Feminismus«.[8] Wie Gisela Notz feststellt, funktioniere die bürgerlich-kapitalistische Gesellschaft nur deshalb, »weil Frauen und Männern unterschiedliche Funktionen zugeschrieben werden«.[9] Rund um marxistische Gruppen gründeten sich Initiativen wie Salario al Lavoro Domestico [Lohn für Hausarbeit], die sich 1972 in Italien formiert hat. »Die Forderung nach Lohn war eine Provokation, eine Art aufzuzeigen, dass die kapitalistische Klasse es sich niemals leisten könnte, für all das zu zahlen, was Frauen leisten«, schreibt Linsey Young im Katalog zu der von ihr kuratierten Ausstellung *Women in Revolt!*.[10]

In dieser Zeit befassen sich Künstlerinnen zunehmend explizit mit Hausarbeit. Viele von ihnen tun sich zu Kollektiven zusammen, entwerfen und drucken Plakate, die sie in den öffentlichen Raum bringen – jenen Raum, von dem Frauen in der patriarchalen Rollenaufteilung durch Care-Arbeit ferngehalten werden, der aber, wie die Designexpertin Gerda Breuer feststellte, »traditionell der Ort [ist], an dem Demokratie eingefordert wurde«.[11] Durch neue Drucktechniken wurde »die Teilhabe an alternativen und kritischen Diskursen erleichtert, insbesondere wenn die Ressourcen preiswert

7 Bei einem Kongress des Sozialistischen Deutschen Studentenbunds 1968 bewarf die Berliner Delegierte Sigrid Rüger das Rednerpodium aus Wut über die Ignoranz weiblichen Anliegen gegenüber mit Tomaten. Die männlichen Genossen hatten die Rede von Helke Sander, die dies artikulierte, ignoriert. Susanne Hertrampf: »Ein Tomatenwurf und seine Folgen«, Bundeszentrale für politische Bildung, https://www.bpb.de/themen/gender-diversitaet/frauenbewegung/35287/ein-tomatenwurf-und-seine-folgen/#node-content-title-1 [abgerufen am 13.10.2025].

8 Gisela Notz: Manuskript des Redebeitrags auf der Tagung »Linkssozialismus« am 11. und 12. Dezember 2009 in Duisburg, S. 3, https://dielinke-nrw.de/fileadmin/kundendaten/www.dielinke-nrw.de/pdf/NEWSLETTER_NRW/Linkssozialistenkurz.pdf [abgerufen am 13.10.2025].

9 Ebd., S. 11.

10 Linsey Young: »Introduction: The Personal is political«, in: Kat. Ausst. *Women in Revolt! Art and Activism in the UK 1970–1990*, Tate Britain, Scottish National Gallery of Modern Art, Whitworth Art Gallery, 2023–25, hrsg. v. Linsey Young, London 2023, S. 20 f.

11 Gerda Breuer: *Her Stories in Graphic Design: Dialoge, Kontinuitäten, Selbstermächtigungen: Grafikdesignerinnen 1880 bis heute*, Berlin 2023, S. 88.

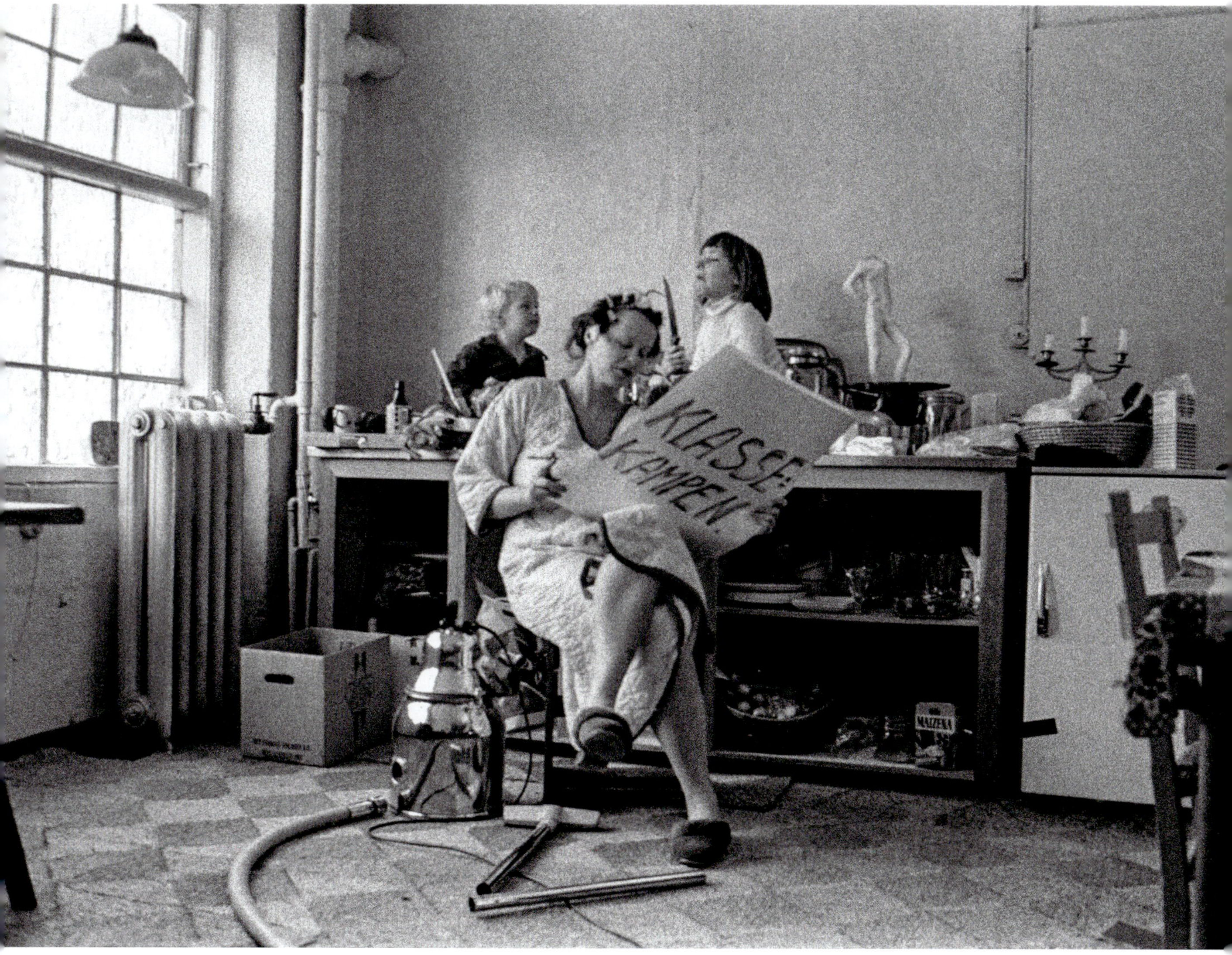

Kirsten Justesen Klassekampen [Klassenkampf], 1976/2018

und leicht zugänglich waren«, schreibt sie. Besonders im Großbritannien Margaret Thatchers, die emanzipatorischen Anliegen entgegenwirkte, verbreiteten sich weibliche Druckkollektive und -werkstätten. Laut Breuer existierten allein in London dreißig solcher Werkstätten; ihre Werkzeuge kauften die Künstlerinnen oft gebraucht oder erhielten sie gespendet, ihre Räume waren »mietfrei oder hatten niedrige Mieten, manchmal befanden sie sich in besetzten Häusern«, so Breuer. »Siebdruck- und Kleinoffsetlitho-Technologien waren die besten Voraussetzungen, preiswert zu drucken, und ihre Handhabung war vergleichsweise leicht erlernbar.«[12]

1974 gründeten die Studentinnen Prudence Stevenson, Julia Franco und Susan Mackie den See Red Women's Workshop. Im Laufe der Zeit kamen insgesamt vierzig Frauen dazu.[13] Darüber hinaus machten der Lenthall Road Workshop, die Hackney Flashers und Notting Hill Press in London auf sich aufmerksam. Aus heutiger Sicht bemerkenswert ist deren intersektionaler Zugang. Die Künstlerinnen agierten nicht im Sinn eines *weißen* Feminismus, sondern schlossen Schwarze Frauen und Frauen mit Behinderung selbstverständlich ein. Der See Red Women's Workshop zeigte in einer klaren visuellen Sprache die Verzahnung von Kapitalismus und Hausarbeit auf. *A Woman's Work Is Never Done* von 1974 (S. 178) teilt eine Frau in zwei Hälften. Die eine ragt in die häusliche Sphäre hinein, wo Bügelbrett und Herd warten, das Kind schreit und der Mann im Fauteuil lümmelt. Die andere Hälfte gehört zu einer Fabrik, wo drei weitere Frauen an einem Fließband arbeiten, kritisch beäugt von einem Anzugträger im Hintergrund, offenbar dem selbstverständlich männlichen Chef. Die Zerrissenheit der berufstätigen Mutter, die von einem »Room of one's own« [Eigenes Zimmer] nur mehr träumen kann, wird so fast körperlich spürbar. In *Right on Jane* von 1977 imitierte der See Red Women's Workshop ein Schullehrbuch, in dem eine Frau ihre Tochter für die gehorsame Durchführung von Haushaltsarbeiten lobt: Jede Generation wird aufs Neue für ihre Rolle zugerichtet. Im letzten Bild probt Mutter Jane jedoch den Aufstand und sagt zu sich selbst: »Höchste Zeit, dass ich mich aus diesen sexistischen Büchern befreie und damit anfange, Mädchen Beispiele für all die anderen Dinge aufzuzeigen, die wir tun können!« In der Arbeit *Capitalism Also Depends on Domestic Labour* von 1975 (S. 179) verlassen gesichtslose Männer eine Fabrik, begeben sich auf ein Fließband, wo ihre Kleidung frisch aufgebügelt wird und sie sich kurz im Lehnstuhl ausruhen, bevor sie wieder entlassen werden für die nächste Schicht. In all diesen Arbeiten schwingt Humor mit – schon immer eine gute Strategie zur Generierung von Aufmerksamkeit.

12 Ebd., S. 129.
13 Ebd., S. 132.

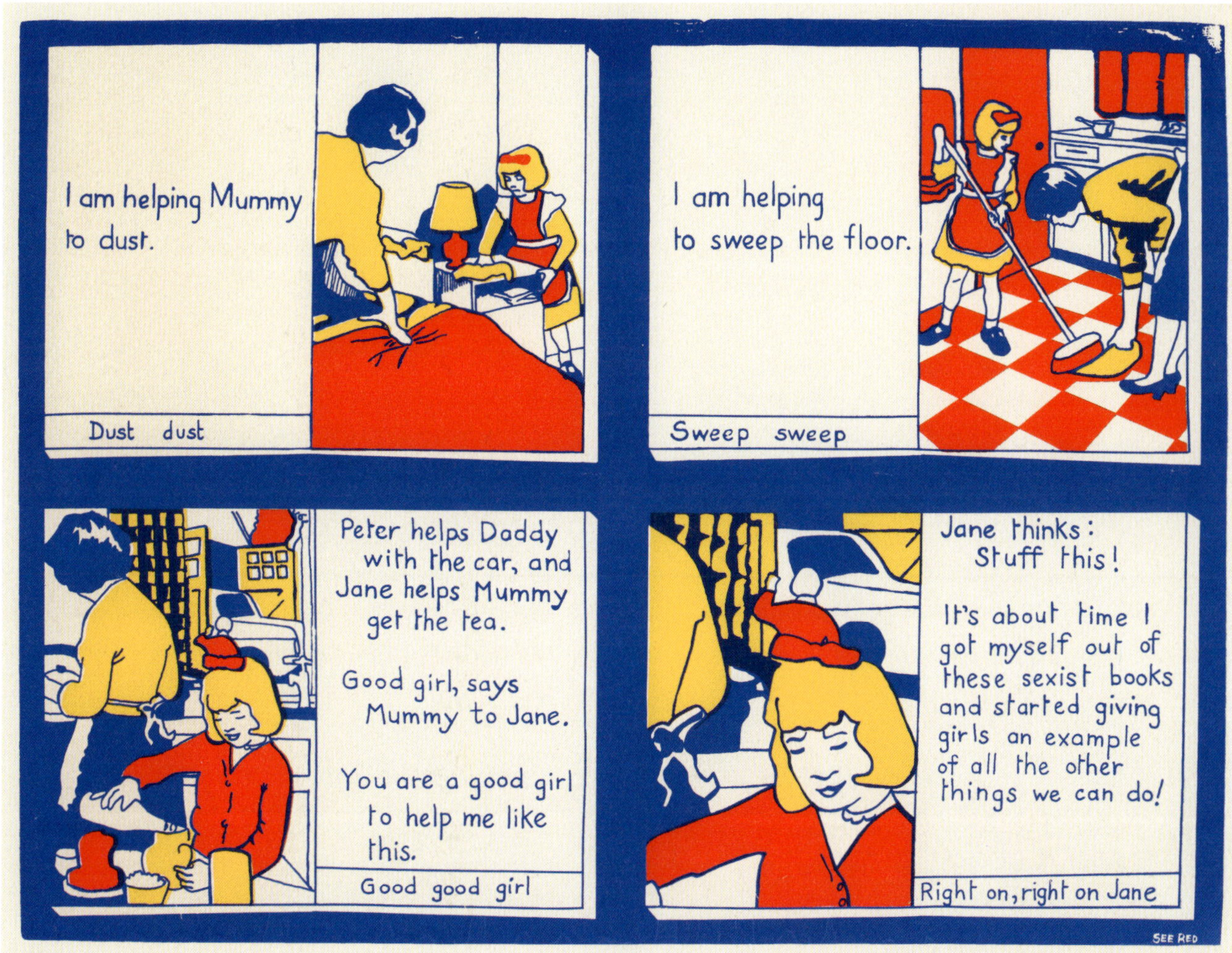

See Red Women's Workshop Right on Jane [Weiter so Jane], 1977

Der konventionelle Kunstbetrieb ignorierte diese Werke lange Zeit weitgehend. In einem Gespräch mit dem *National Women's Studies Association Journal* beschreibt die Kunsthistorikerin Amelia Jones, wie sich ein falscher Antagonismus etabliert habe zwischen »›schöner‹ Kunst (Bildern, die vordergründig auf unmittelbare Art und Weise für ihre ästhetische Perfektion geschätzt werden können) und politischer Kunst (Kunst, die ›böse‹ ist, weil sie auf dem Versuch besteht, eine explizit politische Botschaft zu vermitteln)«. Weiter heißt es: »Offenkundig dienen solche Modelle äußerst vorhersehbaren Machtstrukturen.«[14] Bezogen auf feministisch-aktivistische Strömungen und

14 Amelia Jones, Mary Flanagan u. a.: »Feminist Activist Art, a Roundtable Forum, August 24–31, 2005«, in: *NWSA Journal* 19, 2007, S. 12.

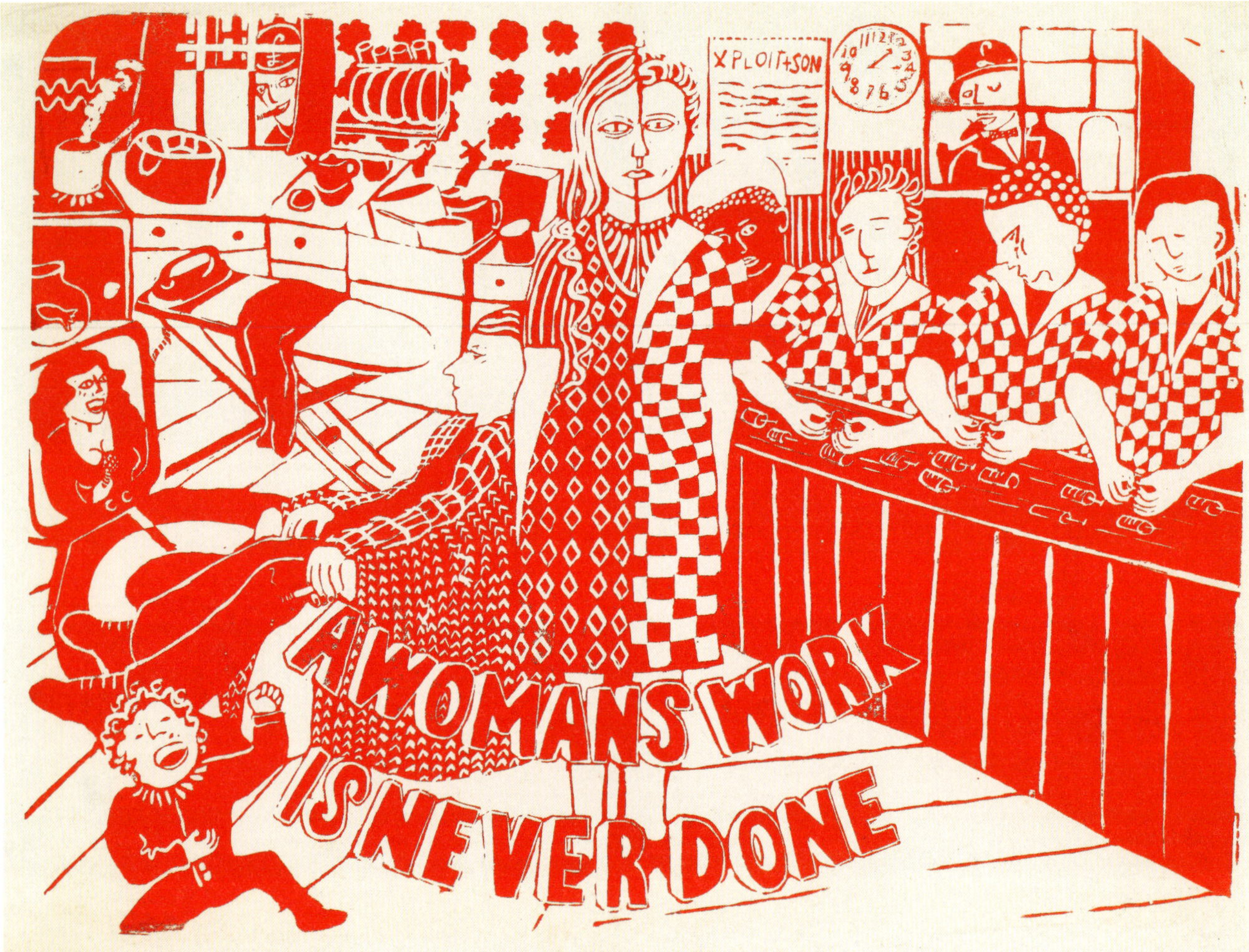

See Red Women's Workshop A Woman's Work Is Never Done
[Die Arbeit einer Frau ist nie getan], 1974

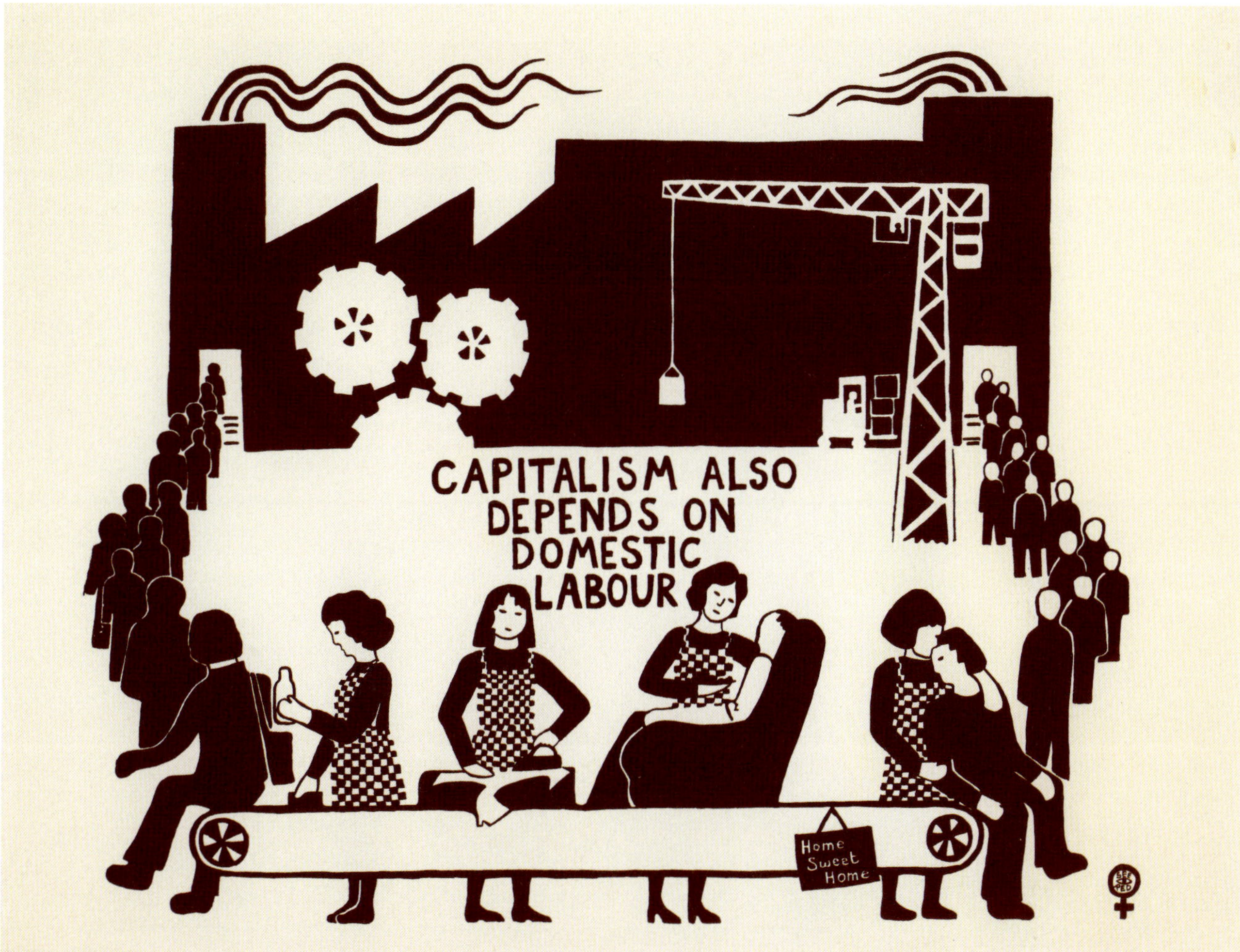

See Red Women's Workshop Capitalism Also Depends on Domestic Labour
[Kapitalismus hängt auch von Hausarbeit ab], 1975

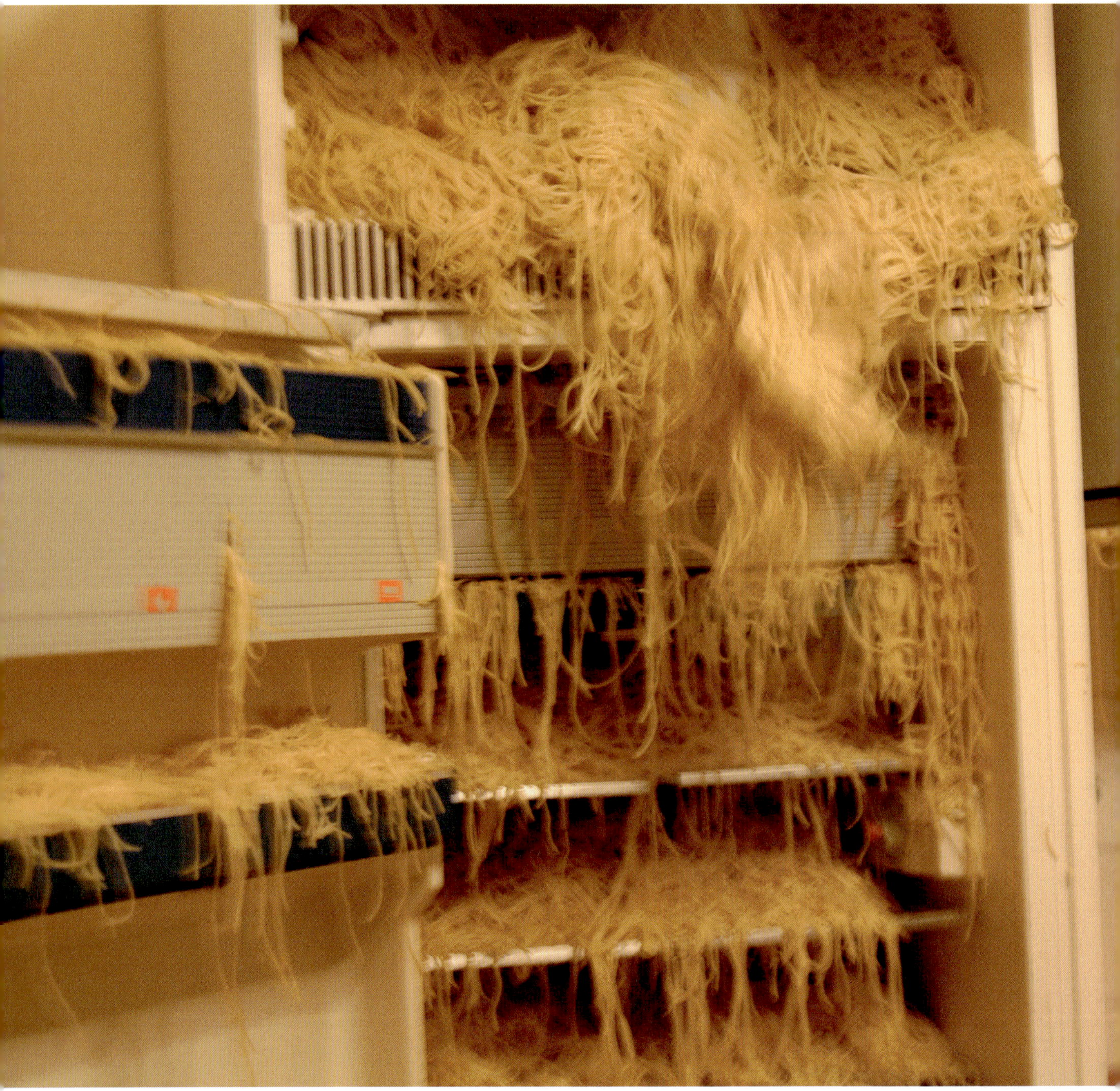

Marlene Haring Heute bleibt die Küche kalt, wir gehen in den Wienerwald, 2004

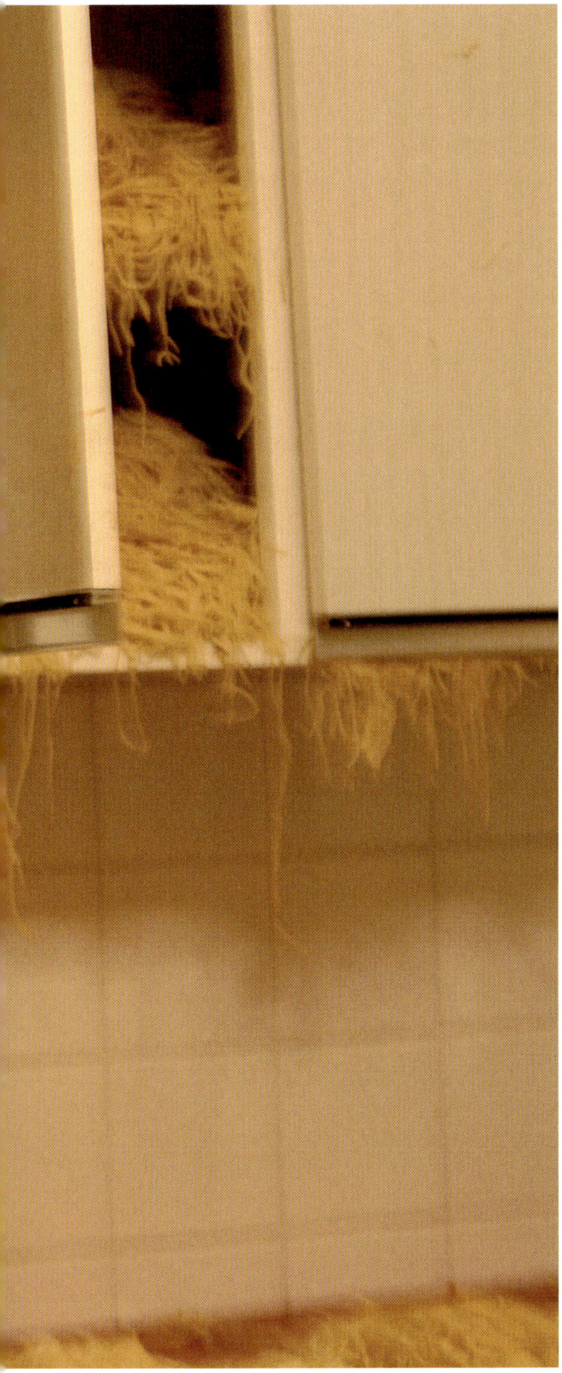

Medien – Poster, Fotografie, Performance, Video –, findet die Polarisierung zwischen »wertvoller« männlicher Erwerbsarbeit und »minderer« weiblicher Hausarbeit ihr Echo in dieser Polarisierung von »schöner« (genialer männlicher?) und »politischer« (kollektiver weiblicher?) Kunst.

Zu einem Haushaltsstreik ruft Jahrzehnte später der Titel einer Arbeit von Marlene Haring auf. Sie heißt *Heute bleibt die Küche kalt, wir gehen in den Wienerwald* von 2004 (S. 180–185), wobei mit »Wienerwald« die mittlerweile insolvente Schnitzelrestaurantkette gemeint ist, deren Werbespruch die Künstlerin übernommen hat, zudem auch eine potenzielle Flucht ins gleichnamige Naherholungsgebiet, wie der Wien umgebende Wald genannt wird. Gleichzeitig ist der Titel ein Seitenhieb auf den als Star verehrten Martin Kippenberger und seine Arbeit *Jetzt geh ich in den Birkenwald denn meine Pillen wirken bald*. In dieser Installation, die Haring in einer Fotografieserie dokumentiert hat, geht eine Küche völlig über mit Spaghetti, das Essen vervielfacht sich wie in einer Groteske, ähnlich wie im Märchen »Der süße Brei« der Gebrüder Grimm. »Die Küche kotzt, unterwirft sich nicht, wird widerborstig«, so die Künstlerin. »Sie tut aber gleichzeitig das, was sie eigentlich tun soll, allerdings in Form eines extremen Protestakts oder als Ausleben der sonst eingeschränkten Freiheit.« Die Küche stehe somit auch für jene, die zumeist für die häusliche Versorgung verantwortlich sind: die Frauen – die sich angesichts dieser ganzen Misere ihrerseits übergeben könnten.[15]

15 E-Mail der Künstlerin an die Autorin vom 7. Oktober 2025.

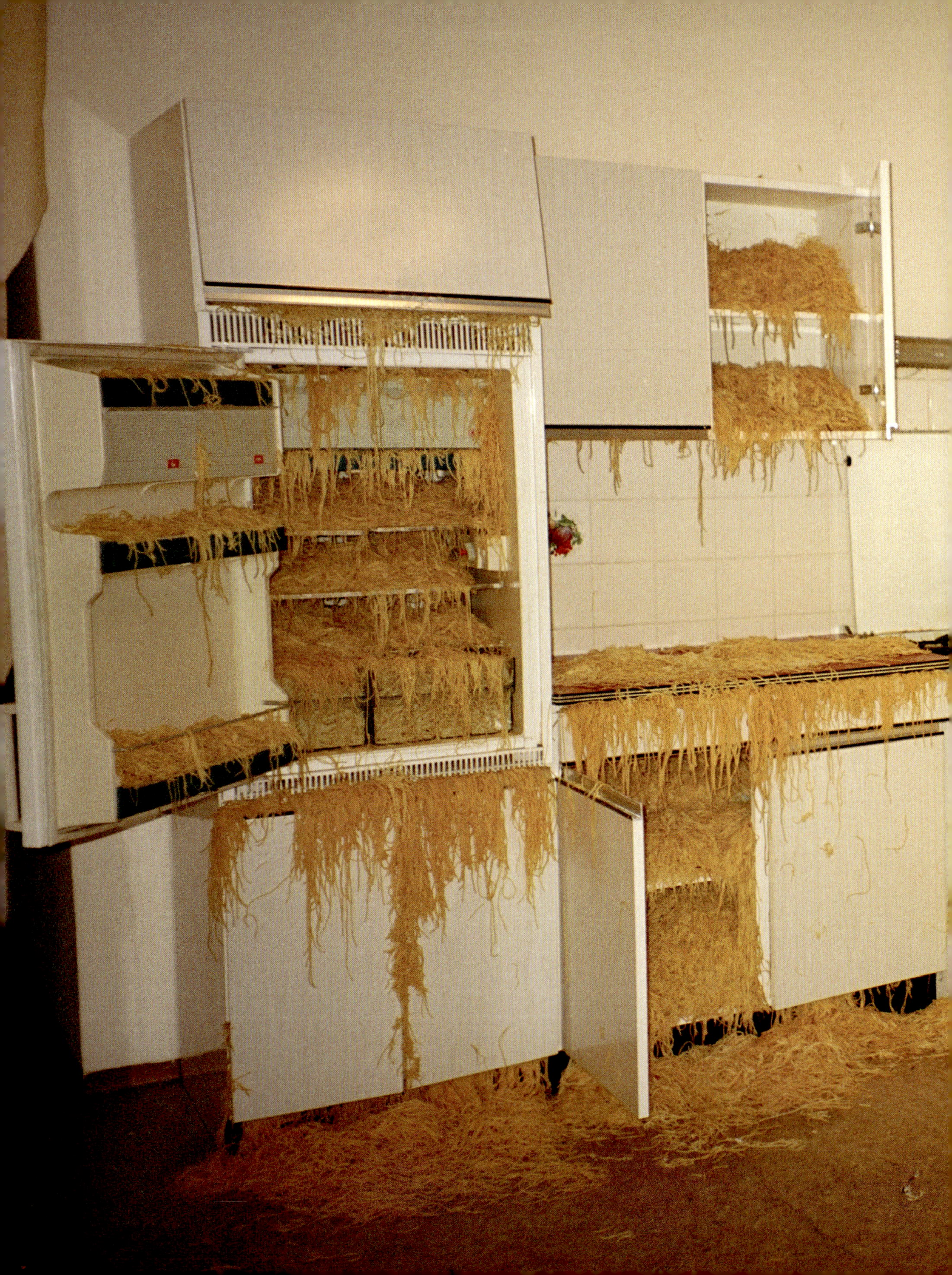

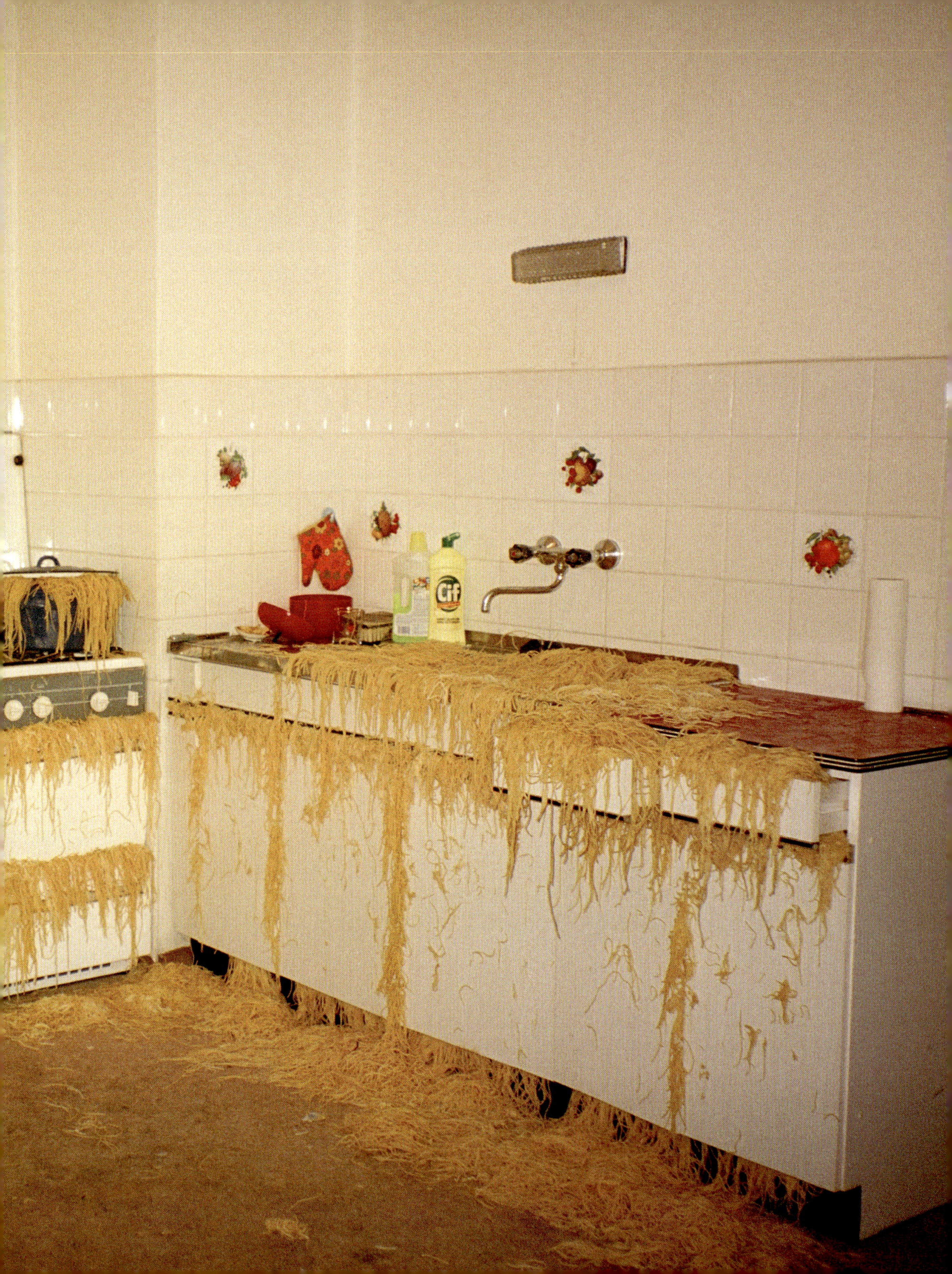
Cif

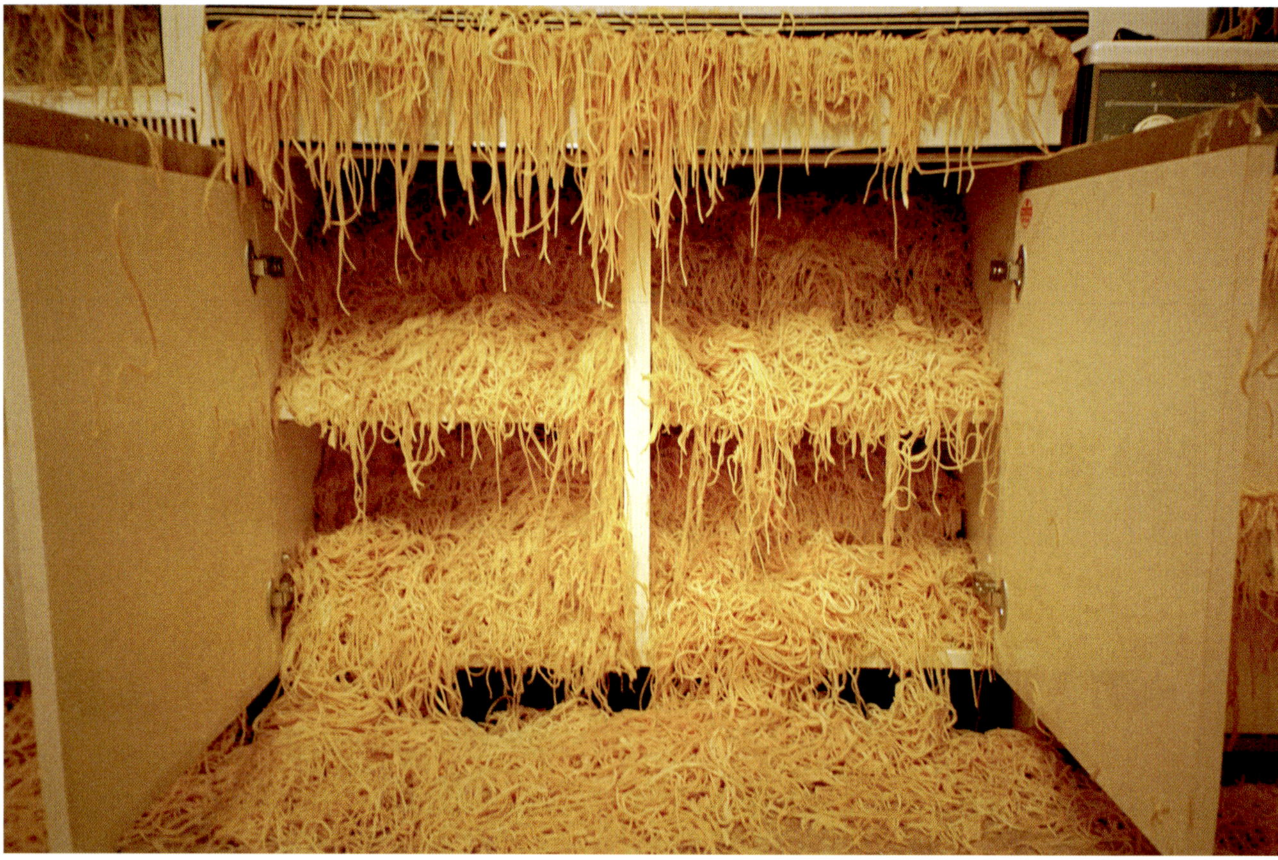

Marlene Haring Heute bleibt die Küche kalt, wir gehen in den Wienerwald, 2004

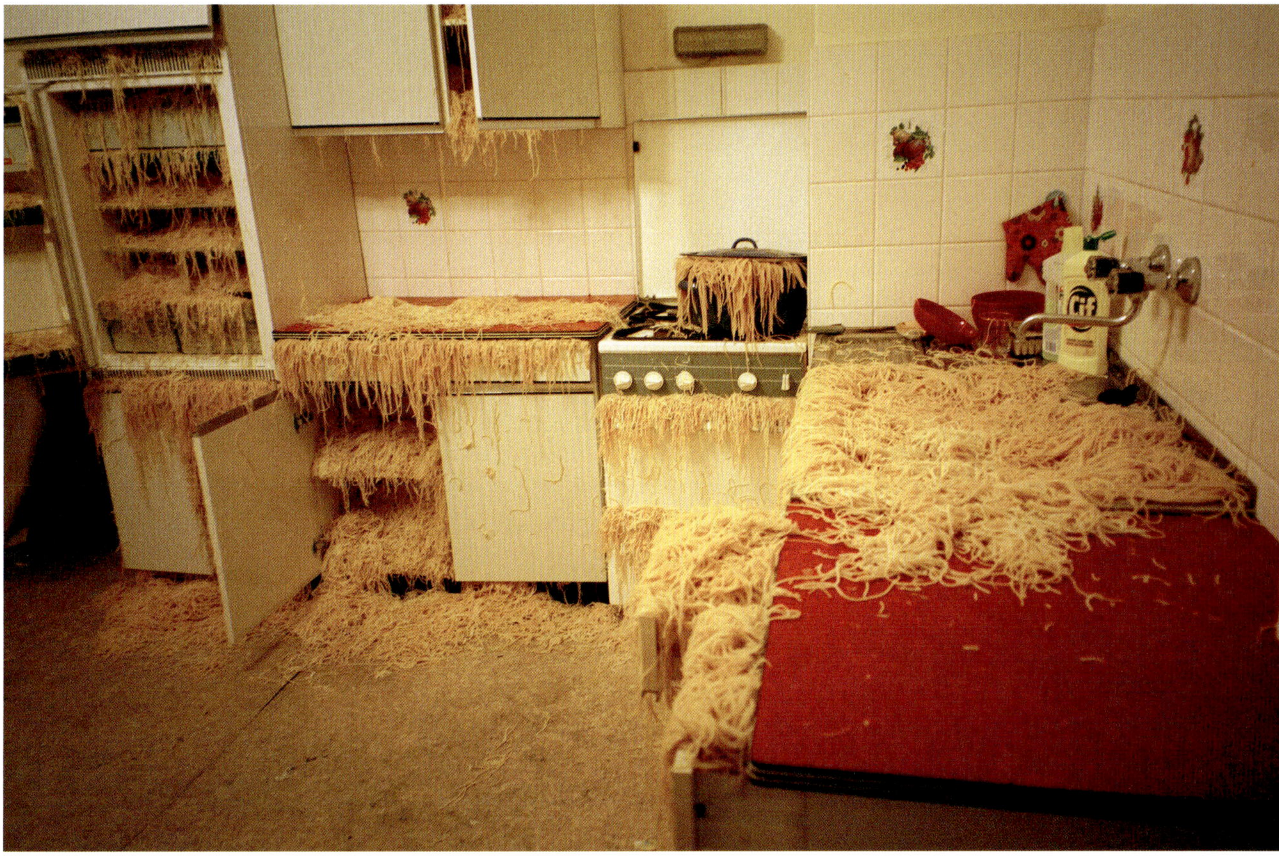
Cif

II. Im knappen Kleidchen den Kochlöffel schwingen: Die Erotik der Hausfrau

»Sie wissen ja: Eine Frau hat zwei Lebensfragen: Was soll ich anziehen, und was soll ich kochen?« Adrett, schlank, das Haar in Wellen gelegt und perfekt geschminkt, schwebt die Hausfrau in die Küche, um einen Pudding für ihren Mann zuzubereiten (»Bald wird Peter da sein, mit einem Bärenhunger!«). Längst gilt diese Werbung für den Backmittelhersteller Dr. Oetker aus dem Jahr 1954 als Paradebeispiel für den Sexismus der Nachkriegszeit. Doch heute propagieren Instagram-Tradwives ein Frauenbild zwischen Kuchenbacken und Erotik. In Pamela Hogans Film *Ein Tag ohne Frauen* über den isländischen Frauenstreik 1975 erzählt eine Mitinitiatorin: »Man sagte, man muss vor ihm aufstehen und Make-up auflegen.« Und in der Serie *The Marvelous Mrs. Maisel* steht die Protagonistin – noch vor ihrer Raketenkarriere im Comedybusiness – im Morgengrauen auf, vollführt allerlei nervenaufreibende Beautyrituale, um sich anschließend mit ondulierter Frisur wieder neben dem schlafenden Gatten ins Bett zu legen und diesem pünktlich zum Weckerläuten ein perfektes Bild ihrer selbst servieren zu können.

Dass bei den unsichtbaren Care-Anstrengungen Frauen auch noch begehrenswert, sexy, stets perfekt gepflegt erwartet werden, gehört zu den Perfidien des Patriarchats. Der Mann will beides konsumieren: Frau und Pudding. Oder auch Marmelade aus einem Glas, wie es sich Karin Mack in ihrer Serie *Zerstörung einer Illusion* von 1977 glücklich an die Wange hält: eine hübsch aussehende Frau vor gemusterter Tapete. Allerdings zerstechen Nadeln das häusliche Männerglück. Fotoexpertin Margit Zuckriegl schreibt: »Der Tod des Bildes, die Zerstörung der Fotografie ist gleichzeitig auch das Ende der Illusion und ein Akt der Befreiung.«[16]

Den weiblichen Körper als Konsumgut thematisiert auch Kirsten Justesen in ihrer Fotoarbeit *Lunch* von 1975 (S. 188–189), in der sie nackt in einem Einkaufswagen sitzt und so in eine offene Landschaft rollt. Die Kuratorin Birgitte Anderberg schreibt darüber: »Die nackte Landschaft und die nackte Frau stellen zwei Seiten der gleichen Natur dar, die zu einem Objekt der Begierde gemacht wird, was Justesen mit dem Titel mehr als nur andeutet.«[17] Einerseits könne das Bild mit seinem Weg ins Freie utopisch gelesen werden, doch andererseits sei die Frau im Einkaufswagen als Konsumobjekt gefangen. Auf dem Weg in die Freiheit muss sie ihren Status

16 Margit Zuckriegl: »Karin Mack. Im Theater der Selbstereignisse«, in: Gabriele Schor (Hrsg.): *Feministische Avantgarde. Kunst der 1970er-Jahre*, München/London/New York 2016, S. 197.

17 Birgitte Anderberg: »Performing Feminism«, in: Tania Ørum/Jesper Olss (Hrsg.): *Avant-Garde in the Nordic Countries 1950–1975*, Leiden/Boston 2016, S. 573.

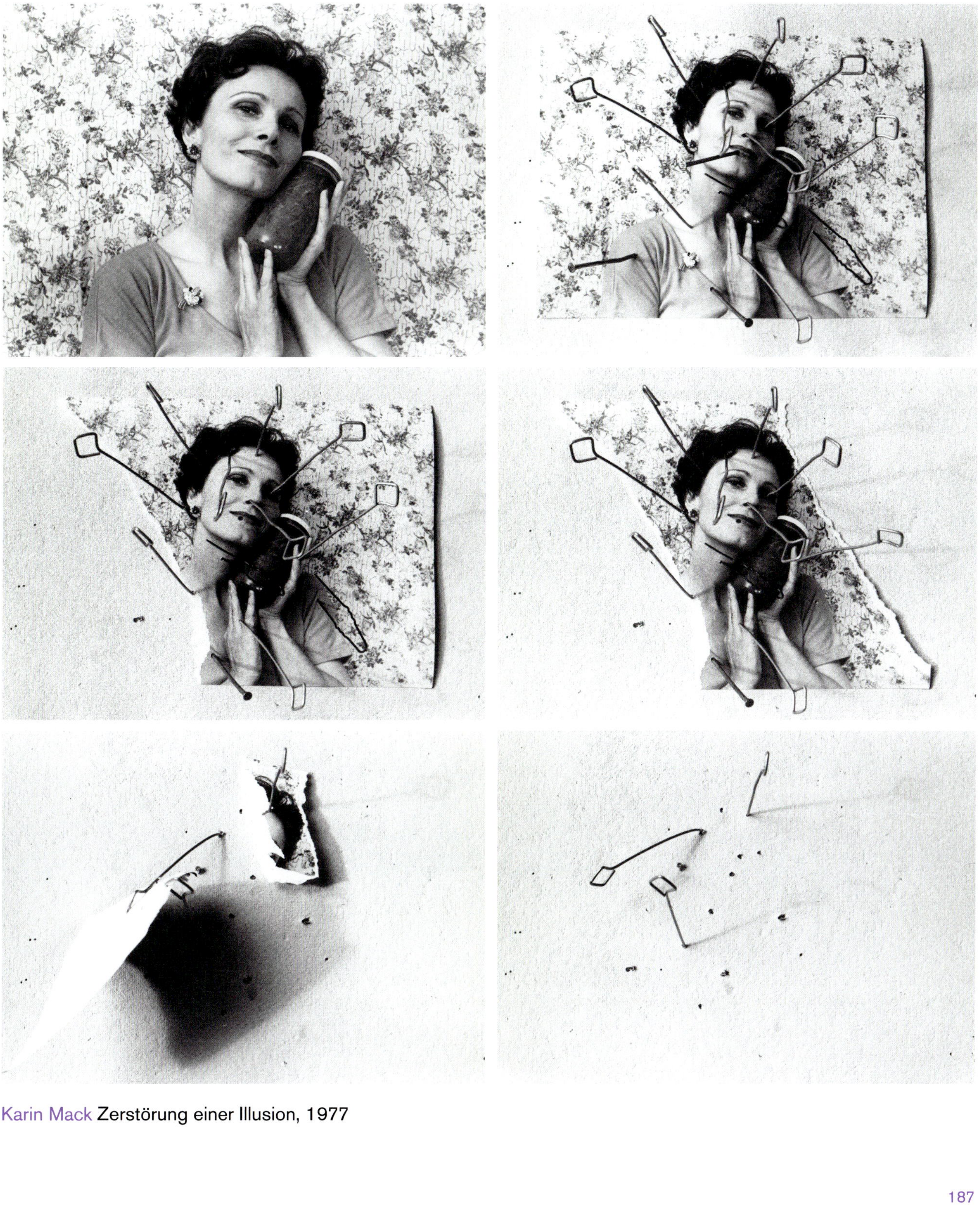

Karin Mack Zerstörung einer Illusion, 1977

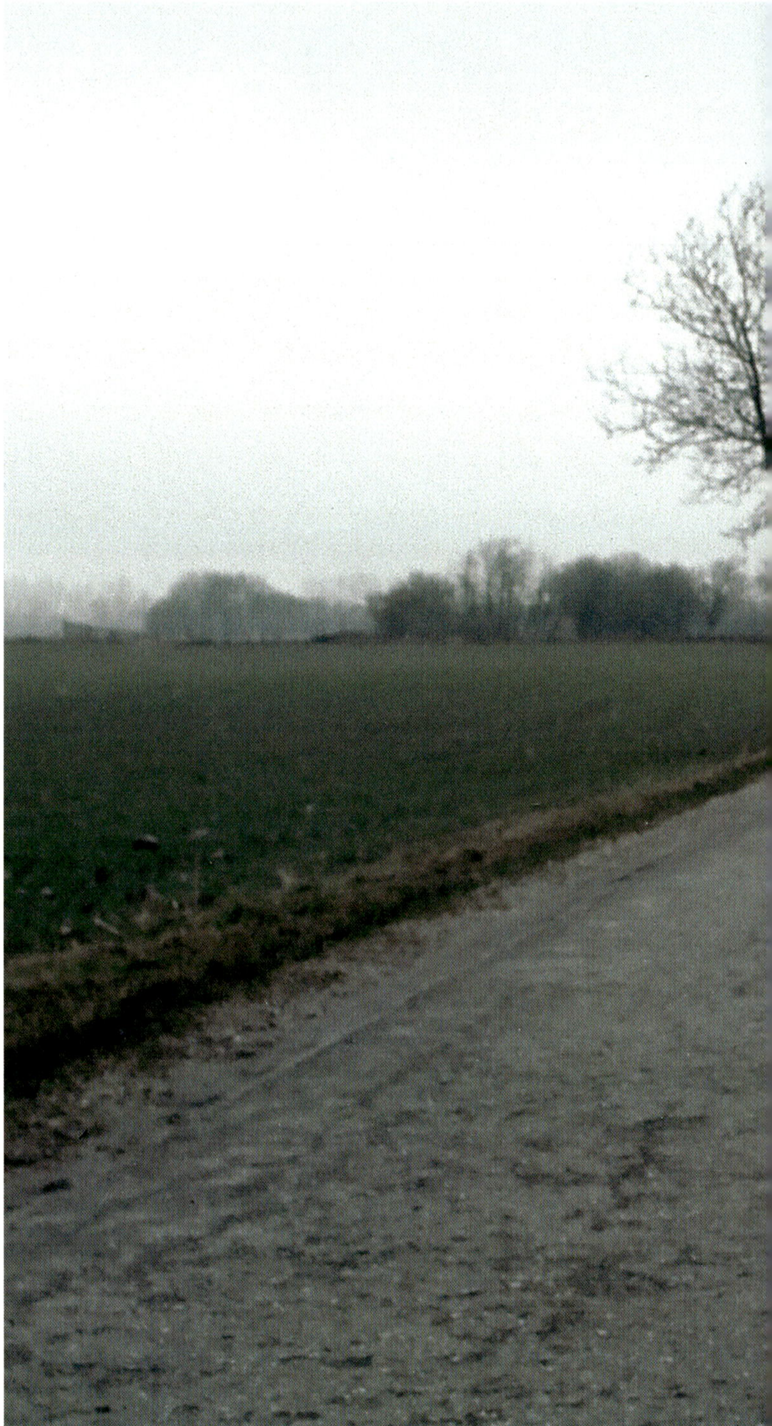

Kirsten Justesen Lunch
[Mittagessen], 1975/2018

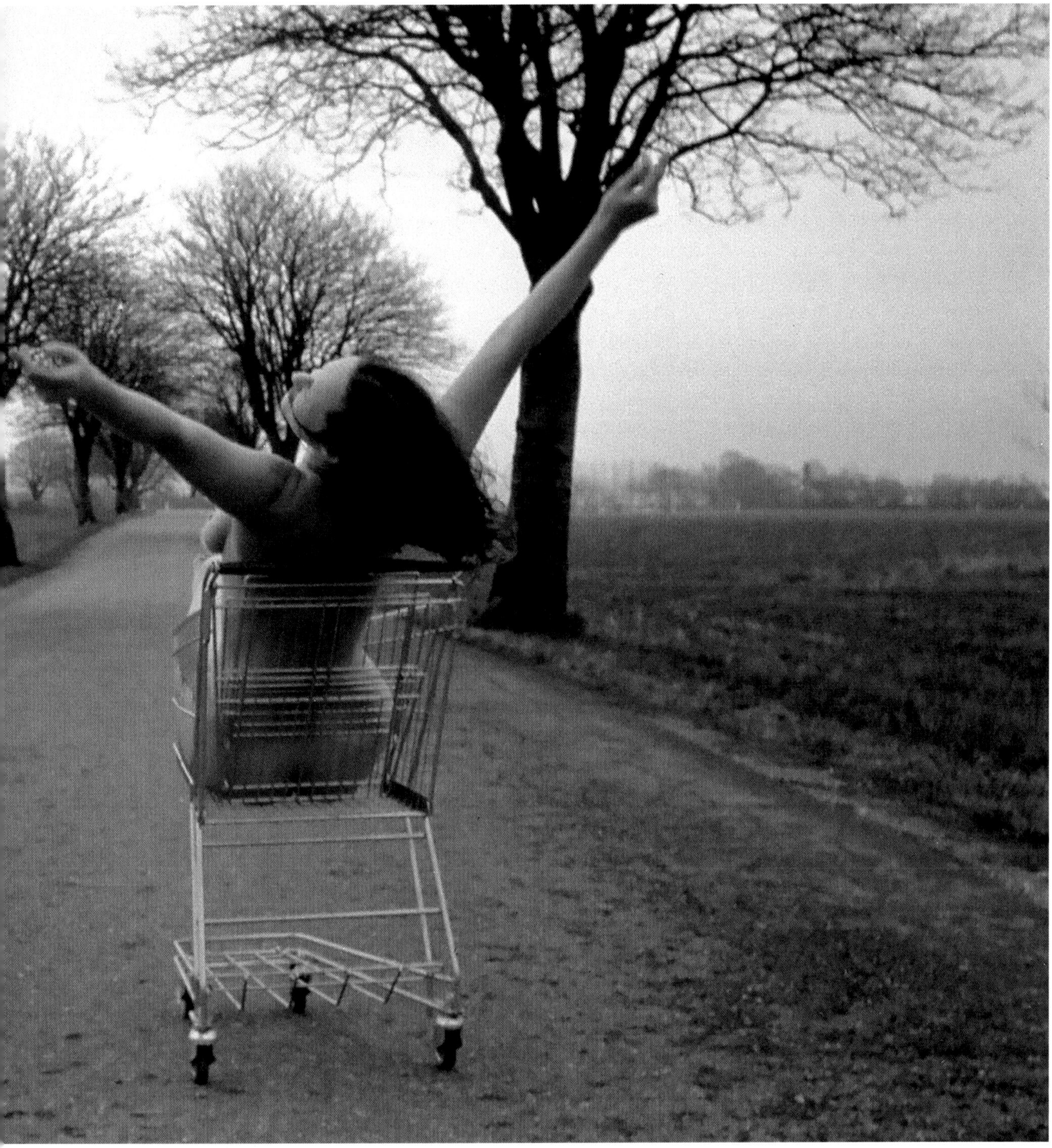

als Konsumobjekt ablegen. Anstalten dazu macht sie schon: Sie wirft die Arme von sich und überschreitet so die Enge ihres fahrenden Käfigs.

In knappen Wachstuchkleidchen fegt Małgorzata Markiewicz in ihrer Serie *Pinafores* von 2002 (S. 191–193) durch die Küche, bietet grinsend Getränke an, schwingt den Nudelwalker, schält Kartoffeln, kniet putzend am Boden, in der Urpose der Hausfrau, die gleichzeitig Ausdruck der Unterwerfung des Weiblichen ist.[18] Mal setzt sie ein kokettes Lächeln auf, dann wieder stellt sie offen zur Schau, wie sauer sie ist. Sie nehme damit, wie Elizabeth Grosz schreibt, die Rolle weiblicher Körper als Sexobjekte in den Blick, »die auf den häuslichen Raum beschränkt sind, wo von ihnen erwartet wird, dass sie nicht nur täglich dienen, sondern gleichzeitig auch attraktiv aussehen und selbst beim Bodenwischen ihren Charme nicht verlieren«.[19] Indem die Künstlerin das sexy Aussehen auf die Spitze treibt, liefert sie einen sarkastischen Kommentar auf derartige Weiblichkeitsbilder. Auf einem der Fotos ist ihr Umriss durch eine semitransparente Fensterscheibe zu sehen, die sich weniger als Membran, mehr als Schranke zwischen sie und den Außenraum schiebt.

Das Fenster als Barriere ist auch zentrales Element von Birgit Jürgenssens Fotografiearbeit *Ich möchte hier raus!* (S. 194) von 1976. Darin spielt die Künstlerin mit dem Stereotyp von dienstbarer Weiblichkeit. In braver Bluse, adrett frisiert und geschminkt, drückt sie ihren Oberkörper gegen eine Fensterscheibe, auf welcher der titelgebende Hilfeschrei geschrieben steht. So dringlich der Appell erscheint, der mit einem Ausrufezeichen versehen ist, so zurückhaltend wirkt der Gesichtsausdruck der Eingesperrten. In ihrem Outfit sehnt sich jedes Detail – von den Spitzen am Kragen bis zur Kameebrosche – danach, geliebt zu werden. Wie sehr hat sie sich mit ihrer Rolle abgefunden? Ist der Widerstand, den sie als Schrift auf der Scheibe ausdrückt, ein ernsthafter? Die Spannung zwischen der brav-biederen Erscheinung der Frau und dem schriftlich kundgetanen Ausbruchswunsch artikuliert auch die Gefangenheit im goldenen Käfig saturierter Bürgerlichkeit.

18 Wenn Allen Jones Frauen in dieser knienden Pose zu Trägerinnen von Tischplatten macht, dann reproduziert er den sexistischen Blick des konsumierenden Mannes ganz bewusst.

19 Elizabeth Grosz: *Space, Time, and Perversion. Essays on the Politics of Bodies*, New York 1995, S. 219.

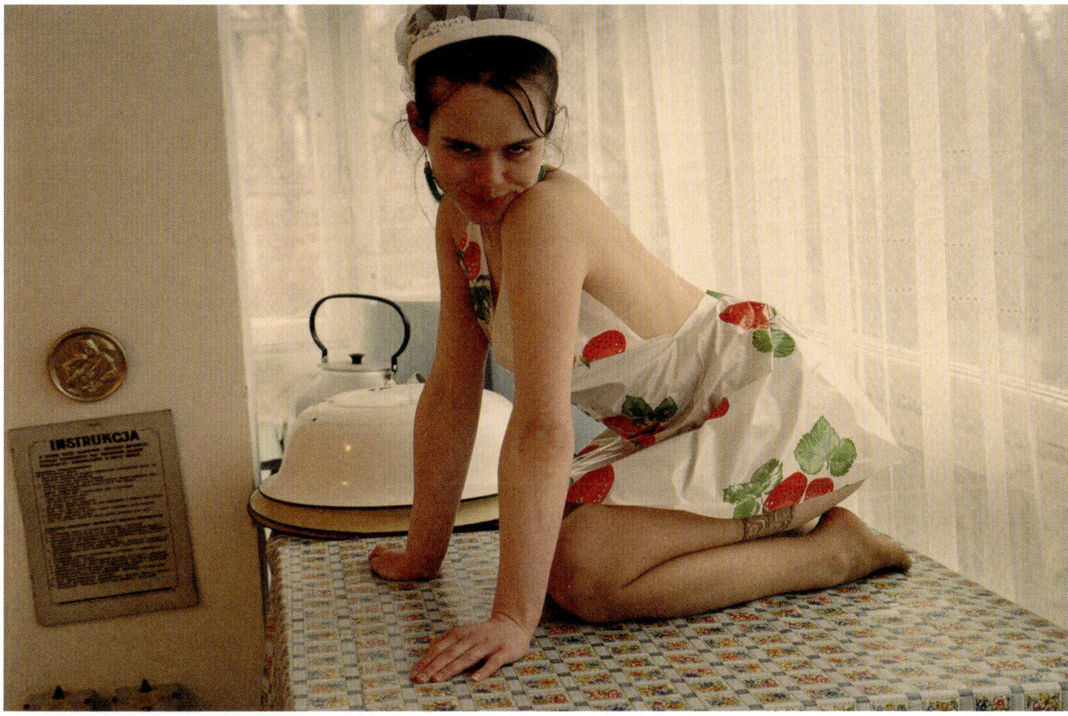

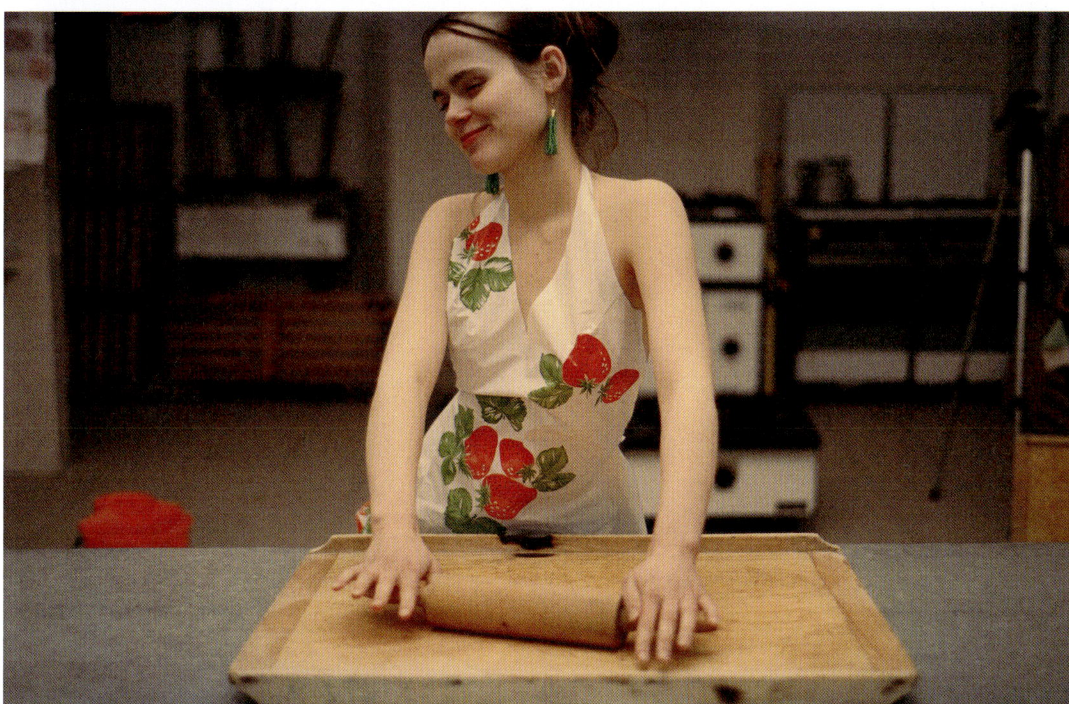

Małgorzata Markiewicz Pinafores [Schürzenkleider], 2002/17

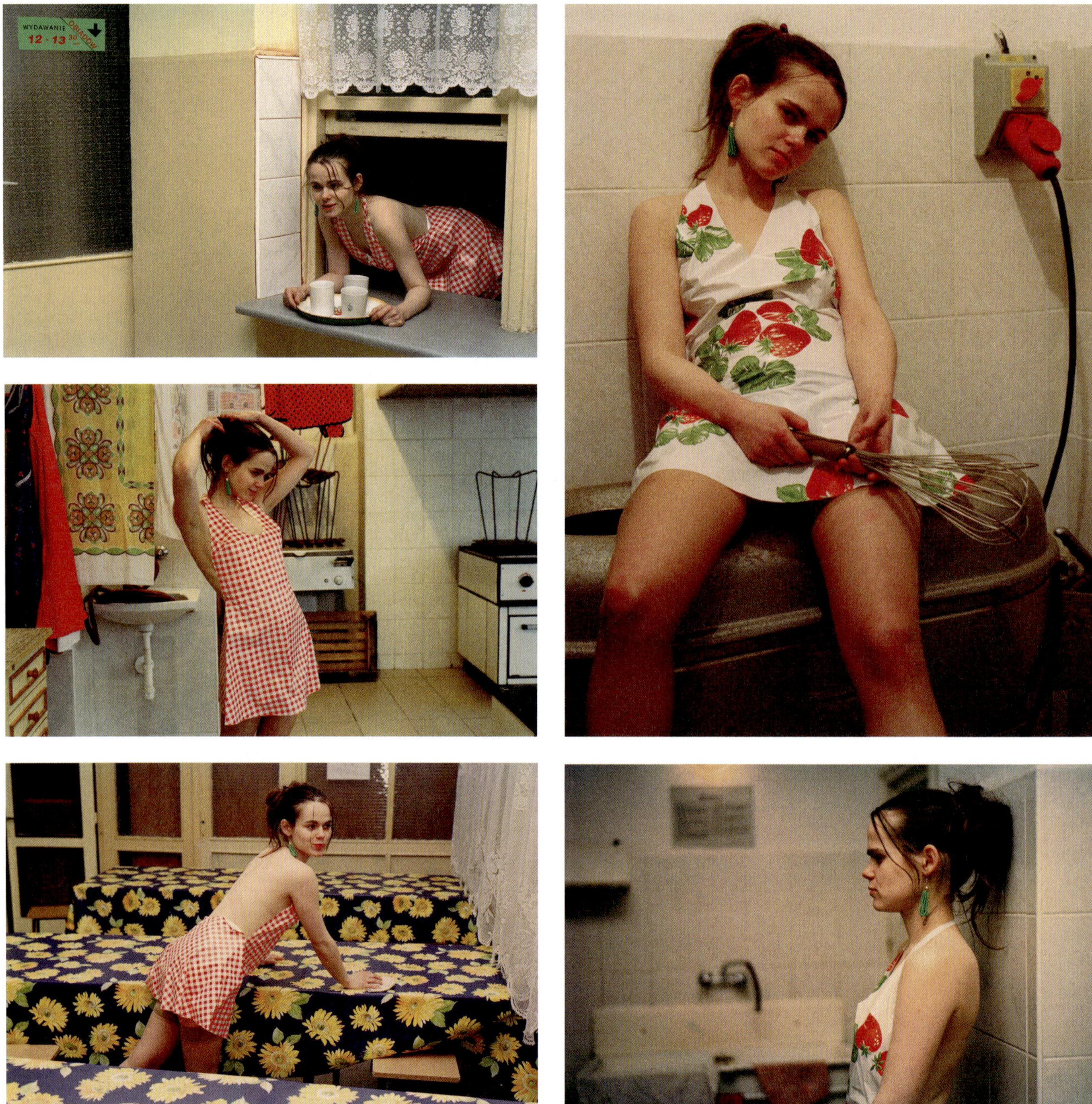

Małgorzata Markiewicz Pinafores [Schürzenkleider], 2002/17

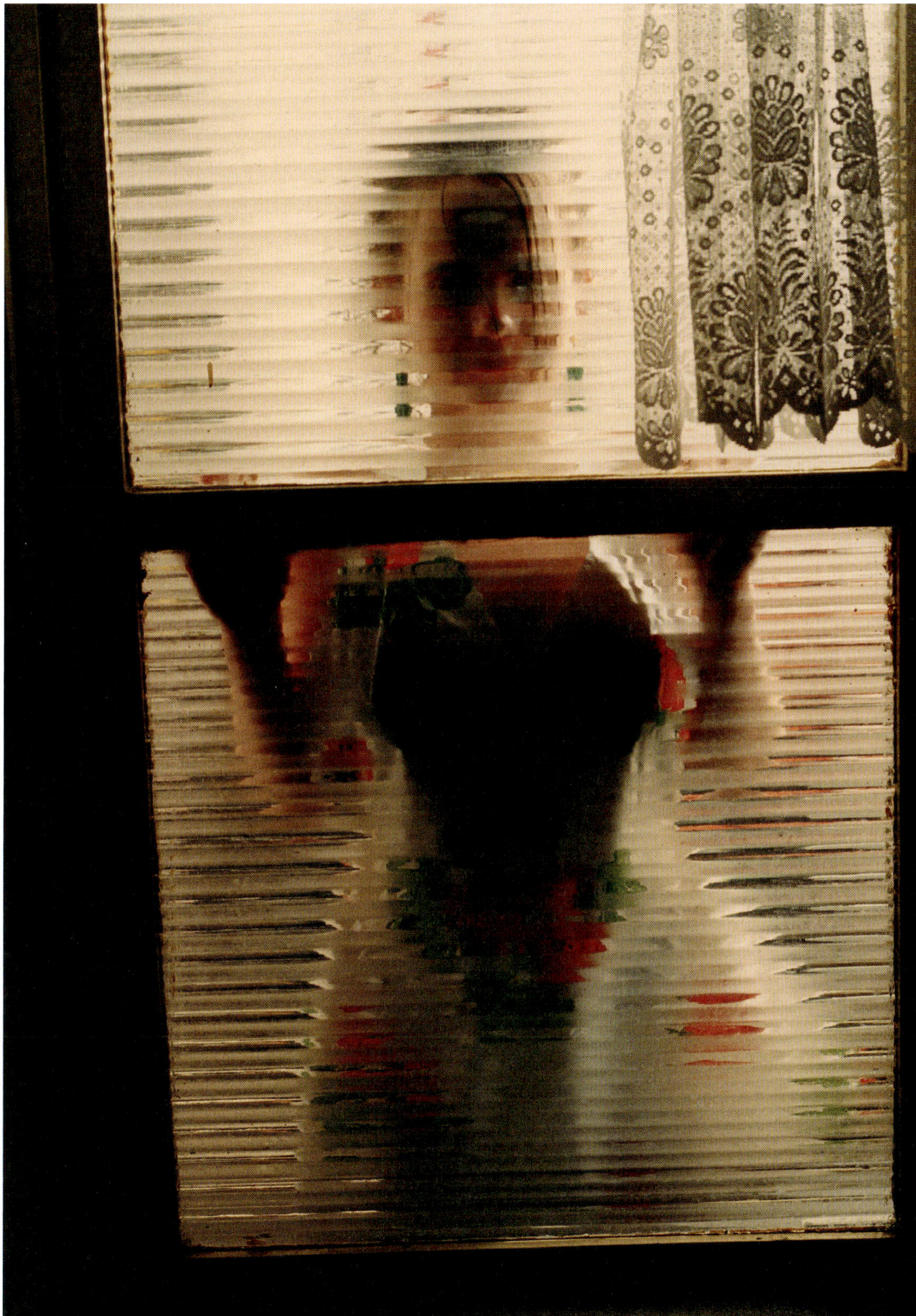

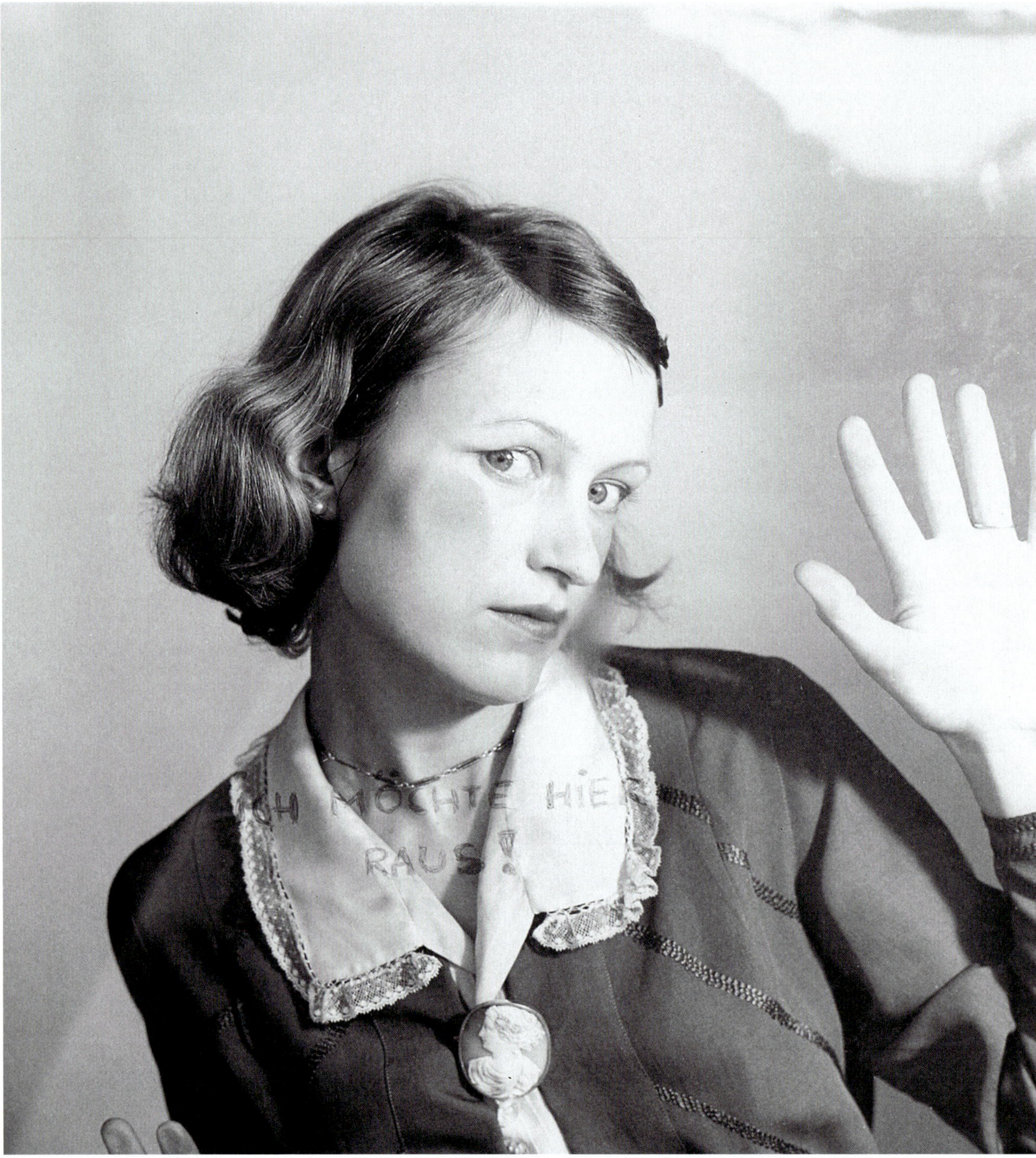

Birgit Jürgenssen Ich möchte hier raus!, 1976

III. Isolation in der Tretmühle: Wenn der Körper mit dem Bügelbrett verschmilzt

In ihrem Klassiker *Der Weiblichkeitswahn* von 1966 erzählt Betty Friedan, die ihrerseits später nicht zu Unrecht eines *weißen* Feminismus geziehen wurde, über ihren Job als Journalistin in den 1950er-Jahren. Wenn sie über Frauen schrieb, musste sie stets deren Rolle als Hausfrau thematisieren. Als sie beispielsweise einmal eine Künstlerin porträtieren wollte, habe sie nicht über ihre Arbeit schreiben dürfen, sondern nur darüber, wie sie die Wiege ihres Kindes bepinsele.[20]

Je stärker Frauen ans Haus gebunden waren, desto unmöglicher wurde es, einen Platz in der öffentlichen Wahrnehmung einzunehmen. Pries August Bebel noch die Technik als Heilmittel gegen die Haushaltsfron an, so entlarvte sich diese später als Mittel zur Isolierung. »Die These, dass die Technisierung der Hausarbeit im 20. Jahrhundert zu ihrer Reduzierung führt, ist eine weitere Form der Verschleierung von Arbeit, sie verlagerte sich vor allem«, schreibt die Kulturwissenschaftlerin Evke Rulffes. »Die Hausfrau konnte und musste nun [aber] alle Aufgaben, die früher außer Haus oder in Gemeinschaft erledigt worden waren, selbst übernehmen, und das durch viele Schichten hindurch.«[21] Die Haushaltsgeräte entlasten die Frau also nicht nur, sondern halten sie von der Welt fern.

Bei Christine Lederer wird das Bügelbrett im Titel zur Barriere, aber auch zur Kleidung, im übertragenen Sinn, ähnlich wie Birgit Jürgenssens *Küchenschürze* von 1974/75 (S. 65). In ihrer großformatigen Fotoarbeit *Am liebsten trage ich ein Bügelbrett* von 2018 (S. 197) hält sie ein türkis-weiß gestreiftes Bügelbrett vor ihren Körper wie ein Schutzschild, »wie die Polizei bei Demos«, wie sie sagt, schafft im übertragenen Sinn eine Barriere zwischen dem eigenen Körper und den Zumutungen des Draußen.[22] Doch gleichzeitig erscheint das Bügelbrett als Teil von ihr. Das Foto entstand im Atelier, wo das Haushaltsgerät eigentlich nichts verloren, sich aber dennoch eingeschlichen hat – wie ein Verweis darauf, dass eine für Care-Arbeit verantwortliche Person niemals tatsächlich Ruhe hat vor den Bedrängungen haushalterischer Forderungen.

20 Betty Friedan: *Der Weiblichkeitswahn. Ein vehementer Protest gegen das Wunschbild von der Frau*, Hamburg 1966, S. 38.
21 Evke Rulffes: *Die Erfindung der Hausfrau*, Hamburg 2021, S. 245.
22 Gespräch mit der Künstlerin im September 2025.

Von Hannah Höchs Collage *Bürgerliches Brautpaar* aus dem Jahr 1919 über Louise Bourgeois' berühmte *Femme Maison* [Hausfrau] von 1946/47 bis zu Martha Roslers *Semiotics of the Kitchen* von 1975 (S. 71) haben Künstlerinnen immer wieder die Verquickung von Frauen mit Haus und Haushalt dargestellt, sie verschmelzen lassen mit ihren Gefängnissen und, sehr zugespitzt gesagt, Foltergeräten. Karin Mack legt sich in ihrer Fotografieserie *Bügeltraum* von 1975 auf ihr Bügelbrett zum Sterben, nachdem sie ihren eigenen Trauerschleier geplättet hat. »Der Bügelladen wird zum Totenbett, die Büglerin zum aufgebahrten Leichnam«, schreibt die Kunsthistorikerin Margit Zuckriegl.[23]

Simone de Beauvoir fasste den untrennbaren Kreislauf der sisyphusartigen Arbeit, die keinerlei Aussicht auf Erfolg oder Aufstieg bietet, so zusammen: »In der Küche, wo die Mutter Geschirr abwäscht, begreift das Mädchen plötzlich, dass sie ihre Hände seit Jahren jeden Nachmittag zur gleichen Zeit in das fettige Wasser taucht und das Porzellan mit dem Spültuch säubert. Bis zum Tod wird sie diesen Riten unterworfen sein. Essen, schlafen, putzen … die Jahre recken sich nicht mehr zum Himmel, sie schleichen gleichförmig und grau am Boden dahin. Jeder Tag gleicht dem vorherigen. Es ist eine ewige, nutzlose, hoffnungslose Gegenwart.«[24]

In der Tretmühle zwischen Bügelbrett, Abwasch und Kochtopf tragen Frauen bis heute ihre Träume zu Grabe. Aber der Widerstand dagegen wächst noch immer, auch in der Kunst. Sie erzeugt Gegenbilder zu den gehypten Tradwives und gibt Hoffnung.

23 Zuckriegl 2016, S. 187.
24 Simone de Beauvoir: *Das andere Geschlecht. Sitte und Sexus der Frau*, Hamburg 1992, S. 556.

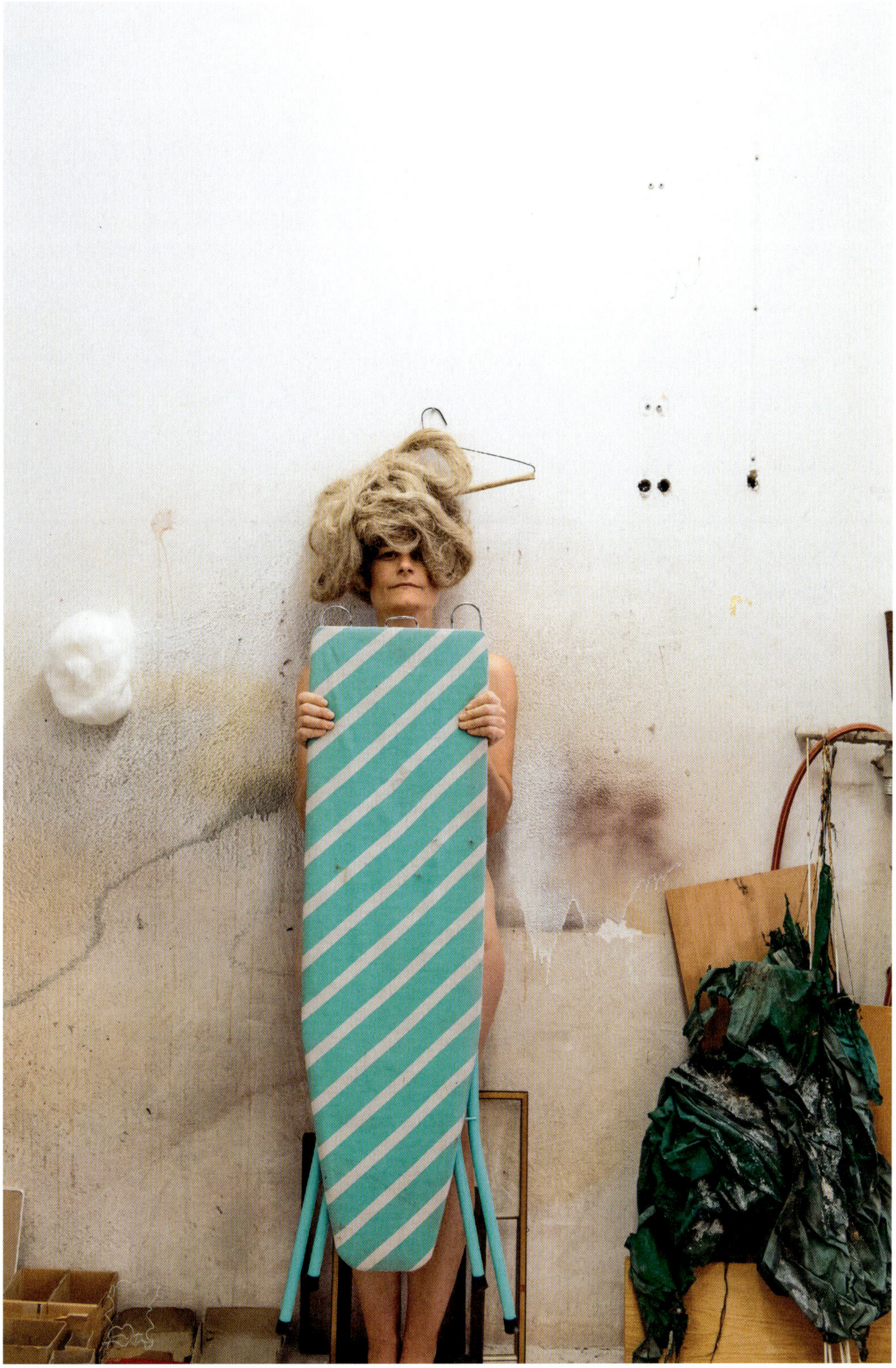

Christine Lederer Am liebsten trage ich ein Bügelbrett, 2018

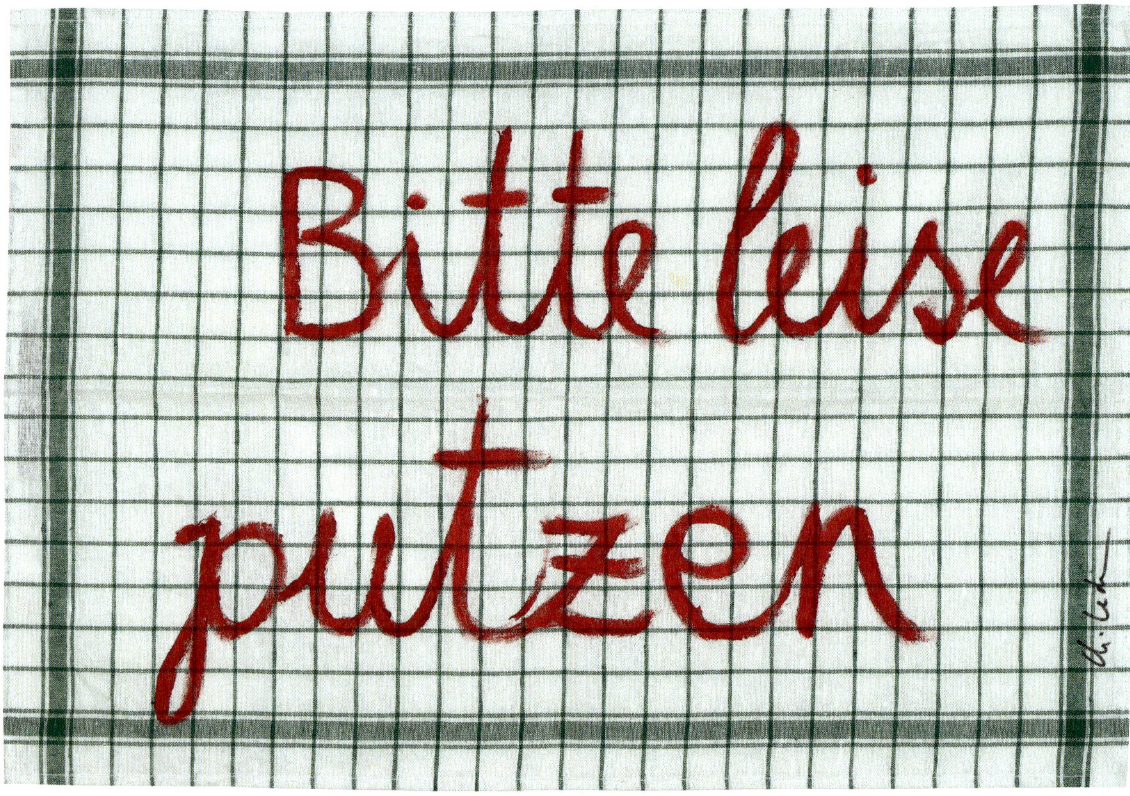

Christine Lederer Bitte leise putzen, 2020

Liste der ausgestellten Werke

Renate Bertlmann
Schwangere Braut im Rollstuhl, 1978
Video: Farbe
25:32 min
Leihgabe Renate Bertlmann
Seite 114–115

Elizabeth Catlett
The Torture of Mothers [Die Qual der Mütter], 1970/2003
Farblithografie auf Papier
38,7 × 55,9 cm
SV_827_2020
Seite 121

Hannah Cooke
Ada vs. Abramović, 2018
Fotoabzug auf Alu-Dibond
90 × 120 cm
SV_1001_2025
Seite 106–107

Hannah Cooke
Ada vs. Emin, 2018
Fotoabzug auf Alu-Dibond
90 × 120 cm
SV_1002_2025
Seite 108–109

Sandra Eleta
Edita (la del plumero), Panamá [Edita (die mit dem Staubwedel), Panama] aus der Serie *La servidumbre* [Die Dienstbarkeit], 1978–89
S/W-Fotografie
48,3 × 48,3 cm
SV_1014_2026
Seite 139

VALIE EXPORT
Die Geburtenmadonna, 1976
Farbfotografie
54 × 42,5 cm
SV_692_2016
Seite 117

Sophie Gogl
Hot, Hot, Heat [Heiß, Heiß, Hitze], 2022
Acryl auf Wildlederimitat
100 × 120 cm
SV_985_2025
Seite 77

Marlene Haring
Heute bleibt die Küche kalt, wir gehen in den Wienerwald, 2004
4 Farbfotografien
Je 70 × 105 cm
SV_955_1-4_2024
Seite 180–185

Lena Henke
The mind is like an umbrella. It's most useful when open (Saftpresse) [Der Verstand ist wie ein Regenschirm. Er ist am nützlichsten, wenn er geöffnet ist (Saftpresse)], 2022
PU-Schaum, Pigment und Gummi
29,8 × 26,3 × 24,1 cm
SV_947_2024
Seite 68–69

Lena Henke
Every one of my buildings begins with an Italian journey (Kaffee) [Jedes meiner Gebäude beginnt mit einer italienischen Reise (Kaffee)], 2022
PU-Schaum, Pigment und Gummi
58,8 × 32,0 × 33,9 cm
SV_948_2024
Seite 68–69

Lena Henke
Better be old iron than new tin (Mixer) [Lieber altes Eisen als neues Blech (Mixer)], 2022
PU-Schaum, Pigment und Gummi
SV_949_2024
Seite 68–69

Lena Henke
Form Follows Feminine (Kueche) [Form folgt Feminität (Küche)], 2022
PU-Schaum, Pigment und Gummi
SV_990_2025
Seite 68–69

Natalia Iguiñiz Boggio
Charo y Rosario de la serie *La Otra* [Charo und Rosario aus der Serie *Die Andere*], 2001/26
Inkjet-Druck
180 × 120 cm
SV_993_2025
Seite 145

Natalia Iguiñiz Boggio
Natalia y Charo de la serie *La Otra* [Natalia und Charo aus der Serie *Die Andere*], 2001/26
Inkjet-Druck
180 × 120 cm
SV_994_202
Seite 146

Natalia Iguiñiz Boggio
María Elena y Maribel de la serie *La Otra* [María Elena und Maribel aus der Serie *Die Andere*], 2001/26
Inkjet-Druck
180 × 120 cm
SV_995_2025
Seite 147

Birgit Jürgenssen
Hausfrau, 1974
Farbstift und Bleistift auf Büttenkarton
62,5 × 44,6 cm
SV_946_2024
Seite 59

Birgit Jürgenssen
Hausfrauen-Küchenschürze, 1975
2 S/W-Fotografien
Je 39,3 × 27,5 cm
SV_060_1-2_2006
Seite 62–63

Birgit Jürgenssen
Küchenschürze, 1974–75
Blech, Lack, Brot
115 × 76 × 48 cm
Leihgabe mumok – Museum moderner Kunst Stiftung Ludwig Wien, erworben 2000
Seite 65

Birgit Jürgenssen
Bodenschrubben, 1975
Farbstift, Bleistift auf Büttenkarton
43,5 × 62,5 cm
SV_242_2008
Seite 21

Kirsten Justesen
Lunch [Mittagessen], 1975/2018
Pigmentdruck
74 × 106 cm
SV_953_2024
Seite 188–189

Kirsten Justesen
Klassekampen [Klassenkampf], 1976/2018
Pigmentdruck
71 × 106 cm
SV_954_2024
Seite 175

Anna Kutera
Feminist Painting [Feministische Malerei], 1973/2022
8 S/W-Fotografien auf Crystal-Archive-Supreme-Papier
Je 18 × 18 cm
SV_862_1-8_2022
Seite 93

Mierle Laderman Ukeles
Washing/Tracks/Maintenance: Outside [Waschen/Spuren/Instandhaltung: draußen], 1973/2008
Part of Maintenance Art performance series [Teil der Instandhaltungskunst-Performanceserie], 1973–74
Performance at Wadsworth Atheneum, Hartford, CT
Je ca. 50,8 × 40 bzw. 40 × 50,8 cm
2 Textseiten, je ca. 28 × 22 cm
Leihgabe Ronald Feldman Gallery, New York
Seite 88–89

Christine Lederer
Am liebsten trage ich ein Bügelbrett, 2018
Digitalprint auf Affichenpapier, 2 Alurohre
272 × 180 cm
SV_864_2022
Seite 197

Christine Lederer
Bitte leise putzen, 2020
Acryl auf Geschirrtuch
50 × 70 cm
SV_1007_2026
Seite 198

Karin Mack
Zerstörung einer Illusion, 1977
6 S/W-Fotografien
Je 18 × 24 cm
SV_629_1-6_2015
Seite 187

Małgorzata Markiewicz
Pinafores [Schürzenkleider], 2002/17
13 Farbfotografien auf Hahnemühle-Papier
34 × 49 bzw. 49 × 34 cm
SV_999_1-13_2025
Seite 35, 191–193

Kelly O'Brien
Cleaner No.1 [Reinigungskraft Nr. 1], 2023
Fotobanner auf Duchessesatin
190 × 130 cm
SV_1023_2026
Seite 13

Kelly O'Brien
Cleaner No.2 [Reinigungskraft Nr. 2], 2023
Fotobanner auf Duchessesatin
190 × 130 cm
SV_1024_2026
Seite 15

Kelly O'Brien
Caution! [Vorsicht!], 2026
Warnschild von Reinigungskräften
62 × 30 cm
SV_1025_2026
Seite 203

Frida Orupabo
Helping Hands [Helfende Hände], 2022
Collage mit Spreizklammern
243 × 186 cm
SV_998_2025
Seite 167

Frida Orupabo
Sick at Heart [Herzenskrank], 2024
Collage mit Spreizklammern auf Leinen
112 × 109 cm
SV_996_2025
Seite 123

Letícia Parente
Tarefa I [Aufgabe I], 1982
Video: Digibeta PAL, Farbe
1:56 min
SV_651_2016
Seite 141

Margot Pilz
Der Hausmeister und sein Schatten, 1973
S/W-Fotografie auf Barytpapier
20 × 24,3 cm
SV_673_2016
Seite 9

Maria Pinińska-Bereś
Pranie I [Wäsche I], 1980/2024
10 S/W-Fotografien
Je 17,5 × 23 cm
SV_967_2024
Seite 102–103

Margaret Raspé
Alle Tage wieder – let them swing! [Lass sie schwingen!], 1974
Film: Farbe
Ca. 21:00 min
Leihgabe Stiftung Deutsche Kinemathek Museum für Film und Fernsehen
Seite 83

Laura Ribero
Electro-doméstica, 2003/04
9 C-Prints
Je 32,5 × 49,5 cm
SV_099_1-9_2006
Seite 154–157

Martha Rosler
Semiotics of the Kitchen [Semiotik der Küche], 1975
Video: Digibeta PAL, S/W, Ton
06:09 min
SV_269_2009
Seite 71

Hansel Sato
Engagement aus der Serie *Männer*, 2011/25
Pigmentdruck auf Hahnemühle Photo Rag
50 × 35,5 cm
SV_1011_2026
Seite 129

Hansel Sato
Leistung aus der Serie *Männer*, 2011/25
Pigmentdruck auf Hahnemühle Photo Rag
50 × 38,5 cm
SV_1012_2026
Seite 130

Hansel Sato
Führungskompetenz aus der Serie *Männer*, 2011/25
Pigmentdruck auf Hahnemühle Photo Rag
50 × 38,5 cm
SV_1013_2026
Seite 131

Anna Schölß
Heat it up! [Erhitze es!], 2020
Wäschespinne, Acrylglasobjekte, Wäscheklammern, Betonplatten
280 × 210 × 210 cm
SV_989_2025
Seite 125

Mary Sibande
They don't make them like they used to [Sie machen sie nicht mehr so wie früher], 2008
Digitaler Pigmentdruck auf strukturiertem Archivpapier mit lichtbeständiger Tinte
104,5 × 69,5 cm
SV_988_2025
Seite 143

Lorna Simpson
C-Ration, 1991
Silbergelatineabzug
63 × 122,2 cm
SV_960_2024
Seite 149

Lorna Simpson
Eating Disorder [Essstörung], 1989/93
Silbergelatineabzug
45,4 × 38,1 cm
SV_779_2019
Seite 151

Annegret Soltau
Erinnerung (Schwanger Sein II), 1979/80
Film: Digibeta PAL, Farbe, Ton
6:31 min
SV_676_2016
Seite 113

Rosemarie Trockel
Sabine, 1994
Digitalprint auf Papier
60 × 50 cm
SV_986_2025
Seite 75

Nicole Wermers
Abwaschskulptur #8, 2013
Verschiedene Porzellanwaren, Keramik, Glaswaren, Silberbesteck, Küchengeräte, modifizierter Spülmaschinenkorb
160 × 60 × 70 cm
SV_984_2025
Seite 79

Nicole Wermers
Reclining Female #6 [Liegender weiblicher Akt #6], 2024
Gips, Pigment, Styropor, Stoff, Metall, Holz, Reinigungswagen, verschiedene Materialien
197,2 × 188,2 × 103 cm
SV_977_2025
Seite 6

Nicole Wermers
Moodboard #9, 2018
Wickeltisch, gegossener Terrazzo
72 × 91 × 50 cm
SV_987_2025
Seite 119

Akihito Yoshida
The Absence of Two [Die Abwesenheit von zwei], 2017/26
41 S/W-Fotografien
4 Textblätter
Diverse Größen
SV_1015_1-45_2025
Seite 161–165

Renate Bertlmann *1943 | AT
Elizabeth Catlett 1915–2012 | US
Hannah Cooke *1986 | DE
Sandra Eleta *1942 | PA
VALIE EXPORT *1940 | AT
Sophie Gogl *1992 | AT
Marlene Haring *1978 | AT
Lena Henke *1982 | DE
Natalia Iguiñiz Boggio *1973 | PE
Birgit Jürgenssen 1949–2003 | AT
Kirsten Justesen *1943 | DK
Anna Kutera *1952 | PL
Mierle Laderman Ukeles *1939 | US
Christine Lederer *1976 | AT
Karin Mack *1940 | AT
Małgorzata Markiewicz *1979 | PL
Kelly O'Brien *1985 | UK
Frida Orupabo *1986 | NO
Letícia Parente 1930–1991 | BR
Margot Pilz *1936 | NL
Maria Pinińska-Bereś 1931–1999 | PL
Margaret Raspé 1933–2023 | DE
Laura Ribero *1978 | CO
Martha Rosler *1943 | US
Hansel Sato *1969 | PER | AT
Anna Schölß *1983 | DE
Mary Sibande *1982 | ZA
Lorna Simpson *1960 | US
Annegret Soltau *1946 | DE
Rosemarie Trockel *1952 | DE
Nicole Wermers *1971 | DE
Akihito Yoshida *1980 | JP

Kelly O'Brien Caution!, 2026
[Vorsicht! Unsichtbare:r Arbeiter:in hier]

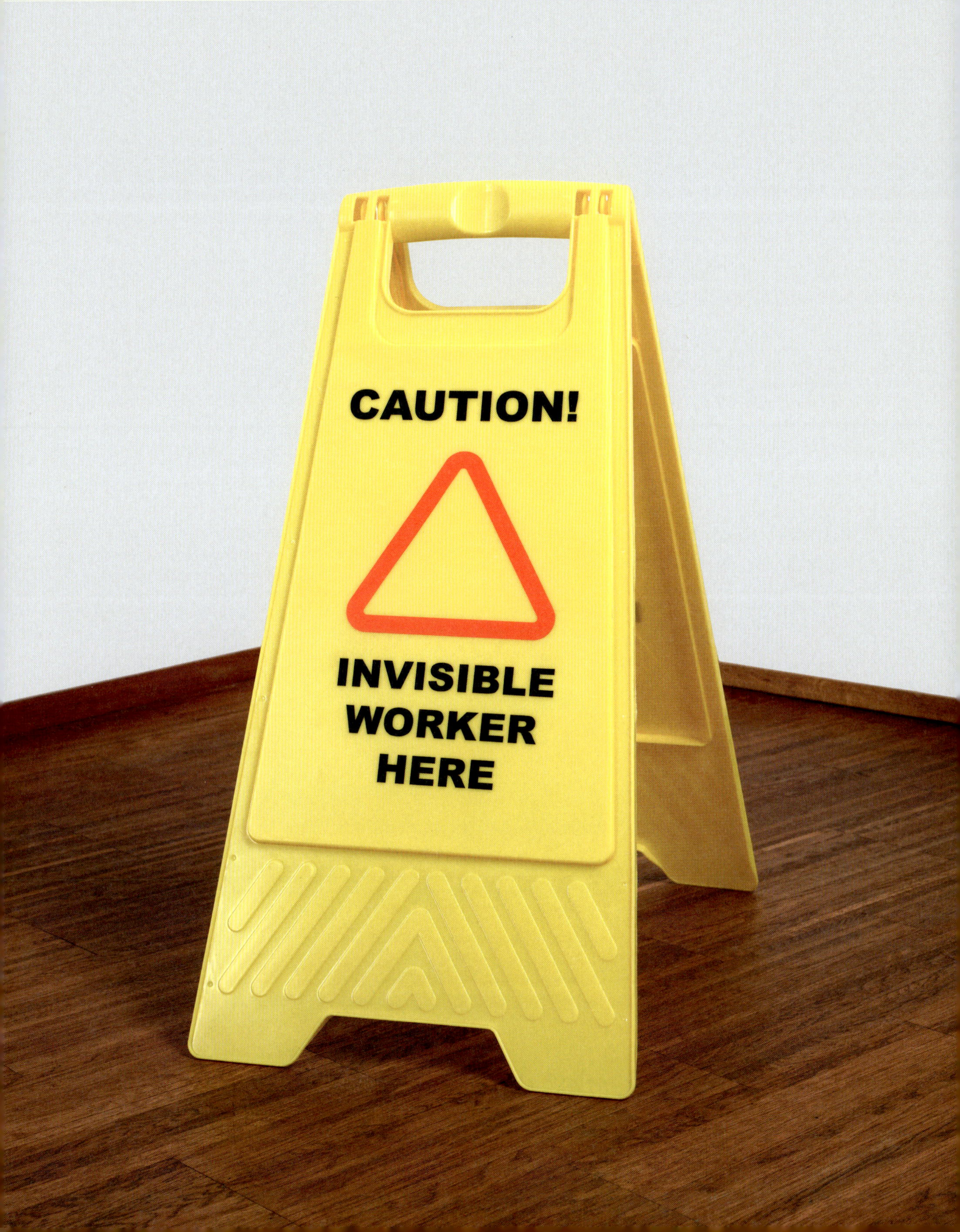
CAUTION!
INVISIBLE
WORKER
HERE

Ausgewählte Literatur

Zusammengestellt von
Eva Haberfellner und
Sophie Rueger

Ausstellungskataloge

Kat. Ausst. *Handle with Care*, Budapest Ludwig Museum – Museum of Contemporary Art 2024, hrsg. v. Rita Dabi-Farkas u. Viktória Popovics, Budapest 2024.

Kat. Ausst. *WHO CARES? Jüdische Antworten auf Leid und Not*, Wien Jüdisches Museum 2024, hrsg. v. Caitlin Gura u. Marcus G. Patka, Salzburg/Wien 2024.

Kat. Ausst. *Acts of Creation: On Art and Motherhood*, London Hayward Gallery 2024, hrsg. v. Hettie Judah, London 2024.

Kat. Ausst. *MUTTER!*, Mannheim Kunsthalle 2021, hrsg. v. Lærke Rydal Jørgensen, Marie Laurberg, Kirsten Degel/Louisiana Museum of Art u. Johan Holten/Kunsthalle Mannheim, Berlin 2021.

Kat. Ausst. *Rabenmütter. Zwischen Kraft und Krise: Mütterbilder von 1900 bis heute*, Linz Lentos Kunstmuseum 2016, hrsg. v. Stella Rollig, Elisabeth Nowak-Thaller u. Sabine Fellner, Wien 2016.

Kat. Ausst. *Kochen, Putzen, Sorgen. Care-Arbeit in der Kunst seit 1960*, Bottrop Josef Albers Museum Quadrat 2023, hrsg. v. Friederike Sigler u. Linda Walther, Berlin 2024.

Kat. Ausst. *Family Affairs. Familie in der aktuellen Fotografie*, Hamburg Deichtorhallen 2021, hrsg. v. Ingo Taubhorn, Heidelberg 2021.

Texte/Artikel

Sascia Bailer: »Care for Caregivers: Curating Against the Care Crisis«, in: Elke Krasny u. Lara Perry (Hrsg.): *Curating with Care*, London 2023, S. 14–28.

Nicole Cox u. Silvia Federici: »Counter-Planning from the Kitchen. Wages for Housework, A Perspective on Capital and the Left«, in: *Falling Wall Press* (1975).

Thomas Gerlinger: »Sorge und Sorgearbeit: Bestandsaufnahmen und Perspektiven«, in: *Soziologische Revue* 42 (2019), S. 44–56.

Ann-Katrin Günzel: »Die erschöpfte Mythologie des Mutterdaseins«, in: *KUNSTFORUM International* 295 (2024), S. 109–119.

Arlie Russell Hochschild: »Global Care Chains and Emotional Surplus Value«, in: Daniel Engster u. Tamara Metz (Hrsg.): *Justice, Politics, and the Family*, New York 2015.

Sabine Kampmann: »Great Mother Artists? Familiäre Verkörperungen von Kreativität und Mutterschaft«, in: *KUNSTFORUM International* 295 (2024), S. 120–131.

Helen Kohlen u. Christel Kumbruck: »Care-(Ethik) und das Ethos fürsorglicher Praxis (Literaturstudie)«, in: *artec-paper* 151 (2008).

Xenia Miller: »Silvia Federici: Die Entdeckung unsichtbarer Arbeit«, in: *Surplus. Das Wirtschaftsmagazin* 3 (2025), S. 32–36.

Ellen Samuels u. Elizabeth Freeman: »Crip Temporalities«, in: *The South Atlantic Quartely* 120 (2021).

Bücher

Brigitte Aulenbacher u. Maria Dammayr (Hrsg.): *Für sich und andere Sorgen. Krise und Zukunft von Care in der modernen Gesellschaft*, Weinheim/Basel 2014.

Brigitte Aulenbacher, Birgit Riegaf u. Hildegard Theobald (Hrsg.): *Soziale Welt* (Sonderband 20: *Sorge: Arbeit, Verhältnisse, Regime*), Baden-Baden 2014.

Sascia Bailer: *Caring Infrastructures. Transforming the Arts through Feminist Curating*, Bielefeld 2024.

Sascia Bailer: *Curating, Care, and Corona*, Hohenlockstedt 2020.

Sascia Bailer, Maicyra Teles Leão e Silva u. Magdalena Kallenberger (Hrsg.): *Re-Assembling Motherhood(s). On Radical Care and Collective Art as Feminist Practices*, Eindhoven 2021.

Lisa Baraitser: *Maternal Encounters: The Ethics of Interruption*, New York 2008.

Victoria Bateman: *Economica: A Global History of Women, Wealth and Power*, London 2025.

Tithi Bhattacharya (Hrsg.): *Social Reproduction Theory: Remapping Class, Recentering Oppression*, London 2017.

Julia Bryan-Wilson: *Art Workers: Radical Practice in the Vietnam War Era*, Berkeley 2009.

Marguerite Guzmán Bouvard: *Revolutionizing Motherhood: The Mothers of the Plaza de Mayo*, Wilmington 1994.

Andreas Chatzidakis, Jamie Hakim, Jo Littler, Catherine Rottenberg u. Lynne Segal (Hrsg.): *The Care Manifesto*, London/New York 2020.

Laurie Cluitmans u. Heske ten Cate (Hrsg.): *Mothering Myths: An ABC of Art, Birth and Care*, Amsterdam 2025.

Mariarosa Dalla Costa: *Die Macht der Frauen und der Umsturz der Gesellschaft*, Münster 2022.

Silvia Federici: *Aufstand aus der Küche. Reproduktionsarbeit im globalen Kapitalismus und die unvollendete feministische Revolution* (Kitchen Politics Bd. 1), Münster 2012.

Silvia Federici: *Revolution at Point Zero: Hausarbeit, Reproduktion und feministischer Kampf*, Münster 2021.

Boris Groys: *Philosophie der Sorge*, München 2022.

Emma Holten: *Unter Wert. Warum Care-Arbeit seit Jahrhunderten nicht zählt*, München 2025.

Hettie Judah: *How Not to Exclude Artist Mothers (and other parents)*, London 2020.

Carolin Kebekus: *8000 Arten, als Mutter zu versagen*, Köln 2025.

Kitchen Politics (Hrsg.): *Sie nennen es Leben, wir nennen es Arbeit. Biotechnologie, Reproduktion und Familie im 21. Jahrhundert* (Kitchen Politics Bd. 2), Münster 2015.

Kitchen Politics (Hrsg.): *Mehr als Selbstbestimmung! Kämpfe für reproduktive Gerechtigkeit* (Kitchen Politics Bd. 3), Münster 2021.

Kitchen Politics (Hrsg.): *Die Neuordnung der Küchen. Materialistisch-feministische Entwürfe eines besseren Zusammenlebens* (Kitchen Politics Bd. 4), Münster 2023.

Sophie Lewis: *Die Familie abschaffen. Wie wir Care-Arbeit und Verwandtschaft neu erfinden*, Frankfurt am Main 2023.

Corinne Low: *Femonomics: What Data Tells Us About Women's Lives and How to Get the Most Out of Yours*, London 2025.

Uta Meier-Gräwe, Ina Praetorius u. Feline Tecklenburg (Hrsg.): *Wirtschaft neu ausrichten: Care-Initiativen in Deutschland, Österreich und der Schweiz*, Berlin/Toronto 2023.

Thomas Piketty: *Für einen ökologischen Sozialismus. Interventionen*, München 2025.

Thomas Piketty u. Michael J. Sandel : *Die Kämpfe der Zukunft. Gleichheit und Gerechtigkeit im 21. Jahrhundert*, München 2025.

Gerald Posselt: *Die Sorge um sich und die anderen. Selbstsorge und Wahrsprechen als ethisch-politische Praxis*, Berlin/Boston 2022.

Ina Praetorius u. Uta Maier-Gräwe: *Um-Care: Wie Sorgearbeit die Wirtschaft revolutioniert*, Ostfildern 2023.

Evke Rulffes: *Die Erfindung der Hausfrau. Geschichte einer Entwertung*, Hamburg 2021.

Gabriele Schor (Hrsg.): *Feministische Avantgarde. Kunst der 1970er-Jahre SAMMLUNG VERBUND*, Wien 2025.

Patrick Schuchter: *Sich einen Begriff vom Leiden Anderer machen. Eine Praktische Philosophie der Sorge*, Bielefeld 2016.

Anne Waldschmidt u. Petra Anders (Hrsg.): *Disability Studies: Kritische Perspektiven für die Soziale Arbeit, Kulturwissenschaft und Pädagogik*, Bielefeld 2014.

Gabriele Winker: *Care Revolution. Schritte in eine solidarische Gesellschaft*, Bielefeld 2015.

Bildnachweis

Werke

Renate Bertlmann © Renate Bertlmann / Bildrecht, Wien 2026 / SAMMLUNG VERBUND, Wien
Elizabeth Catlett © Estate Elizabeth Catlett / Bildrecht, Wien 2026 / SAMMLUNG VERBUND, Wien
Hannah Cooke © Hannah Cooke / Bildrecht, Wien 2026 / SAMMLUNG VERBUND, Wien / Courtesy der Künstlerin
Sandra Eleta © Sandra Eleta / SAMMLUNG VERBUND, Wien
VALIE EXPORT © VALIE EXPORT / Bildrecht, Wien 2026 / SAMMLUNG VERBUND, Wien
Sophie Gogl © Sophie Gogl / SAMMLUNG VERBUND, Wien / Courtesy KOW, Berlin
Marlene Haring © Marlene Haring / Bildrecht, Wien 2026 / SAMMLUNG VERBUND, Wien
Lena Henke © Lena Henke / SAMMLUNG VERBUND, Wien / Courtesy Layr, Wien
Natalia Iguiñiz Boggio © Natalia Iguiñiz Boggio / SAMMLUNG VERBUND, Wien / Courtesy VIGIL GONZALES, Lima und Buenos Aires
Birgit Jürgenssen © Estate Birgit Jürgenssen / Bildrecht, Wien 2026 / SAMMLUNG VERBUND, Wien / Courtesy Galerie Hubert Winter, Wien, und mumok – Museum moderner Kunst Stiftung Ludwig, Wien
Kirsten Justesen © Kirsten Justesen / Bildrecht, Wien 2026 / SAMMLUNG VERBUND, Wien / Courtesy Studio Kirsten Justesen, Kopenhagen
Anna Kutera © Anna Kutera / SAMMLUNG VERBUND, Wien
Mierle Laderman Ukeles © Mierle Laderman Ukeles / Courtesy der Künstlerin und Ronald Feldman Gallery, New York
Christine Lederer © Christine Lederer / Bildrecht, Wien 2026 / SAMMLUNG VERBUND, Wien / Foto: Mark Mosmann
Karin Mack © Karin Mack / Bildrecht, Wien 2026 / SAMMLUNG VERBUND, Wien
Małgorzata Markiewicz © Małgorzata Markiewicz / SAMMLUNG VERBUND, Wien / Courtesy der Künstlerin
Frida Orupabo © Frida Orupabo / SAMMLUNG VERBUND, Wien / Courtesy Modern Art, London und Paris
Kelly O'Brien © Kelly O'Brien / SAMMLUNG VERBUND, Wien / Foto: Albertina, Wien. Daniel Antalfi, Ana Paula Franco, Paul Landl, David Achleitner, Peter Ertl
Letícia Parente © Letícia Parente / SAMMLUNG VERBUND, Wien / Courtesy Galeria Jaqueline Martins, São Paulo
Margot Pilz © Margot Pilz / Bildrecht, Wien 2026 / SAMMLUNG VERBUND, Wien
Maria Pinińska-Bereś © Bettina Bereś / SAMMLUNG VERBUND, Wien / Courtesy The Approach, London
Margaret Raspé © Nachlass Margaret Raspé / Courtesy Deutsche Kinemathek, Berlin
Laura Ribero © Laura Ribero / SAMMLUNG VERBUND, Wien / Courtesy Galerie Hubert Winter, Wien
Martha Rosler © Martha Rosler / SAMMLUNG VERBUND, Wien / Courtesy Electronic Arts Intermix (EAI), New York
Hansel Sato © Hansel Sato / SAMMLUNG VERBUND, Wien / Courtesy des Künstlers
Anna Schölß © Anna Schölß / SAMMLUNG VERBUND, Wien / Foto: Albertina, Wien. Daniel Antalfi, Ana Paula Franco, Paul Landl, David Achleitner, Peter Ertl
See Red Women's Workshop © See Red Women's Workshop
Mary Sibande © Mary Sibande / SAMMLUNG VERBUND Wien / Courtesy der Künstlerin und Mary Sibande Studio, Johannesburg
Lorna Simpson © Lorna Simpson / SAMMLUNG VERBUND, Wien / Courtesy der Künstlerin und Lorna Simpson Studio, New York
Annegret Soltau © Annegret Soltau / Bildrecht, Wien 2026 / SAMMLUNG VERBUND, Wien
Rosemarie Trockel © Rosemarie Trockel / Bildrecht, Wien 2026 / SAMMLUNG VERBUND, Wien / Courtesy Sprüth Magers, Berlin und London
Nicole Wermers © Nicole Wermers / SAMMLUNG VERBUND, Wien / Foto: Albertina, Wien. Daniel Antalfi, Ana Paula Franco, Paul Landl, David Achleitner, Peter Ertl
Akihito Yoshida © Akihito Yoshida / SAMMLUNG VERBUND, Wien / Courtesy des Künstlers

Ausstellungsansichten

Albertina, Wien. Foto: Daniel Antalfi, Ana Paula Franco, Paul Landl, David Achleitner, Peter Ertl

Impressum

Die Publikation erscheint anlässlich der Ausstellung

CARE MATTERS
Eine Ausstellung der SAMMLUNG VERBUND, Wien
Kuratiert von Gabriele Schor

12. März bis 28. Juni 2026
Albertina, Wien
Albertinaplatz 1, 1010 Wien

Katalog

CARE MATTERS
Kunst aus der SAMMLUNG VERBUND, Wien
Herausgegeben von Gabriele Schor

Redaktion Gabriele Schor, Gründungsdirektorin SAMMLUNG VERBUND, Wien
Redaktions- und Reproduktionsassistenz Eva Haberfellner und Sophie Rueger, SAMMLUNG VERBUND, Wien

Autorinnen der Katalogtexte Sascia Bailer, Martina Genetti, Vanessa Joan Müller, María Laura Rosa, Nina Schedlmayer, Gabriele Schor, Marlene Streeruwitz und Jenni Tischer

Lektorat Cordelia Marten, hellotext.de
Übersetzungslektorat Christiane Quandt (Spanisch zu Deutsch)
Übersetzung Katja Naumann (Spanisch zu Deutsch), Alexandra Titze-Grabec (Englisch zu Deutsch)

Projektmanagement im Verlag Martina Kupiak
Herstellung im Verlag Kerstin Protz

Gestaltung, Satz und Layout Maria Anna Friedl
Bildreproduktion Pixelstorm, Wien
Druck und Bindung Gerin Druck GmbH, Wolkersdorf
Schrift Berthold Akzidenz Grotesk BE
Papier Magno Volume 135g

Coverabbildung Nicole Wermers, *Reclining Female #6* [Liegender weiblicher Akt #6], 2024
Backcoverabbildung Kirsten Justesen, *Lunch* [Mittagessen], 1975

Verlag und Vertrieb Deutscher Kunstverlag
Ein Verlag der Walter de Gruyter GmbH
Genthiner Straße 13, 10785 Berlin

ISBN 978-3-422-80392-3

Library of Congress Control Number 2026935828

Bibliografische Information der Deutschen Nationalbibliothek
Die Deutsche Nationalbibliothek verzeichnet diese Publikation in der Deutschen Nationalbibliografie; detaillierte bibliografische Daten sind im Internet über http://dnb.dnb.de abrufbar.

www.deutscherkunstverlag.de
www.degruyterbrill.com
Fragen zur allgemeinen Produktsicherheit productsafety@degruyterbrill.com

ALBERTINA sammlung VERBUND Verbund

#systemrelevant #partnerschaft #careforothers

#pflege #gemeinsamstark #pflegemitherz

#carework #careworkers #sorge #fürsorge

#carematters #icare #communitycare #carearbe

#pflegekräfte #householdlaborgap #wagesforhousewo

#menschlichkeit #pflegealltag #togetherwestrong

#unpaidwork #respekt #gendergerechtigkeit

#gleichberechtigung #feminismus #elternschaft

#hausarbeit #artistparents #equalpay